Charles Linsmayer
Literaturszene Schweiz

Charles Linsmayer

Literaturszene Schweiz

157 Kurzporträts von Rousseau bis Gertrud Leutenegger

Unionsverlag
Zürich

Gletscherstrasse 8a, CH-8034 Zürich, Telefon 01/55 72 82

Gestaltung: Heinz Unternährer, Zürich
Gesetzt aus der Bembo 9,5/12 Punkt auf der Linotron 202
Satz: Jung Satz Centrum, Lahnau
Druck und Bindung: Ebner Ulm
ISBN 3-293-00152-1

Inhalt

Vorwort 7

Jean-Jacques Rousseau 10
Johann Heinrich Pestalozzi 12
Germaine de Staël 14
Alexandre Vinet 16
Jeremias Gotthelf 18
Johann Jakob Bachofen 20
Gottfried Keller 22
Henri-Frédéric Amiel 24
Conrad Ferdinand Meyer 26
Johanna Spyri 28
Eugène Rambert 30
Arnold Ott 32
Josef Viktor Widmann 34
Carl Spitteler 36
Ida Bindschedler 38
Adolf Frey 40
Meta von Salis 42
Karl Stauffer-Bern 44
Walther Siegfried 46
Lina Bögli 48
Paul Seippel 50
Jakob Christoph Heer 52
Jakob Bosshart 54
Ricarda Huch 56
Heinrich Federer 58
Isabelle Kaiser 60
Ernst Zahn 62
Nancy Marie Vuille 64
Carl Albrecht Bernoulli 66
Sophie Haemmerli-Marti 68
Simon Gfeller 70
Leonhard Ragaz 72
Ernest Bovet 74
Francesco Chiesa 76
Margarete Susman 78
Sir Galahad 80
Fritz Brupbacher 82
Gertrud Pfander 84
Thomas Mann 86
Jakob Schaffner 88
Paul Ilg 90
Josef Reinhart 92
Hans Ormund Bringolf 94
Carl Friedrich Wiegand 96
Carl Albert Loosli 98
Hermann Hesse 100
Otto Wirz 102
Robert Walser 104
Charles-Ferdinand Ramuz 106
Maria Waser 108
Albert Minder 110
Adolf Koelsch 112
Jakob Vetsch 114
Augusta Weldler-Steinberg 116
Jonas Fränkel 118
Konrad Falke 120
Ina Jens 122
Robert Musil 124
Hermann Kesser 126
Guy de Pourtalès 128
Anna Siemsen 130
Paul Haller 132
Heinrich Herm 134
Paul Schoeck 136
Jakob Bührer 138
Cécile Ines Loos 140
Charles-Albert Cingria 142
Charlot Strasser 144
Robert de Traz 146
Albert Steffen 148
Regina Ullmann 150
Bernhard Diebold 152
Cuno Hofer 154
Albert Ehrenstein 156
Cécile Lauber 158
Hans Mühlestein 160
Blaise Cendrars 162
Urs Liechti 164
Kaspar Freuler 166
Hedwig Anneler 168
William Wolfensberger 170
Aline Valangin 172
Max Pulver 174
Hans Ganz 176
Karl Stamm 178
Hans Morgenthaler 180
Adrien Turel 182
Arnold Kübler 184
Alfred Fankhauser 186
Albert Bächtold 188
Cilette Ofaire 190
John Knittel 192

Guido Looser 194
Meinrad Inglin 196
Hermann Hiltbrunner 198
John F. Vuilleumier 200
Hugo Marti 202
Jakob Flach 204
Albert Jakob Welti 206
Rudolf Jakob Humm 208
Albin Zollinger 210
Léon Savary 212
Cäsar von Arx 214
Elisabeth Gerter 216
Werner Johannes Guggenheim 218
Monique Saint-Hélier 220
Rudolf Kuhn 222
Kurt Guggenheim 224
Friedrich Glauser 226
Heinrich Danioth 228
Elena Bonzanigo 230
Kurt Kläber 232
Jakob Haringer 234
Werner Renfer 236
Rudolf Graber 238
Edwin Arnet 240
Alice Rivaz 242
Wolfgang Langhoff 244
Karl Schölly 246
Ella Maillart 248
Walter Ackermann 250
Konrad Farner 252
Josef Maria Camenzind 254
Ludwig Hohl 256
Jenö Marton 258
Denis de Rougemont 260
Josef Vital Kopp 262
Wolfgang Graeser 264
Annemarie Schwarzenbach 266
Albert Ehrismann 268
Orlando Spreng 270
Erwin Heimann 272
Charles-François Landry 274
Otto Steiger 276
Jeanne Hersch 278
Max Frisch 280
Fritz Hochwälder 282
Hans Walter 284
S. Corinna Bille 286
Fridolin Tschudi 288
Ruth Blum 290
Maurice Chappaz 292
Felice Filippini 294
Lore Berger 296
Friedrich Dürrenmatt 298
Kurt Marti 300
Alfred A. Häsler 302
Erika Burkart 304
Alexander Xaver Gwerder 306
Gertrud Wilker 308
Robert E. Konrad 310
Walter Matthias Diggelmann 312
Walter Vogt 314
Otto F. Walter 316
Jörg Steiner 318
Adolf Muschg 320
Gertrud Leutenegger 322

Namensverzeichnis 324
Zu den Abbildungen 334
Charles Linsmayer 336

Liebe Leserin, lieber Leser,

was Sie hier in der Hand halten, ist kein Lexikon, sondern eine durch die persönliche Vorliebe ihres Verfassers geprägte Sammlung literarischer Kurzporträts. Gewachsen aus jahrelanger intensiver Lektüre-Arbeit, in spielerischer Weise mitbestimmt vom kalendarischen Zufall, auf das Wesentliche komprimiert durch die Bedingungen einer regelmässig erscheinenden Zeitungsrubrik, möchte diese sorgfältig überarbeitete Edition der zwischen 1985 und 1988 entstandenen »Literarischen Kalenderblätter« bemerkenswerte Erscheinungen aus der mehrsprachigen Schweizer Kulturlandschaft seit den Tagen Rousseaus in ein buntes, lebendiges, zum Teil auch provokatives Mosaik einbringen, das manch grossen Namen für einmal vernachlässigt und dafür Schicksale und Leistungen zum Leuchten bringt, die der Ungunst der Zeit oder dem Terror der Normen zum Opfer fielen.

Dass ein Name fehlt, signalisiert dabei nicht unbedingt, dass er mir nicht wichtig und bedeutsam erschienen wäre, sondern zumeist bloss, dass ich den Zugang dazu nicht finden konnte oder dass mir Zeit und Kraft fehlten, um anhand eingehender Lektüre zu einer öffentlich verantwortbaren Meinung darüber zu gelangen. Das gilt vor allem für die Zeitgenossen, die das gegenwärtige literarische Gespräch bestimmen. Es wäre Anmassung, würde ich als vorwiegend historisch tätiger Berichterstatter auch über sie alle Bescheid wissen wollen! Meiner Muttersprache und der langjährigen Bekanntschaft mit der Germanistik ist es in erster Linie zuzuschreiben, dass die deutschsprachige Literatur zahlen- (nicht gewichts-) mässig den Vorrang hat. In völliger Unkenntnis des Rätoromanischen blieb mir zudem der Ehrlichkeit halber nichts anderes übrig, als die Beurteilung von Texten, die in dieser ehrwürdigen vierten Landessprache geschrieben sind, anderen, Fähigeren zu überlassen.

Was diese kurzgefasste, bruchstückhafte Literaturgeschichte, die als Anzahlung auf eine grössere, in Arbeit befindliche zu verstehen ist, auf keinen Fall will, ist dies: der nationalen Jubiläumseuphorie der neunziger Jahre Vorschub leisten. Hier sollen keine »grossen Schweizer« zelebriert, soll keine nationale Ahnengalerie aufgestellt, sondern unter dem Stichwort Literatur an 157 Beispielen gezeigt werden, unter welchen Bedingungen in den letzten zweihundert Jahren zwischen Genf und Romanshorn, Chiasso und Basel geistige, künstlerische Leistungen möglich (oder gelegentlich auch unmöglich!) waren. Dass dabei grosse Namen des deutschen Exils neben schweizerische Heimatdichtung zu stehen kommen, bedeutet weder Anbiederung noch Vereinnahmung, sondern soll die schweizerische Literaturproduktion, sosehr sie dadurch relativiert werden mag, bewusst mit jener Weltliteratur konfrontieren, die ihre Promotoren in den dreissiger und vierziger Jahren eine Zeitlang zum Vorteil des zweit- und drittrangigen Eigenen zu verhindern suchten.

Dennoch ist die Auffassung von Literatur, die ich mit diesen Texten vertrete, keineswegs eine auf die ästhetischen Kategorien der sogenannten Belletristik eingeengte. Wesentlich waren mir Texte, die mich auf irgendeine Weise – auch nach Jahrzehnten und Jahrhunderten noch – persönlich betroffen machten, oder solche, die Gedanken, aber auch Schönheiten enthalten, die ich gerne weitervermitteln würde. Manchmal hat mich auch ein Lebensschicksal so sehr berührt, dass ich es als menschlich, nicht künstlerisch, sprechendes Beispiel porträtiert habe. (Dass unter Umständen gerade auch ein abschreckendes Beispiel lehrreich bleibt, versteht sich ja von selbst.)

Die einheitliche Kürze der Texte – sie gehörte unbedingt zu den Spielregeln der »Literarischen Kalenderblätter« – postuliert natürlich keineswegs eine Gleichrangigkeit aller Porträtierten. Bei bedeutenden Namen konzentriert sich das Interesse darum auf ein einzelnes, besonders charakteristisches Buch und seinen Stellenwert innerhalb des Gesamtwerks. Die knappen bibliographischen Angaben beschränken sich, sofern es noch bzw. wieder greifbar ist, auf das im Text genannte Buch, eine Werkausgabe oder eine besonders erwähnenswerte Biographie. Praktisch alle im Text vorkommenden Titel stehen aber in den öffentlichen Bibliotheken zur Lektüre zur Verfügung – insbesondere auch in der Schweizerischen Landesbibliothek, Bern, deren kostenloser postalischer Ausleihdienst für das Zustandekommen dieses Buches unschätzbare Dienste leistete.

Der Band wendet sich weniger an die literarischen Fachleute als vielmehr an ein breites Lesepublikum, dem ich ebensoviel Neugierde, Lesefreude und Begeisterung zumute, wie sie mich selbst motiviert und getragen haben: von Buch zu Buch, von Begegnung zu Begegnung, von Leseerlebnis zu Leseerlebnis.

Zürich, im Frühjahr 1989
Charles Linsmayer

Jean-Jacques Rousseau

»Tout est bien sortant des mains de l'Auteur des choses« stand am Anfang jenes Buches zu lesen, das am 19. Juni 1762 vor dem Genfer Stadthaus öffentlich verbrannt wurde. »Alles ist gut, wenn es aus den Händen des Urhebers der Dinge kommt, alles entartet unter den Händen des Menschen ...«

Die Kennzeichnung »Citoyen de Genève«, die Jean-Jacques Rousseau seinem Namen auf der Titelseite des *Emile* beigefügt hatte, verhinderte nicht, dass sein Roman wenige Tage nach dem Pariser Autodafé auch in seiner Geburtsstadt verbrannt wurde. Ja, in Genf ging man sogar noch einen Schritt weiter, indem man Rousseaus *Contrat social* gleich mitverbrannte, obwohl die Stadt doch in diesem revolutionären Evangelium der Volkssouveränität als Vorbild für andere, noch autoritärere Staatsgebilde figurierte! Erstaunlicherweise wurde der *Emile* aber etwa nicht deswegen verboten, weil er die Mächtigen und Reichen attackierte und mit der Prophezeiung eines »Jahrhunderts der Revolutionen« schockte, sondern ausgerechnet jenes vierten Buches wegen, wo der savoyische Vikar sein berühmtes Bekenntnis zur Naturreligion ablegt – ein Plädoyer für eine tolerante Religion, das heute jeder Pfarrer unterschreiben könnte und das damals an Glaubensinhalten gerettet hat, was einem Menschen der Aufklärung noch zugemutet werden konnte.

Wie war Rousseau überhaupt darauf verfallen, ein Buch über Erziehung zu schreiben? Er wollte ganz einfach der ersehnten demokratischen Gesellschaft, wie er sie im überaus erfolgreichen Liebes- und Familienroman *La Nouvelle Héloïse* und im *Contrat social* entworfen hatte, zu einem adäquaten Menschentypus verhelfen: dem erträumten idealen Menschen nach Art des Emile, der abseits von den schädlichen Einflüssen der Zivilisation zu sich selbst heranwächst und lernt, glücklich zu sein. Bis zum Erscheinen des *Emile* hatte Rousseau nach verbummelten Jahren als Musiker, dilettierender Schriftsteller und Liebhaber adliger Frauen einen raschen Aufstieg zu Erfolg und Berühmtheit erlebt. Mit der Verketzerung seines Erziehungsromans aber begann auch schon der Abstieg. Von Land zu Land gehetzt, sah er seine Gegner triumphieren, während sein eigener Ruhm immer mehr verblasste. Als er sich 1770 endlich wieder gefahrlos in Paris niederlassen konnte, war er vergessen, müde und resigniert. Um ein Auskommen zu finden, musste er wieder wie in jungen Jahren als Notenabschreiber arbeiten. Als er 1778 mit 66 Jahren starb, hinterliess er das unvollendete Manuskript der *Confessions,* dieser ersten modernen Autobiographie, die in ihrer radikalen Ehrlichkeit Freunden wie Gegnern unschätzbare Dienste leistete.

Jean-Jacques Rousseau
(1712–1778)

Und heute? Rousseaus zentrale These, dass der zivilisatorische Fortschritt die Menschheit letztlich ins Verderben führe, ist im Zeitalter der atomaren Bedrohung aktueller denn je. Sein »retour à la nature« aber, jahrhundertelang als spassiger Kalauer herumgeboten, ist inzwischen schon fast ein Synonym für den Wettlauf ums Überleben geworden ...

Emile ist französisch bei Larousse, Flammarion und Garnier, deutsch bei Winkler oder als Reclam-Band 901 greifbar.
Abbildung: Stich nach Delatour.

Johann Heinrich Pestalozzi

826 Seiten umfasst das Buch in der Winkler-Ausgabe von 1977, 826 Seiten kunstlose, teils derbrealistische, teils süsslich-sentimentale Prosa. 826 Seiten Gesellschafts- und Erziehungslehre, aufgelöst in tausend Szenen und Bilder, eingebaut in eine Romanfabel, die, für sich genommen, auf 20 Seiten Platz fände: Im schweizerischen Dorf Bonnal bringt eine couragierte Handwerkersgattin den Feudalherrn dazu, seinem tyrannischen Vogt Zügel anzulegen und in seinem Herrschaftsbereich eine humane Gesetzgebung, vor allem aber ein neues, kindergerechtes Schulsystem einzuführen.

Lienhard und Gertrud heisst der Roman, und Johann Heinrich Pestalozzi stand auf dem Höhepunkt seiner schriftstellerischen Wirksamkeit, als er das vierbändige Riesenwerk im Frühling 1787 beendete. 1781 schon, beim Erscheinen des ersten Teils, hatte der Roman seinen Verfasser über Nacht berühmt gemacht, zweimal versuchte er den Erfolg später durch Neubearbeitungen zu wiederholen, und noch 1801 liess sich sein Verleger durch nichts davon abhalten, Pestalozzis »Methode« unter dem völlig irreführenden Fortsetzungstitel *Wie Gertrud ihre Kinder lehrt* zu verbreiten.

Warum wohl ist *Lienhard und Gertrud* zu einem der meistgelesenen Bücher jener Epoche geworden? Sicher nicht, weil Pestalozzi sich etwa die Dichtungstheorien von Bodmer und Breitinger zu Herzen genommen hätte. Seine wirklichen Lehrer waren nicht die Zürcher Professoren, sondern jene Dorfbewohner, die er als Musterbauer und Anstaltsleiter auf dem Neuhof bei Birr kennenlernte. Sie avancierten nicht nur zu Figuren seines Romans, im Umgang mit ihnen erkannte Pestalozzi auch, wie es zu tönen hatte, wenn seine Wahrheiten dem einfachen Volk »in den Kopf und ans Herz gehen« sollten. Darum verpackte er seine Botschaft nicht in eine kunstvolle Dichtung, sondern tarnte sie gewissermassen als Groschenroman. Auf diese Weise wirkte *Lienhard und Gertrud* weit über die Kreise der literarisch Gebildeten hinaus, brachte Pestalozzi den Ruf eines genialen Pädagogen ein und bahnte so seinem späteren Erziehungswerk machtvoll den Weg. Als ein erster Markstein stand der Roman damit am Anfang jener umfassenden Reform des europäischen Bildungswesens, die sich auf den späten Pestalozzi berief und die letztlich darin bestand, dass mit seiner These, der Mensch werde erst Mensch durch Erziehung, jene Dämme wieder aufgerichtet werden konnten, die Rousseaus »retour à la nature« und die Französische Revolution einen hoffnungsfrohen Moment lang niedergerissen hatten.

Johann Heinrich Pestalozzi (1746–1824)

Lange nach seinem Tode, als sein Weltruhm sich nicht mehr verheimlichen liess, fand der Prophet auch in seinem Vaterlande Anerkennung. Man errichtete Pestalozzi-Denkmäler, taufte Schulhäuser nach ihm und sanktionierte die »Methode«. Die Verwunderung darüber, dass der seltsame Outsider am Ende recht behalten hatte, verschwand jedoch nur langsam. »Es ist eine grosse Merkwürdigkeit«, schrieb J. K. Mörikofer noch 1861 zu *Lienhard und Gertrud,* »wie einem nicht nur im Schreiben Ungeübten, sondern mit der Literatur überhaupt Unbekannten, von der Gesellschaft gleichsam Ausgestossenen und als Narren Behandelten auf den ersten Wurf eine so bedeutende geistige Schöpfung gelingen konnte.«

Abbildung: nach einem Gemälde von F. Schöner.

Germaine de Staël

»Zwei Nationen Europas standen in schlechtem Ruf: die Italiener und die Deutschen. Ich habe es unternommen, ihnen ihr ehrliches Ansehen und ihren geistigen Rang zurückzugeben.« Diese stolzen Sätze schrieb Germaine de Staël 1809. Mit ihrem sensationell erfolgreichen Roman *Corinne ou l'Italie* hatte sie 1807 die erste Hälfte des Versprechens bereits eingelöst. Frucht einer amourösen Italienreise, führt das Buch in seinem ersten Teil dem Leser aus romantischem Überschwang heraus die Kultur, die Geschichte und die Menschen Italiens vor Augen, während der zweite Teil die von der bezaubernden Italienreisenden Corinna angeknüpfte Liebesbeziehung zu einem englischen Lord ihrem melancholischen Ende zuführt.

Auch *De l'Allemagne,* das Buch, mit dem sie das Deutschlandbild der Franzosen korrigieren und die französische Romantik einläuten sollte, basiert auf einer Reise, die Germaine de Staël 1803/4 nach Berlin und Weimar und in den Einflussbereich Goethes und Schillers geführt hatte. Bevor aber dieses Buch 1810 in Paris publiziert werden konnte, trat auf Befehl Napoleons die Polizei in Aktion: sie liess Manuskript und Druckplatten vernichten und zwang die Verfasserin, sich auf ihren Genfer Landsitz Coppet zurückzuziehen. Von dort aus konnte sie auf abenteuerliche Weise nach London fliehen, wo *De l'Allemagne* 1813 erschien.

Germaine de Staël, Grande Dame der Französischen Revolution, Tochter des millionenschweren Genfer Finanzgenies Jacques Necker, war alles andere als eine harmlose Schriftstellerin! Dank ihren Beziehungen, ihrer geistigen Brillanz und ihrem unbezwingbaren Selbstbehauptungswillen war sie, als auch die grössten Männer vor Napoleon kuschten, zu seiner einflussreichsten Gegnerin herangewachsen und verkörperte, nicht zuletzt auch mit ihren erfolgreichen Büchern, dem mächtigen Diktator gegenüber etwas wie das liberale Gewissen Europas. *De l'Allemagne,* diese Huldigung an das poetische Deutschland, war in Wirklichkeit ein virtuos kaschierter Protest gegen die kulturelle Repression in Frankreich. *Corinna* brachte Napoleon allein deshalb schon zur Weissglut, weil der Roman, obwohl im Jahre seiner italienischen Königskrönung entstanden, den Feldherrn und seine Siege keines Wortes würdigt!

Germaine de Staël (1766–1817)

Doch das Unwahrscheinliche geschah, Geist und Charme triumphierten über die Gewalt! Als Germaine de Staël 1817 mit fünfzig aus einem Leben voller Bewegung, Leidenschaft und gelebter Sinnlichkeit gerissen wurde, hatte sie ihren Pariser Salon längst in altem Glanze wieder eröffnet, während Napoleon für immer auf St. Helena verbannt blieb. Dort gestand er seinem Vertrauten Las Cases einmal, dass ihm seine tote Rivalin und ihre *Corinna* keine Ruhe liessen: »Ich kann sie sehen, ich kann sie hören, ich kann sie fühlen, ich möchte davonlaufen, ich werfe das Buch hin . . . Ich werde aber durchhalten, denn ich glaube doch, dass es ein interessantes Werk ist.«

Corinna oder Italien wurde in Dorothea Schlegels Übersetzung neu herausgegeben von Arno Kappler, Winkler, München 1979.
Abbildung: nach einem Gemälde von P. L. Bouvier.

Alexandre Vinet

»Nur von Revolte zu Revolte vervollkommnen sich die Gesellschaften, entsteht die Kultur, regiert die Gerechtigkeit, blüht die Wahrheit.« Der Satz steht nicht im berühmten roten Büchlein des Vorsitzenden Mao, sondern in einer anonymen Flugschrift von 1829, die sich gegen das repressive Vorgehen der Waadtländer Behörden in Sachen Sektenpredigten wandte. Natürlich wurde die auflüpfische Broschüre konfisziert, und ihr Verfasser, der aus Ouchy gebürtige Theologe Alexandre Vinet, zweiunddreissig, erhielt zwei Jahre Berufsverbot. Eine Strafe, die Vinet allerdings wenig kümmerte, lebte er doch seit zwölf Jahren als Gymnasiallehrer für französische Sprache und Literatur in Basel. Nach Lausanne kehrte er erst 1837 zurück, als die Anhänger der autoritären Staatskirche nicht mehr zu verhindern vermochten, dass Vinet, der inzwischen als Verfechter einer freien Gewissensreligion weltberühmt geworden war, die Professur für praktische Theologie übernehmen konnte. Obwohl die Gegner 1845 noch einmal triumphierten und ihn zum Rücktritt zwangen, erlebte Vinet doch in seinem Todesjahr 1847 noch die Gründung der waadtländischen Freikirche, die als erste christliche Gemeinschaft ganz seinen Ideen von der Gewissensfreiheit des einzelnen verpflichtet war und in der Geschichte des Protestantismus Schule machen sollte.

Vinet, für den »Protestant sein unaufhörliches Protestieren gegen jeglichen religiösen Zwang« bedeutete, hat seiner früh kränkelnden Konstitution ein dreissigbändiges schriftstellerisches Werk abgerungen, das weit über den Bereich der Theologie hinausweist. So bewahrte er sich als langjähriger einflussreicher Literaturkritiker des protestantischen Pariser *Semeur* einen für jene romantisch-überschwengliche Epoche erstaunlich nüchternen und klaren Blick, was allerdings seinem eigenen literarischen Schaffen – vor allem Lyrik, die eher trocken und konventionell wirkt – auch wiederum geschadet haben dürfte. Von kaum zu überschätzender Bedeutung dagegen sind Vinets Ideen und Gedanken zur schweizerischen Politik. Er misstraute dem absolut gesetzten Volkswillen, dieser amorphen Summierung privater Egoismen, und wünschte sich statt dessen eine »Autorität der Wohlgesinnten«, welche in Sachfragen, nicht aber in Wahlen, den Ausschlag geben müsste. Auch der helvetischen Abkapselungstendenz trat er schon 1833, als von UNO und EG noch keine Rede sein konnte, mit Entschiedenheit entgegen. »Mehr denn je bin ich überzeugt«, schrieb er einem Freund, »dass der wahre Schutzwall der Schweiz nicht ihre Neutralität, sondern ihre Moralität ist.« Denjenigen aber, die in jeder Neuerung den Untergang des Vaterlandes sehen und der Jugend immer wieder ihre eigenen ausgetretenen Fussstapfen zuweisen wollen, rief der liberale Protestant Vinet am Vorabend der Gründung des modernen schweizerischen Bundesstaats die Mahnung zu: »Das einzige Mittel, einer Revolution zuvorzukommen, ist, sie durchzuführen.«

Alexandre Vinet
(1797–1847)

Die *Œuvres complètes* erschienen 1908–1949, herausgegeben von der Société d'édition Vinet, bei Payot in Lausanne. E. Staehelin gab Vinets Werke 1944/45 im Zürcher Zwingli-Verlag deutsch in 4 Bänden heraus.
Abbildung: nach einer Zeichnung von Charles Eynard.

Jeremias Gotthelf

»Gotterbarm« hätte er zuerst heissen sollen, jener Aussenseiter, den Albert Bitzius im *Bauernspiegel* erzählen lässt, wie er nacheinander Verdingbub, Knecht, Söldner und Siechenhäusler war, ehe er, durch äusseres Glück begünstigt, eine Art freier Erwachsenenbildner und Dichter wurde. Wer als mittellose Waise von der Gesellschaft verstossen wird, sollte der Name besagen, der kann auch nach dem Sturz der Aristokratie einzig auf Gottes Erbarmen setzen, wenn er unter den Bedingungen des sozialen Notstands und der skrupellosen Besitzgier der Wohlhabenden nicht vor die Hunde gehen will.

Auf Anraten von Freunden hat Bitzius den Namen seiner ersten Romanfigur zu »Gotthelf« abgeschwächt, und in dieser Form dann schlug der pseudonyme Erzählername dermassen ein, dass der Dichter nie mehr davon loskam. Selbst dann nicht, als er dazu überging, die Bauern des Emmentals zu idealen, zeitlosen Figuren wie Uli und Vreneli oder Anne Bäbi Jowäger zu verklären. Und sogar seine Spätwerke, die in zorniger Aufwallung den Fortschritt und den modernen Zeitgeist verdammten und die untergegangene autoritäre Ständeordnung betrauerten, erschienen noch immer unter dem Pseudonym des revolutionären Erstlings von 1837!

Als Gotthelf 1854 mit kaum 58 Jahren starb, war dies der *Berner Zeitung* nicht einmal eine Notiz wert, und der freisinnige *Patriot* meldete lapidar: »In Lützelflüh ist unser berüchtigter Volksschriftsteller Jeremias Gotthelf gestorben. Friede dem Unfrieden.«

Nein, die wahren Gotthelf-Freunde lebten damals nicht in Bern, sondern z. B. in Norddeutschland, wo sein Ruhm als Epiker von Weltrang begründet worden ist. In der Schweiz aber und speziell in Bern war der streitbare Dichter den Leuten zu nahe auf den Pelz gerückt und dabei in eine Umarmung geraten, aus der er auch nach 150 Jahren noch nicht wirklich befreit ist. Zwar folgte, nachdem man sein Werk bieder zurechtgerückt und in unzähligen Dialektbearbeitungen verharmlost hatte, dem Hass mit ebensolcher Leidenschaft die Liebe, aber auch die ist dem verqueren dichterischen Urgestein in ihrer besitzerstolzen Beschränktheit nicht gut bekommen. Wann immer man moralische Aufrüstung oder patriotischen Zuspruch benötigte, berief man sich auf Gotthelf und vergass dabei völlig, dass er – zumindest in seiner letzten grossen Wut – nichts weniger als ein Gegner all dessen war, was die moderne Schweizer Staatlichkeit ausmacht. »All unsere Gerechtigkeit ist ein unflätig Kleid«, stände, wenn's nach ihm gegangen wäre, über dem Bundeshauseingang zu lesen!

Jeremias Gotthelf (1797–1854) im Jahre 1853

Zum »nationalen Gewissen der Schweiz« und zur Kultfigur des Patriotismus hat man Gotthelf erst Jahrzehnte nach seinem einsamen Tod erhoben. Und man muss heute schon viel Fleiss und Geduld aufwenden, um lesend zu seinen wahren Dimensionen zurückzufinden und zu erkennen, wie radikal und nonkonformistisch dieser seit jeher unzeitgemässe Schriftsteller bei aller tief verwurzelter Religiosität im Grunde dachte und wie präzis jene Sätze auf ihn selbst zutreffen, die er am Schluss der *Armennot* über die in ihrem Vaterlande verkannten Propheten formuliert hat: »Es ist eine grosse Gabe Gottes, mit der er seine Propheten ausstattete, dass sie die Wahrheit sagen durften, dass sie der Wahrheit treu blieben im Widerreden der Welt, dass sie ausharrten und fortredeten, wenn alles umsonst, ja wenn selbst Gott sie zu verlassen schien, doch auf ihn vertrauend.«

Johann Jakob Bachofen

Die These, dass der Mann keineswegs seit jeher die Oberhand in Staat und Familie besessen, sondern sich erst vor etwa 2500 Jahren dank überragender geistiger Fähigkeiten von der Herrschaft der Frau emanzipiert habe, ist in dieser extremen Form längst unhaltbar geworden. Und doch hat das 1861 erstmals erschienene Buch *Das Mutterrecht,* worin Johann Jakob Bachofen anhand von antiken Texten und Grabsymbolen eine unserem Vaterrecht vorangehende längere Periode der Frauenherrschaft zu dokumentieren suchte, bis in unsere Tage hinein nachgewirkt wie kaum je eine andere akademische Abhandlung.

Bachofen hat nicht bloss der monogamen patriarchalischen Familie den Nimbus der einzig denkbaren gottgewollten Einrichtung genommen und damit der Frauenemanzipation Argumente geliefert, er hat, indem er die Mytheninterpretation gleichrangig neben die logisch-abstrakte Geschichtserklärung stellte, zugleich auch neue, umfassendere Möglichkeiten im Umgang mit der Vergangenheit getestet. Andererseits aber legt sein *Mutterrecht,* das gelegentlich einer schwärmerischen, gefühlvollen Frauenverehrung das Wort redet, die Frau auch sehr einseitig auf ihre Mutterrolle fest – ein Phänomen, das heute, ganz im Unterschied zu den fatalen Dreissigerjahren, bei den unmittelbar Betroffenen alles andere als Begeisterung auslöst und auch bei Bachofen selbst viel stärker emotionell als rationell motiviert erscheint.

Spross einer der reichsten Familien seiner Vaterstadt, stand der leicht kauzige, ungeheuer belesene und unendlich fleissige Basler Privatgelehrte ungewöhnlich lange unter dem bestimmenden Einfluss seiner Mutter Valeria, einer starken, dominanten Persönlichkeit aus dem Geschlecht der Merian. Und diese Konstellation änderte sich nicht wesentlich, als der Fünfzigjährige 1865 die neunzehnjährige Elisabeth Burckhardt heiratete und mit ihr seinen eigenen Hausstand gründete, den er dann, wie er selbst es formulierte, »nach imperialistischen Grundsätzen« leitete.

Johann Jakob Bachofen (1815–1887) um 1880

Bachofens *Mutterrecht* war ein wechselvolles Schicksal beschieden. Von den Zeitgenossen ignoriert oder als Hokuspokus verlacht, wurde es um 1920 durch Ludwig Klages und Carl Albrecht Bernoulli zu Weltruhm gebracht, bis dann die Ethnologie die zentralen Thesen als irrig entlarvte. Die seit 1943 bei Schwabe in Basel erscheinende Gesamtausgabe brachte jedoch Sensationelles zutage: Zehn Jahre nach Vollendung des *Mutterrechts* hatte Bachofen selbst seine Erkenntnisse anhand sämtlicher damals verfügbarer ethnologischer Forschungsresultate zu überprüfen und zu relativieren begonnen! Das eisige Schweigen, dem seine Arbeit in seiner Heimatstadt und in wissenschaftlichen Fachkreisen begegnete, liess ihn jedoch nach der Publikation von zwei bescheiden als *Antiquarische Briefe* betitelten Teilbänden endgültig resignieren. Als er am 25. November 1887 mit 72 Jahren starb, erschien ein einziger wissenschaftlicher Nekrolog: auf russisch, in einer Pariser Exilzeitschrift . . .

Das Mutterrecht ist als Band 2 und 3 der Gesammelten Werke greifbar, die seit 1943 bei Schwabe, Basel, erscheinen.

Gottfried Keller

Als der Verwaltungsratspräsident der »Schweizer Rück« den Zürcher Behörden 1964 Otto Charles Bänningers Gottfried-Keller-Denkmal übergab, lobte er die »eigenartige und stimulierende Atmosphäre« des »sauber regierten Gemeinwesens«, wo sich die bescheidene Kleinstaatlichkeit glücklich mit deren notwendigen moralischen Grundlagen zu jener dem Geschäft besonders günstigen »gesunden Haltung« verbinde, die schon Gottfried Keller propagiert habe ...

Für was musste der gute Gottfried Keller, bloss weil er gezwungen war, sein Dichtertum für eine Beamtenstelle zu verpfänden, in den letzten hundert Jahren nicht schon alles herhalten! Auflüpfische Dichter wies man an seinem staatsbürgerlichen Optimismus in die Schranken, politischen Gegnern rieb man genüsslich Zitate aus seinen Büchern unter die Nase, patriotische Festreden ohne seine Erwähnung schienen jahrzehntelang schlicht undenkbar. Und bestimmt werden die Nachkommen jener Zürcher, die während der NS-Zeit den jüdischen Herausgeber seiner Werke aus nur allzu zeitbedingten Motiven und zur Freude des mediokren »Zürcher Olymps« ins Abseits prozessierten, auch Kellers 1990 fälligen 100. Todestag zu Geschäft und Traktandum erheben.

Was von den politischen Vermarktern seines Ruhmes aus verständlichen Gründen nicht gefeiert wurde, war der 100. Geburtstag von Kellers letztem Werk, dem Roman *Martin Salander.* Schon als diese bitterböse Satire auf die durch Vetternwirtschaft, Spekulation und Wachstums-Euphorie in Verruf gekommene Schweizer Demokratie 1886 erstmals erschien, munkelte man, Keller sei nun eben alt und blöd geworden und der Altersstarrsinn habe aus dem feurigen Republikaner des *Grünen Heinrichs,* des *Fähnleins* und von *O mein Heimatland* einen konservativen Reaktionär gemacht. Dabei hatte Keller den *Salander*-Plan jahrelang mit sich herumgetragen, ehe ihn die wachsende Besorgnis über den Weg, den das von ihm mitgestaltete republikanische Staatswesen im Zeichen des aufblühenden Kapitalismus nahm, doch noch bewog, ein Werk fertigzustellen, das er selbst weniger als Kunstwerk denn als politisches Manifest empfand.

Gottfried Keller
(1819–1890)

Martin Salander, ein gläubiger Demokrat, kehrt zweimal als vermögender Mann aus Übersee nach Münsterburg zurück, verliert beim erstenmal alles an einen gewissenlosen Spekulanten und bringt es – nicht zuletzt dank seiner wunderbaren Frau Marie! – beim zweitenmal als Kaufmann zu Einfluss und Würden. Obwohl er selbst einer neuerlichen Pleite entgeht, muss er doch am Beispiel seiner beiden korrupten Schwiegersöhne erkennen, wie sehr die alten republikanischen Tugenden in den Händen von Bankiers, Karrierepolitikern und Eisenbahnmagnaten zu Opportunismus und Strebertum verkommen sind. Eine hoffnungsvollere, aber eher kraftlose Alternative eröffnet Salanders Sohn Arnold, der sich zwar den kommenden sozialen Aufgaben nicht stellen will, aber auch nicht zu jenen »kleinen Nabobs« gehören möchte, die »den weit über ihre Bedürfnisse reichenden Mammon ängstlich vergraben müssen . . .«

Martin Salander ist u. a. als Diogenes-detebe 20527 greifbar.

Henri-Frédéric Amiel

»Schicken Sie, soviel sie können!« orderte der Pariser Literaturkritiker Edmond Schérer nach Genf, als er eine Nacht lang über den Tagebüchern Henri-Frédéric Amiels gebrütet hatte. Was Amiels Freundin Fanny Mercier da in karger Auswahl und säuberlicher Abschrift vorlegte, zeigte ihm den verstorbenen Jugendfreund in einem ganz neuen, geradezu sensationellen Licht. Während »tout Genève« sich über den trockenen Philosophieprofessor und mittelmässigen Verseschmied mokiert hatte, war Amiel also Tag für Tag vor den Heften eines ins Uferlose wachsenden *Journal intime* gesessen und hatte, obschon oder gerade weil sein eigenes privates und berufliches Scheitern Gegenstand des Nachsinnens war, dem menschlichen Denken und Fühlen in bisher unerschlossene Tiefendimensionen hinein nachgespürt.

Obwohl die Blütenlese, die Schérer und Mercier noch im gleichen Jahr 1882 herausgaben, streng zensuriert und beschönigt war, machte sie Amiel, der zu Lebzeiten bloss den eher fragwürdigen helvetischen Ruhm des Schöpfers von *Roulez tambours!* genossen hatte, innert kurzem weltberühmt. Sein *Journal* galt bald einmal als Schlüsseldokument für den Zerfall des bürgerlichen Zeitalters im Zeichen des Fin de siècle und zählte Nietzsche und Hofmannsthal ebenso wie Tolstoi zu seinen Bewunderern.

Je mehr im Verlauf der Jahrzehnte vom authentischen, ungekürzten Text zugänglich wurde – 1923, 1927, 1948 und 1959 erschienen gewichtige Teile –, desto deutlicher zeigte sich aber auch, dass Amiels exemplarische Selbstbefragung das Zeitalter der Psychoanalyse souverän vorwegnahm und die geistigen Dimensionen des 19. Jahrhunderts bei weitem sprengte. Zur Zeit ist nun das gewaltige Unternehmen einer zwölfbändigen Gesamtedition des *Journal intime* im Gange, und wer sich die Mühe nimmt, die sechs bis heute vorliegenden Bände der auf 16000

Seiten berechneten Edition zu studieren, der bekommt den Verdacht nicht los, hier werde Seite für Seite ein Kultbuch des kommenden Fin de millénaire aus seinen Fesseln befreit.

Henri-Frédéric Amiel (1821–1881) im Jahre 1874

Wenig Freude dürften daran allerdings die Feministinnen haben. So überraschend modern Amiel nämlich in seinem Denkansatz ist, so zeitgebunden ist seine Ansicht über die Rolle der Frau. Hunderte von möglichen Heiratskandidatinnen »überprüft« er in seinem *Journal,* mit einer einzigen, der berühmten Philine alias Marie Favre, verbringt er, neununddreissigjährig, eine einzige Liebesnacht – um sich ernüchtert abzuwenden und Junggeselle zu bleiben! Der Mann, der wie kein anderer die Einsamkeit und das Versagen analysierte, bezeichnete in besonders zynischen Momenten das sinnenfeindliche calvinistische Genf als seine Ehefrau. Und einmal fügte er hinzu: »Als ich mich mit Genf verheiratete, heiratete ich den Tod, den Tod meines Talents und meiner Freude.« Da hätte er sich vielleicht doch besser mit seiner Philine arrangiert, die derart bedingungslos in den spröden Hypochonder verliebt war, dass sie nach zwölf Jahren Bekanntschaft nur noch den einen Wunsch hatte: »Quinze jours avec vous et mourir!«

Die Gesamtausgabe des *Journal* erscheint beim Verlag L'Age d'homme, Lausanne.

Conrad Ferdinand Meyer

Man schreibt das Jahr 1525. Bei Pavia sind Franzosen und Schweizer vom kaiserlichen Heer entscheidend geschlagen worden. Der Papst, Venedig, Florenz und Mailand schliessen unter Frankreichs Auspizien einen Militärpakt. Als Anführer aber haben sie niemand anderen als Pescara, den siegreichen Feldherrn des Kaisers, ausersehen. Dieser jedoch, durch eine verborgen gehaltene Verletzung vom Tode gezeichnet, ist für die Versuchung nicht mehr anfällig, ja er hält dem Kaiser selbst dann noch die Treue, als ihn seine Gemahlin, die Dichterin Vittoria Colonna, im Auftrag des Papstes mit flammenden Worten für Italien begeistern will. Wie befohlen, führt er seine Truppen gegen Mailand und bricht, als der Sieg errungen ist, im Kastell der Sforza tot zusammen.

Weil sie ein plastisches Bild der italienischen Renaissance entwirft und als unerreichtes Muster einer historischen Novelle gilt, ist anhand der *Versuchung des Pescara* (1887) Generationen von Schülern das Verhältnis von Dichtung und Geschichte exemplifiziert und der Autor Conrad Ferdinand Meyer nur allzuoft gründlich verleidet worden. Dabei ist dieses gewaltige Stück Literatur, sofern man in Beziehung dazu setzt, was wir über C. F. Meyer wissen und was er selbst zu seiner Novelle geäussert hat, nichts weniger als ein erschütterndes Paradigma für seine eigene höchst rätselhafte Existenz.

»Der historischen Novelle bediene ich mich«, schrieb er 1888 einem Freund, »einzig und allein, um meine Erfahrungen und persönlichen Gefühle einzubringen. Ich ziehe sie dem Zeitroman vor, weil sie mich besser maskiert und den Leser stärker auf Distanz hält.« Wie die letzten Wochen seines Pescara, so standen die knapp zwanzig Jahre von Meyers dichterischer Produktivität von Anfang an im Zeichen des Todes, der sein Œuvre wie ein allgegenwärtiges Leitmotiv begleitet. Wie Pescara stand auch Meyer

»ausserhalb der Dinge« und blieb, anders als etwa Gottfried Keller, in den aktuellen Auseinandersetzungen seiner Zeit stets nur Zuschauer und aristokratischer Outsider. Unglücklich, aber reich verheiratet, arbeitete er, von Zeit und Umwelt hermetisch abgeschlossen, mit unfassbarer Sorgfalt und Akribie an seinem Werk, und niemand ausser ihm ahnte, wie wenig Zeit ihm dafür zugemessen blieb.

Conrad Ferdinand Meyer (1825–1898) im Jahre 1871

Aber nicht nur der Dichter selbst ist im *Pescara* insgeheim porträtiert, auch der Jugendgeliebten Constance von Rodt (1839–1859), mit der er 1853, als sie vierzehn war, so gut wie verlobt gewesen ist, setzte Meyer ein diskretes Denkmal: Julia Dati, das jugendliche Opfer kriegerischer Verrohung, ist deutlich mit ihren Zügen versehen! Im *Pescara,* seit nunmehr hundert Jahren als Meyers bedeutendste Novelle anerkannt, ist die Hommage besser versteckt als im Gedicht *An eine Tote,* das ebenfalls der kleinen Waadtländerin gilt und das der Dichter 1894, bereits nicht mehr Herr seiner selbst, auf Drängen seiner eifersüchtigen Gattin aus den *Gesammelten Gedichten* eliminieren musste . . .

Die Versuchung des Pescara ist u. a. als Reclam-Band 6954 greifbar.

Johanna Spyri

C. F. Meyer bewunderte sie, weil sie »mit so wenig Stoff etwas so Naives, Strahlendes, Glückliches herzustellen« verstand, Josef Viktor Widmann nannte sie allen Ernstes »Frau Gottfried Keller«, und doch vergingen nicht hundert Jahre, bis ein Soziologe verkünden konnte, ihre Bücher gehörten »in den Giftschrank der Jugendliteratur«. Die Rede ist von Johanna Spyri, die am 7. Juli 1901 vierundsiebzigjährig in Zürich starb.

Sie selbst hatte ihre insgesamt 49 Bände *Geschichten für Kinder und auch für solche, welche Kinder lieb haben* nie als hohe Dichtung betrachtet, und doch begann schon zu ihren Lebzeiten eine akademische Kontroverse über Wert oder Unwert ihrer Produktion, die bis zum heutigen Tage andauert. Während die einen das Bild von der weltbeglückenden Schweizer Kinderbuchautorin schon durch die leiseste Kritik beschmutzt sahen, warfen ihr die andern der Reihe nach vor: religiöse Bigotterie, soziale Verlogenheit, Zivilisationsfeindlichkeit, sexuelle Verklemmtheit und zuletzt auch noch Chauvinismus in Sachen Emanzipation.

Dabei ist auffallend, dass sich die Kritik praktisch auf den deutschen Sprachbereich beschränkt, während von der Gesamtauflage ihrer Bücher – heute weit über 20 Millionen! – der überwiegende Teil in anderen Sprachen erschien. Ausserhalb Europas jedenfalls freuen sich zahllose Kinder nach wie vor unbeschwert an ihrem Alpenkind Heidi, begleiten es mit neugierigem Interesse in die grosse Stadt Frankfurt und erleben mit ihm zusammen all die betrüblichen und doch wieder ulkigen Begebenheiten bei Klara Sesemann, Fräulein Rottenmeier, Sebastian, Tinette und wie sie alle heissen, bis Heidi dann zur Freude ihrer Fans wieder auf die Alp zurückkehren darf zum knorrigen Öhi, dem lebenstüchtigen Geissenpeter und zu Bärli und Schwänli, den Lieblingsgeissen.

Den kleinen Japanern und Amerikanern, die *Heidi* in Comic-Strips, am Fernsehen oder im Hörspiel kennenlernen, ist es dabei vollkommen egal, wer die Frau war, die im fernen Heidiland vor Urzeiten einmal Bücher schrieb mit altklugen Titeln à la *Heidis Lehr- und Wanderjahre* oder *Heidi kann brauchen, was es gelernt hat*. Es interessiert sie keinen Deut, ob Johanna Spyri für oder gegen Emanzipation war und ob sie ausser ihrem Stadtschreiber noch einen andern – vielleicht gar Heinrich Leuthold? – liebte oder nicht. Für sie ist ihr Heidi – und welcher Autor wünscht dies nicht seinen Geschöpfen! – autonom und unverwüstlich geworden. Aber nicht als Klassiker, approbiert und gutgeheissen von Gelehrten und Bücherwürmern, sondern als Schwester von Donald Duck und Mickey Mouse.

Johanna Spyri
(1827–1901)

Und wenn nun doch wieder einmal ein erwachsener Europäer alle Warnungen in den Wind schlüge, den ersten Band *Heidi* läse, davon hell begeistert wäre und hilfesuchend nach der germanistischen Beurteilung und Einordnung dieses und aller anderen Spyri-Texte rufen würde? Da könnte ihm zumindest der Schreibende mangels Japanischkenntnissen nicht helfen, denn die einzige Gesamtausgabe von Johanna Spyris Werken ist 1962 in Tokio zwölfbändig in ebendieser Sprache erschienen . . .

Bei Müller, Rüschlikon, erschien 1986 Jürg Winklers Biographie *Johanna Spyri. Aus dem Leben der »Heidi«-Autorin.*
Das Bild zeigt Johanna Spyri 1857 mit ihrem Sohn Bernhard.

Eugène Rambert

Er heisst Gaspard Gros und gehört zu jenen Unglücksraben, die elternlos der Fürsorge anheimfallen. Praz-de-Fort, seine Walliser Heimatgemeinde, gibt den Zehnjährigen als billige Arbeitskraft zu einem Rüpel von Pflegevater, wo Gaspard der harten Arbeit wegen verwachsen und bucklig wird. Mit dreizehn ist er alt genug, die Geissen von Praz-de-Fort zu hüten. Der Schönheit der Bergwelt aber steht hier die bittere Erfahrung der zunehmenden Vereinsamung gegenüber. Als das Hirtenamt für andere Waisen gebraucht wird, findet Gaspard eine vakante Stelle im waadtländischen Rossinière. Dort lernt der bucklige Hirt nicht nur eine Reihe weiterer Demütigungen, sondern auch eine Ahnung von Liebe kennen. Aber Caroline, die Lehrerstochter, ist natürlich für eine ehrbare Partie bestimmt. Tief gekränkt und verzweifelt, zieht sich Gaspard in die Walliser Berge zurück und endet dort, völlig vereinsamt, eines Tages durch Selbstmord.

Die erschütternde Geschichte eines Verdingbuben, der an der Hartherzigkeit seiner Umwelt zugrunde geht, findet sich im zweiten, 1866 erschienenen Teil des fünfbändigen Sammelwerks *Les Alpes suisses* (1864–1875) von Eugène Rambert. Fünfzehn Jahre bevor Johanna Spyris Geissenpeter in Aktion trat, erhielt die Schweiz damit eine Hirtengeschichte, die in ihrer Drastik himmelweit entfernt ist von all den Klischees und Sentimentalitäten, die seither diesem Berufsstand angelastet worden sind.

In seinem einstmals berühmten Sammelwerk mischte der ETH-Professor im übrigen Wissenschaftliches wie Essays über die Alpen und die Freiheit, über den Föhn oder die Bergflora bunt durcheinander mit Dichtungen wie dem erwähnten *Geisshirt von Praz-de-Fort* oder dem vielzitierten philosophierenden *Murmeltier mit dem Halsband.* In einer Zeit, die das Hochgebirge eben erst zu entdecken begann, begeisterte er damit eine zahlreiche Leserschaft für die Alpen und ihre Bewohner. Innerhalb seines Kompendiums, aber auch bei anderen Gelegenheiten hat Rambert jedoch die touristische Bergvermarktung auch schon mit beissendem Spott belegt – so etwa in seinem 1875 publizierten Feuilleton *De Schwyz à Schwyz par Sion,* einem Kabinettstück der humoristischen Reiseliteratur, wie sie später Charles-Albert Cingria meisterhaft wiederaufnehmen sollte.

Eugène Rambert (1830-1886) um 1880

Was *Les Alpes suisses* bezweckten – die Inventarisierung des alpinen Lebensraumes und seine Propagierung zum idealen Zentrum der mehrsprachigen Schweiz –, das vertrat Rambert auch in seinem sonstigen Wirken als Literaturforscher (bedeutendste Publikation: die Biographie Alexandre Vinets), als Lyriker *(Les Gruyériennes)* und als Journalist. So nahm er im Deutsch-Französischen Krieg von 1870/71 mit seinem *Tagebuch eines Neutralen* genau jene Position vorweg, die Seippel und Spitteler 1914 vertreten sollten: strikte Neutralität gegen aussen zugunsten einer möglichst grossen Einheit zwischen Deutsch und Welsch im Innern.

Deutsch ist *Der Geisshirt von Praz-de-Fort* im GS-Verlag, Bern, *Das Murmeltier mit dem Halsband* bei Origo, Zürich, greifbar.

Arnold Ott

1897 war es soweit: die Schweiz sollte ihr Nationaltheater und Luzern eine Art Bayreuther Festspielhaus bekommen. Das Festspiel hiess *Karl der Kühne und die Eidgenossen* und stammte von Arnold Ott, einem Schaffhauser, der in Luzern als Arzt praktizierte. Als der Stadtrat mit ihm das Projekt besprach, klopfte ein etwas korpulenter Magistrat dem Dichter mit den Worten »Ganz Shakespeare!« anerkennend auf die Schulter, worauf Ott sich umdrehte, dem Stadtrat seinerseits auf die Schulter schlug und sagte: »Ganz Specktier!« – Womit die Luzerner Ott-Festspiele ihr abruptes Ende fanden.

Aber nicht nur mit den Schweizer Mitbürgern, auch mit dem Herzog von Meiningen, der ihm und seiner *Agnes Bernauer* 1889 erstmals zu Bühnenehren verholfen hatte, überwarf sich Ott in seiner direkten, unwirschen Art. Selbst Gottfried Keller wusste er derart zu reizen, dass dieser ihn »Fürstenknecht« schimpfte – eine Beleidigung, mit der Ott selbst später seine Freundschaft mit Josef Viktor Widmann beendete, nachdem er ihm beim Dramenschreiben geholfen und ihm Zugang zum Meininger Hoftheater vermittelt hatte. Der Feuerkopf Ott verdarb es schlicht mit allen, und nicht einmal das Volk, das ihm zwischen 1895 und 1904 in Altdorf, Diessenhofen, Schaffhausen und Zürich-Wiedikon nach monumentalen Festspielaufführungen zugejubelt hatte, hielt ihm die Treue. Verbittert und vergessen starb Ott am 30. September 1910 mit knapp 70 Jahren in Luzern.

Ein genialer Dramatiker, der seinem Nachruhm selbst im Wege stand? Wohl kaum. Zwar glaubten Zeitgenossen wie Heinrich Federer an ein posthumes Ott-Comeback, aber schon der Biograph Eduard Haug musste 1923 eingestehen, dass Otts Poesie »nicht die Poesie von heute« sei. Eine Einsicht, an der auch die Ott-Gesamtausgabe von 1944/49 wenig änderte. Den Wechsel auf die Zukunft hat Ott sich auf den Plüschsofas des Meininger Hoftheaters und im patriotischen Taumel von schweizerischen Festplätzen verscherzt. Gerade weil er den Geschmack seiner Zeit treffen wollte, waren seine Stücke schon bei ihrer Niederschrift stofflich und formal überlebt. Dramen wie *Die Frangipani, Rosamunde* oder *Grabesstreiter* lesen sich bestenfalls noch als historische Reminiszenzen – und auch dann nur mit Überwindung! Ein einziges Stück wäre heute wohl noch mit Erfolg aufführbar: *Untergang* von 1898, die naturalistische Verarbeitung von Otts Erlebnissen als Neuhauser Fabrikarzt. Das packende, an Hauptmanns *Weber* erinnernde soziale Drama, das wie jenes im Deutschen Reich verboten war und seiner »Tendenz« wegen auch in der Schweiz keine Chance hatte, endet mit dem freiwilligen Gastod einer Handwerkerfamilie, die am Manchestertum des Hochkapitalismus verzweifelt ist. »Gestorben am Dunst des untergehenden Jahrhunderts«, sagt der Arzt, ehe der Vorhang fällt. Eine Diagnose, die auch auf Arnold Ott selbst, diesen hochgemuten, in seinem besten Wollen gescheiterten Schweizer Dramatiker, nicht schlecht zutreffen würde.

Arnold Ott
(1840–1910) im Jahre 1870

K. E. Hoffmann gab 1944–1949 bei Benteli, Bern, eine sechsbändige Gesamtausgabe von Otts Werken heraus.

Josef Viktor Widmann

»Ich bin Hebamme und Kindermädchen bei allen möglichen Schriftstellern und Dichtern im ganzen Land herum und weit darüber hinaus; den eigenen Kindern aber muss ich Stiefvater sein und sie in halbfertigen Wämsern herumlaufen lassen.« Als Josef Viktor Widmann am 1. Dezember 1902 Carl Spitteler gegenüber diese Klagen laut werden liess, war er seit 22 Jahren Feuilletonredaktor am *Bund* und galt unbestritten als führender Literaturkritiker der deutschen Schweiz. Bis zu 400 Bücher rezensierte er pro Winter – locker und charmant, gelegentlich auch etwas oberflächlich, wie die Fülle es mit sich brachte. Allein die Zahl der von ihm in ihren Anfängen geförderten Schweizer geht in die Hunderte und umfasst so unterschiedliche Autoren wie Ernst Zahn, Arnold Ott, Maria Waser, Charlot Strasser, Hans Mühlestein, Hermann Hesse und nicht zuletzt Robert Walser, dessen erste Texte er druckte und lobend besprach. Kein anderer Autor aber hat Widmanns Ammendienst derart massiv erfahren wie sein Jugendfreund Carl Spitteler, den er mit suggestiver Eindringlichkeit zum Dichten anhielt und dessen Epen er dann jahrzehntelang mit allen ihm zu Gebote stehenden Propagandamitteln gegen den modernen Zeitgeist durchzusetzen versuchte.

Dass dies auch anders herum funktionierte – denn Widmann war ja nicht nur Kritiker, er war auch Epiker, Dramatiker, Erzähler und Lyriker! –, versteht sich von selbst. Und nicht nur Spitteler, auch die andern von ihm protegierten Autoren waren in ihrem Urteil durch Dankbarkeit oder Opportunität häufig überstark befangen, wenn es um Werke des einflussreichen Berner Literaturpapstes ging. Noch effizienter war die Förderung auf Gegenseitigkeit natürlich im Verhältnis zu angehenden Kritikerkollegen wie Adolf Frey, Otto von Greyerz, Fritz Marti oder Eduard Korrodi. Ihnen allen hat Widmann väterlich auf die Beine geholfen, und sie alle haben dann seine Werke in manchmal geradezu grotesker Weise überbewertet.

Was Widmann dichtete, wurzelte in einer biedermeierlich verflachten antiken Kulturwelt. Der frühere Töchterschuldirektor hatte eine Vorliebe für griechische Backfische und einen Hang zur Idylle. Von Hause aus Theologe, bekehrte sich der Liestaler Pfarrerssohn zu Schopenhauer, doch nimmt man dem leutseligen Lebenskünstler den tragischen Pessimismus, auf den hin seine bekanntesten Werke, die *Maikäferkomödie* und *Der Heilige und die Tiere,* angelegt sind, nicht ab. »Diese verdammte Vergnügtheit«, schrieb er 1892 Arnold Ott, »versperrt mir sicher noch den Platz in der Literaturgeschichte...« Gottfried Keller, der ihm nicht zu hofieren brauchte, sprach in einem Brief von 1874 das Problem des Epigonentums ganz offen an, als er Widmann zu dessen Drama *Mose und Zipora* schrieb: »Es macht auf mich den Eindruck, als ob ein heutiger Maler durchaus Bilder malen wollte, die man für echte alte Italiener oder Spanier halten könnte, was freilich immerhin etwas Rechtes wäre.«

Josef Viktor Widmann (1842–1911) um 1875

In der Edition Francke im Cosmos-Verlag, Bern, ist die Widmann-Auswahl *Verehrte Leser, sagen Sie nicht: Nein!* greifbar.

Carl Spitteler

In ihrem Briefwechsel nennen Sigmund Freud und C. G. Jung das Herz bisweilen »Kaninchen« und den Körper »Konrad« – ganz so, wie Viktor im 1906 erschienenen Roman *Imago* von Carl Spitteler dies tut. Aber nicht nur diese Verulkungen, auch der für Jung wichtige Begriff »Imago« lehnt sich an Spittelers Roman an, und nicht zuletzt trug die von Freud ab 1912 herausgegebene psychoanalytische Zeitschrift den gleichen Titel wie Spittelers Meisterwerk.

Ein solches nämlich ist dieser Roman aller Psychoanalyse zum Trotz. Spitteler, der die Jungsche Kanonisierung seines Werks entschieden ablehnte, hatte ja keine Theorien, sondern Bilder geliefert. Und für die Seelenkunde interessant waren diese Bilder einzig deswegen, weil sie auf einer für die damalige Zeit und diesen Dichter geradezu sensationell offenen Selbstdarstellung beruhten. Für einmal hatte der Meister der lyrisch-epischen Verschlüsselung nämlich die Schamlosigkeit zum dichterischen Postulat erhoben und beschlossen, »sich nackt vor das Publikum hinzustellen«. Der Vorfall, den er seinem Roman zugrunde legte, hatte sich allerdings bereits 26 Jahre vor dessen Publikation zugetragen. Damals, 1879, war Spitteler aus Russland in die Schweiz zurückgekehrt und hatte in Bern die Geliebte seiner Träume, die damals neunzehnjährige Cousine Ellen Brodbeck, als Gattin eines anderen wiedergetroffen. Das Mädchen liess sich – das musste er in jenem qualvollen Jahr, das später den Stoff für den Roman liefern sollte, einsehen – nicht mehr zurückgewinnen. Was ihn aber nicht daran hinderte, das Bild (Imago!), das er sich in der Ferne von Ellen erträumt hatte, lebenslang in sich wachzuhalten und in seinem dichterischen Werk – nicht nur in *Imago!* – immer neu nachzugestalten. Im Roman nun lässt Spitteler den Protagonisten Viktor dichterisch vielfach verfremdet seine damalige »Imago-Passion« nacherleben und sich schliesslich, das Bild der idealen Geliebten unversehrt im Herzen, tief beschämt aus dem Blickfeld der »Verräterin« wegstehlen.

Aber nicht nur die Geliebte entspricht nicht mehr Viktors idealen Vorstellungen. Die Vaterstadt, in die er nach langen Jahren zurückgekehrt ist, erscheint ihm in ihrer Engherzigkeit und Verlogenheit schlicht als eine »Hölle der Gemütlichkeit«. Hat er in der Fremde »offene Arme, warme Aufnahme, gutwillige Duldung seiner Eigentümlichkeit, Nachsicht gegen seine Fehler« gefunden, so trifft er hier auf »engherzige Nörgelei, Unfehlbarkeitsdünkel, Verneinung seiner gesamten Persönlichkeit«. Was die psychologisch so ergiebige Liebesgeschichte betrifft, so gilt bei aller Sympathie für den unglücklich verliebten Viktor dennoch Spittelers Aussage, er habe den Helden »ins Unrecht gesetzt«. Die harsche Kritik, der er das vielbeklagte Phänomen der helvetischen Enge unterzieht, trifft dagegen den Nagel immer wieder auf den Kopf. Es hat in unserem Jahrhundert kaum mehr einen zweiten Roman gegeben, der das Ungenügen an der Schweiz so tiefschürfend und so virtuos formuliert zum Ausdruck gebracht hätte wie Spittelers *Imago*. Und dies, obwohl der Roman doch in einem ganz leichten, spielerischen, mit Humor und Ironie nur so gespickten Parlando daherkommt.

Carl Spitteler (1845–1924)

Imago ist als Band 658 der Bibliothek Suhrkamp greifbar.
Die Abbildung zeigt Spitteler um 1879, als er aus Russland in die Schweiz zurückkehrte.

Ida Bindschedler

1873, als die deutsche Professorentochter Netta Tobler-Hattemer in Zürich eine private Töchterschule gründete, machte Josef Viktor Widmann, damals Direktor der Berner Fröhlich-Schule, sie auf seine Schülerin Ida Bindschedler, neunzehn, Tochter eines Zürcher Baumwollkaufmanns, aufmerksam. 24 Jahre lang hielt sie der Tobler-Schule die Treue: als Primarlehrerin zunächst und später, nach einer Zusatzausbildung und einem Paris-Aufenthalt, als Sekundarlehrerin. Problemlos fügte sie sich in die strenge Zucht der in deutschem Geiste geführten Schule ein und ging als lediges Fräulein restlos in ihrer pädagogischen Aufgabe auf, die ihr bis zu 40 Wochenstunden und zusätzlich noch Lektionen an der Stadtschule bescherte. Als sie mit 43 Jahren eines Herzleidens wegen den Beruf aufgab, zog sie zu einer Freundin nach Augsburg, wo sie die verbleibenden 22 Jahre ihres Lebens verbringen sollte.

Ein Lehrerinnenschicksal wie viele andere damals, und niemand würde sich des Namens Ida Bindschedler heute noch erinnern, wäre er nicht 1906 auf dem Umschlag eines Jugendbuches unversehens wieder aufgetaucht. *Die Turnachkinder im Sommer* hiess es, und der einstige Lehrer Widmann, als *Bund*-Redaktor inzwischen eine unbestrittene Kapazität, hatte seine helle Freude daran: »In Frage steht ein Buch von erzieherischem Wert, aus dem jedoch nirgends die erzieherische Physiognomie sich vordrängt. Gemütbildend und doch ›moralinfrei‹, vor allem frisch, lebendig, poetisch ist dieses wunderbar geglückte Buch.«

Tatsächlich muss Ida Bindschedler ihre pädagogische Existenz restlos verdrängt haben, als sie sich im fernen Augsburg daranmachte, ihre Zürcher Kindheit zu einem Jugendroman zu verarbeiten. Schilderte sie im ersten Band locker und anmutig den Sommeraufenthalt der Familie Turnach in ihrem Landhaus im damals noch dörflichen Zürcher Seefeld, so beschrieb sie in der 1909 erschienenen Fortsetzung *Die Turnachkinder im Winter* in ebenso leichter und doch souveräner Manier das Stadtleben der Kaufmannsfamilie, wie es im Weihnachtsfest seinen Höhepunkt findet. Dabei gelang es ihr auf überzeugende Weise, den vier Kindern Hans, Marianne, Werner und Lotti – letzteres ist das Selbstporträt der Autorin – eine je eigene Individualität zu verleihen, ohne typisieren zu müssen. Weil sie in lebendiger Weise präzise Einzelheiten aus dem Alltagsleben einer grossbürgerlichen Zürcher Familie der 1860er Jahre festhalten, sind *Die Turnachkinder* für den kulturhistorisch interessierten Erwachsenen heute fast noch spannender zu lesen als für Kinder, die da und dort Erklärungen benötigen. Das Beglückendste aber bleibt, wie diese Turnachkinder zu spielen verstehen! Mit einem Nichts an Spielzeug nehmen sie als Indianer, Seeräuber, Verwandlungskünstler oder historische Figur spielerisch von Welten Besitz, die heutige, mit Spielsachen vielfach übersättigte Kinder höchstens noch aus zweiter Hand vor dem Bildschirm kennenlernen.

Ida Bindschedler (1854–1919) im Jahre 1875

Die Turnachkinder sind in zwei Bänden im Aare-Verlag, Solothurn, greifbar.

Adolf Frey

Als Adolf Frey am 1. Dezember 1898 dem Sarge C. F. Meyers folgte, hatte er die Biographie des Toten so gut wie fertiggestellt. »Frey hat meinen Leichnam gepachtet«, soll Meyer dem Rezitator Milan gegenüber einmal geäussert haben – ein Scherz, der ebensogut von Arnold Böcklin, Rudolf Koller, Albert Welti oder Ferdinand Hodler stammen könnte, die nach ihrem Tode ebenfalls mit Frey-Biographien bedacht werden sollten.

Im Mittelpunkt von Freys Bemühungen standen jedoch eindeutig die Dichter Keller und Meyer, deren Werk der Zürcher Literaturprofessor zum Massstab und Vorbild aller künftigen Schweizer Literatur erheben wollte. Mit Widmanns Segen von Bern her kommend, hatte der junge Aargauer sich im gleichen Jahre 1877 sowohl Meyer als auch Keller angenähert und sich ihre Freundschaft bis zuletzt zu erhalten gewusst, indem er ihre Bücher in der in- und ausländischen Presse zu zeitlosen, über jeden Zweifel erhabenen Kunstwerken emporstilisierte. Von Meyer liess er sich ausdrücklich zum Biographen ernennen, aber auch im Falle Kellers hielt er lebenslang an einer Art Gralshüter-Legitimation fest. »Einen völlig deutlichen Begriff von seinem Wesen besitzt nur derjenige«, erklärte er am 19. Juli 1919 als Festredner zu Kellers 100. Geburtstag, »der ihn öfter gesehen und gesprochen hat.«

Frey beschränkte sich nun aber keineswegs darauf, die Generation der Faesi, Bohnenblust und Korrodi anhand von Keller und Meyer auf ein zeitloses Literatur-Ideal zu verpflichten, sondern er trat, indem er die Nachahmung der Vorbilder mit seiner Vaterlandsbegeisterung und seiner Vorliebe für das Stilisierte-Pathetische verknüpfte, auch selbst als Dichter in Erscheinung. Neben schwermütigen Balladen und Gedichten – darunter ein bemerkenswert früher Zyklus in Aargauer Mundart – schuf er eine Reihe patriotischer Festspiele sowie *Bernhard Hirzel* und *Die Jung-*

fer von Wattenwil: zwei Romane um Outsiderschicksale, die schlaglichtartig zeigen, zu welchen Umdeutungen Frey bereit war, wenn sich die historische Wirklichkeit nicht mit den hehren Ansichten von Kunst und Moral vereinbaren liess.

Adolf Frey
(1855–1920) im Jahre 1893

Als er am 12. Februar 1920 mit 65 Jahren einem Krebsleiden erlag, konnte Adolf Frey die Gewissheit mit ins Grab nehmen, dass seine Freunde und Schüler für seinen Nachruhm besorgt sein würden. Was Rang und Namen in der Schweizer Literatur besass, hatte noch zu seinen Lebzeiten in einem umfangreichen *Adolf-Frey-Buch* sein Loblied angestimmt. Bereits 1925 lag auch eine zweibändige, 794seitige Frey-Biographie vor. Verfasserin war Lina Frey-Beger (1853–1942), die Witwe des Verstorbenen. Die aus Deutschland gebürtige promovierte Historikerin hatte schon am Ruhm des Lebenden nach Kräften mitgewirkt, den Toten aber wollte sie nun endgültig unter die Olympier einreihen. Ebenso frenetisch und kritiklos, wie Frey selbst seinen Vorbildern Keller und Meyer gehuldigt hatte, feierte die Witwe jetzt sein eigenes epigonales Lebenswerk. Selbstredend erscheint er im Bunde der Grossen nun als der Dritte, und einmal heisst es, dunkel drohend: »Ein Volk, das solche Dichter vergässe, vergässe sich selbst.« Spitteler, obwohl zum Lob auf Gegenseitigkeit geradezu verpflichtet, verrannte sich da weniger weit, als er 1907 zu Freys Gedichten meinte: »Ich glaube, über Lyrik entscheidet nicht das Urteil Einzelner, das wird von der Nation bestätigt oder nicht bestätigt im Lauf der Zeiten . . .«

Meta von Salis-Marschlins

»Petroleusen« oder »Grenadiere« nannte man abschätzig jene »Blaustrümpfe«, die im 19. Jahrhundert in Zürich von der Möglichkeit des Frauenstudiums Gebrauch machten. Als eine von ihnen es 1885 auch in Basel versuchte, provozierte sie die dortigen Professoren zum Beschluss, »dass Frauen unter allen Umständen von der Teilnahme an den Vorlesungen ausgeschlossen seien«. Friedrich Nietzsche hörte davon und schrieb an Overbeck: »Über die Massregel des Fräuleins von Salis habe ich gelacht. Das gehört unter die Feinheiten der agents provocateurs: sie wollte genau *das,* was sie erreicht hat, eine Abweisung, um daraus für die ›Agitation‹ Kapital zu schlagen.«

Im Jahr darauf publizierte die gleiche Meta von Salis-Marschlins ein Buch mit dem Titel *Die Zukunft der Frau.* Und wer sich von den fünffüssigen gereimten Jamben nicht abschrecken liess, konnte da auf eine unmissverständliche Kampfansage gegen »Männerrecht und Frauensklaventum« stossen. Ein erwachsenes Kind, das gesetzlich niemals mündig werde, ein Spielzeug und Lasttier für den Mann, eine Puppe oder ein Kochgenie – dies sei die Frau nun lange genug gewesen. Krieg und Misswirtschaft zeigten zur Genüge, wohin die Männerherrschaft die Menschheit bringe. »Fürwahr, du Salz der Erde wurdest dumm, / das alte Lied ist endlich ausgegeigt!« Gleichberechtigung der Frau heisse von jetzt an die Losung, und sobald die verwirklicht sei, breche ein neues, glücklicheres Zeitalter an.

1892 bekam die Autorin, inzwischen erste Bündnerin mit Doktortitel, Gelegenheit zu praktischem Einsatz. Als nämlich die Zürcher Ärztin und Frauenrechtlerin Caroline Farner wegen Unterschlagung verhaftet wurde und die Presse schadenfroh triumphierte, gelang es ihrem publizistischen Einsatz, die Rehabilitierung der Angeschuldigten zu erkämpfen. Der unterlegene Richter aber erreichte mit einer Verleumdungsklage, dass Meta von Salis ihrerseits ins Gefängnis musste. Nach dem Motto »lieber für ein höheres Recht leiden, als durch Unrecht gedeihen« trat sie in St. Gallen die Strafe an, konnte danach aber nur mit Mühe vom Verzicht auf das Schweizer Bürgerrecht abgehalten werden. 1904 jedenfalls verkaufte sie Schloss Marschlins und zog mit der Lebensgefährtin, der Lyrikerin Hedwig Kym, nach Capri.

Meta von Salis-Marschlins (1855–1929)

Zwar spielte Meta von Salis mit ihren Schriften – zwei recht eigentlich feministische Romane, Gedichte, Aphorismen und Vorträge zur Frauenfrage – und als mutige Einzelkämpferin eine wichtige Rolle für die Frauenbewegung ihrer Zeit. Dennoch aber dankte sie dem Schicksal, dass es sie »jenseits der ephemeren Bedeutung der Frauenfrage Elitemenschen – Frauen und Männer – als höchste Blüte der Kultur schauen und verehren liess«. Das tönt unverkennbar nach Nietzsche, und tatsächlich stand die Bündner Aristokratin dem als Frauenfeind verschrienen Denker auch persönlich so nahe, dass sie gar als seine Auserwählte ins Gerede kam! Ganz undenkbar wäre das nicht gewesen, heiratete doch auch Hedwig Kym schliesslich noch einen Nationalrat, so dass die Freundinnen 1910 von Capri nach Basel ziehen mussten. Dort ist Meta von Salis am 11. März 1929 mit 74 Jahren gestorben.

Beim Paedia-Media-Genossenschaftsverlag, Thalwil, erschien 1988 Doris Stumps Meta-von-Salis-Auswahl *Die unerwünschte Weiblichkeit*.

Karl Stauffer-Bern

Wäre es nach Karl Stauffer gegangen, so hätte Alfred Escher, der legendäre Schweizer Eisenbahnkönig, nicht nur in Zürich, sondern auch im süditalienischen Paestum ein Denkmal erhalten: einen monumentalen Tempel, geschmückt mit diamantenäugigen Götterstatuen. Weit mehr als Eschers Ruhm war bei der Planung des hybriden Heiligtums allerdings sein Geld im Spiel: jene Millionen, die Lydia, seine einzige Tochter, der Schweizer Industrie entziehen und den Musen opfern wollte. Der Mann, der ihrem Flehen nachgegeben und sie im November 1889 dem ungeliebten Gatten entführt hatte, sollte an ihrer Seite in Italien die kühnsten Ideen seines Künstlertums realisieren können. Dass Stauffers Pläne, mit denen er dem verhassten Impressionismus eins auswischen wollte, in blutleeres Epigonentum ausmünden mussten, wie denn überhaupt seine Kunst bei aller Genialität eher eine Blüte an einem absterbenden Ast denn einen zukunftsträchtigen neuen Trieb darstellte – das konnte Lydia Welti-Escher in ihrer bildungsbürgerlichen Beschränktheit ja nicht erkennen. Und zur Probe aufs Exempel sollte es auch gar nie kommen, denn Stauffer wurde als Mensch zu Fall gebracht, bevor er als Künstler endgültig in die Sackgasse geriet.

Sein Rivale war ja nicht »irgendwer«, sondern Dr. Emil Welti, Sohn von Bundesrat Welti, und Lydia war ihm, wie böse Zungen behaupteten, mit ihrem Riesenerbe und der Nobelresidenz Belvoir deshalb zugefallen, weil Welti senior Escher bei dessen ehrgeizigen Plänen die Stange gehalten hatte. Mit Hilfe des Vaters und des Schweizer Gesandten in Rom gelang es Welti denn auch spielend, Lydia als geisteskrank zu internieren und Stauffer wegen Vergewaltigung einer Irren inhaftieren zu lassen. Damals, im Florentiner Kerker, hat Stauffer in tiefster Not zu schreiben begonnen. ». . . das weiss ich, dass der HERR mich in den letzten Wochen stark gepresst hat und dass ich Dichter geworden bin an Leib und Seele.« In von Verwirrung, aber auch von Begabung zeugenden erschütternden Versen beschrieb er seine Liebe und das Unrecht, das ihm geschehen war.

Karl Stauffer-Bern (1857–1891) um 1877

Obschon er schliesslich freigesprochen wurde, verfiel Stauffer in der Schweiz, wo die Presse seine mächtigen Gegner zu fürchten hatte, gänzlich der öffentlichen Ächtung. Nachdem auch seine Geliebte dem Druck nachgegeben und sich von ihm losgesagt hatte, starb er am 24. Januar 1891 in Florenz mit 34 Jahren an einer Überdosis Chloral. Lydia, die nach Überlassung grosser Summen von ihrem Mann geschieden worden war, schickte einen Kranz: »Den Manen meines unvergesslichen Freundes.« Kurz bevor sie sich im Dezember 1891 das Leben nahm, konnten die Weltis sie noch dazu bringen, ihr übriges Erbe als »Gottfried-Keller-Stiftung« dem Bund zu vermachen. Das Legat, das vieles übertünchen musste, schmückte sich so mit dem Namen jenes Mannes, den Stauffer scharfsichtig wie kein zweiter porträtiert hatte: 1886, im Gewächshaus des Belvoir, unter der Obhut jener Frau, die ihm zum Verhängnis werden sollte.

Walther Siegfried

»Gottlob, der Fink hat wieder Samen! Gottfried Keller ist dahin, C. F. Meyer geht dem Greisenalter entgegen – da kommt nun dieser ›Jung-Siegfried‹ gerade recht, die Erbschaft dieser Ritter vom Geiste anzutreten!« Der Kritiker der *Dresdener Zeitung* war nicht der einzige, der den Aargauer Walther Siegfried nach dem Erscheinen seines sensationellen Erstlings *Tino Moralt* 1890 zum legitimen Nachfolger Kellers und Meyers erhob. Auch hierzulande erwartete man vom Verfasser dieses Romans, der in Münchner Künstlerkreisen spielt und den unaufhaltsamen Niedergang eines am Werk und an der Liebe scheiternden Schweizer Malers und Dichters darstellt, Höchstes und Grösstes.

Den nachhaltigsten Eindruck aber machte *Tino Moralt* auf jene reiche junge Baslerin, die Siegfried als Irene porträtiert hat und die im Roman, weil sie ihm anderweitiger Versprechungen wegen nicht angehören kann, den Anstoss für die völlige Verzweiflung des Helden gibt. Der gefühlvolle, das Plüschzeitalter mit aller Intensität heraufbeschwörende Künstlerroman wirkte so stark auf die junge Frau, dass sie ihre Verlobung löste und Walther Siegfried nun doch heiratete.

Reich geworden, konnte er sein Thema im weit schwächeren zweiten Roman *Fermont* 1893 bereits ins Positive wenden: die Krise des Künstlers endet nicht mehr im Wahnsinn, sondern mit der Selbstfindung in einer zeitgemässen pantheistischen Glaubenswelt à la Friedrich Nietzsche.

Damit aber hatte Siegfried, der in Garmisch-Partenkirchen das Leben eines arrivierten Literaten führte und mit den Grössen des damaligen Kulturlebens freundschaftlich verkehrte, seine literarischen Möglichkeiten weitgehend auch schon erschöpft. Ausser einigen kürzeren Erzählungen *(Gritli, Um der Heimat willen)*, mit denen er sich der aufkommenden Mode entsprechend bewusst dem schweizerischen

Lebensbereich zuwandte, ist neben biographischen Texten über Adolf Stäbli oder Cosima Wagner einzig noch seine monumentale dreibändige Autobiographie von 1926–1932 erwähnenswert, die unter dem Titel *Aus dem Bilderbuch eines Lebens* die eigene, nicht wirklich spektakuläre Lebensgeschichte durch die Darstellung der Zeitumstände und eines mit vielen berühmten Namen aufwartenden mondänen Bekanntenkreises aufwertet.

Walther Siegfried (1858–1947) im Jahre 1880

Wie Jakob Schaffner gehörte Walther Siegfried zu jenen Schweizern, die ihre Dichterlaufbahn auf Biegen und Brechen mit dem wechselvollen Schicksal Deutschlands verknüpften und darum beides erlebten: übergrosse Berühmtheit und vorschnelle völlige Vergessenheit. 1917, als sein Name Rang und Klang hatte, machte Siegfried mit gehässigen antifranzösischen Äusserungen von sich reden. Und 1945 glaubte der bald Neunzigjährige bis zuletzt unverdrossen an Hitlers Endsieg. Dabei war sein Ruhm, der sich noch immer einzig auf den Erstling *Tino Moralt* gründete, auch in Deutschland längst bis zur Unkenntlichkeit verblasst.

Lina Bögli

Am 12. Juli 1892 bestieg Lina Bögli, vierunddreissig, in Krakau den Schnellzug, um eine Reise um die Welt anzutreten. Die Schweizerin, die als Gouvernante bei einem polnischen Grafen in Dienst war, reagierte damit auf den Heiratsantrag eines Offiziers, der aus Liebe zu ihr auf seine Karriere verzichten wollte. Vorsichtig, wie sie war, wollte Lina Bögli dieses Opfer nicht annehmen und setzte dem Verehrer zehn Jahre Bedenkfrist. Am 12. Juli 1902 würde sie wieder in Krakau zurück sein, und wenn er sie dann noch immer liebe, dann ...

Mit 1400 Franken in der Tasche reiste sie in die Welt hinaus, und als sie in Sydney ankam, besass sie gerade noch 5 Pfund Sterling. Schon wenige Wochen später unterrichtete sie gegen gutes Geld gleichzeitig an drei australischen Privatschulen! Das gleiche schaffte sie auch in Honolulu, in San Francisco und vielen weiteren Stationen ihrer Reise: sie suchte einen Job als Lehrerin und ersparte sich schnellstmöglich das Billett zur Weiterreise. Als sie am 12. Juli 1902 in Krakau aus dem Zug stieg, stand der Verehrer, dem sie die ganze Zeit nicht eine Zeile geschrieben hatte, erwartungsvoll auf dem Perron und bekam – einen Korb! Die Unabhängigkeit, die sie sich in all den Jahren errungen hatte, wollte Lina Bögli nun nicht wieder preisgeben. Sie blieb ledig und zog auf das Schloss ihrer ehemaligen polnischen Arbeitgeber, um dort unter dem Titel *Foreward (Vorwärts)* ihre Reiseerinnerungen zu schreiben. Ein Buch, das nach einem Bestseller-Erfolg in England und Amerika in neun weitere Sprachen, darunter 1906 auch ins Deutsche, übersetzt wurde und das bei allen Vorbehalten zumindest aus zwei Gründen auch heute noch lesenswert ist: weil es dem unbezwingbaren Selbstbehauptungswillen dieser eigensinnigen, draufgängerischen Frau ein lebendiges Denkmal setzt und weil es die koloniale Welt der Jahrhundertwende gleichsam naiv, völlig unverstellt, unbeschönigt und mitsamt ihren fatalen Vorurteilen widerspiegelt.

Vorwärts machte Lina Bögli derart berühmt, dass sie 1910 nach Japan und China aufbrach, um den Erfolg mit einer zweiten, dreijährigen Reise zu wiederholen. Als die neuen Erlebnisse 1915 unter dem Titel *Immer vorwärts* erschienen, hatte die Verfasserin sich bereits in ihr Heimatdorf Herzogenbuchsee zurückgezogen, um da, bis zuletzt als Vortragsreisende, Erzieherin und Lehrerin rastlos tätig, ihren Lebensabend zu verbringen.

Lina Bögli (1858–1941)

Schon das zweite Buch hatte, mitten im Ersten Weltkrieg, nur noch einen Achtungserfolg erzielt, und als Lina Bögli 1941 mit 83 Jahren starb, war jene europäisch dominierte Welt, die sie bereist und beschrieben hatte, unwiderruflich zum Untergang verurteilt. Und der gefoppte Freier von 1902? Der hat es bis zum Festungskommandanten gebracht und ist 1914 auf dem Felde der Ehre gefallen . . .

Die Abbildung zeigt Lina Bögli im Jahre 1892, als sie zu ihrer Reise um die Welt aufbrach.

Paul Seippel

1920, als es um den Beitritt der Schweiz zum Völkerbund ging, drohte der Graben zwischen Deutsch und Welsch wieder einmal aufzubrechen. General Wille, Haupt der Deutschschweizer Beitrittsgegner, warf den beitrittswilligen Welschen am 4. Mai 1920 in der *NZZ* gar vor, sie wollten von der »französischen Provinzstadt« Genf aus mit Völkerbundshilfe »die Französisierung über die ganze Schweiz ausdehnen«.

Da betrat ein Mann noch einmal die politische Arena, der wie kein zweiter berufen war, die helvetische Einmütigkeit zu retten: Paul Seippel, in Zürich lebender Genfer Romanist und Schriftsteller, Redaktor des *Journal de Genève* seit 1884, ETH-Professor für Romanistik seit 1898, enger Freund und Biograph Romain Rollands. Mit seiner scharfsinnigen Analyse der *Deux Frances* – des »roten«, revolutionären und des damit ewig verfeindeten »schwarzen«, klerikalen Frankreich – hatte Seippel 1905 eine epochemachende Standortbestimmung geliefert. Antidogmatisch, aber nicht religionsfeindlich gesinnt, hatte der gleiche Autor 1912 mit seiner Biographie der Adèle Kamm dem Protestantismus sozusagen eine moderne Heilige geschenkt.

Am bedeutendsten aber wurde Seippel in seiner Rolle als schweizerischer Vermittler. So 1914–1918, als er mit seinen *Chroniques zurichoises* und seiner Rede *Vérités helvétiques* für die Romandie genau das erreichte, was Carl Spittelers *Schweizer Standpunkt* für die Deutschschweiz bewirkt hatte: ein neutrales Abrücken von der favorisierten Kriegspartei und eine Annäherung an den jeweils anderen Landesteil. »Ohne Sie hätte ich kaum mehr das Gefühl, ein Vaterland zu haben«, schrieb ihm Leonhard Ragaz am 24. 11. 1914. In der Romandie selbst aber geriet Seippel in den Geruch der Deutschfreundlichkeit und in eine Isolation, die ihn schwer kränkte. Da klopfte ihn Willes Attacke nochmals aus dem Busch. Doch galt es nun, anders als früher, nicht die Romands, sondern die Deutschschweizer zu gewinnen. Darum antwortete Seippel dem General auf deutsch und in einem »Offenen Brief« in der *National-Zeitung* vom 11. Mai 1920. »Das ist Stil Ludendorff«, rief er ihm zu. »Seit langem schon waren Sie in der Schweiz eine Art geistiger Vertreter dieses verpreussten Deutschland.« Hohenzollernfreund, der er sei, habe Wille auf den deutschen Sieg gehofft und bekämpfe darum jetzt den Völkerbund. »Nein, Herr General Wille-von Bismarck«, triumphierte Seippel schliesslich, »das Schweizervolk wird Ihrem weissen Helmbusch nicht weiter folgen. Die Schweiz ist dazu geschaffen, im Bund freier Völker, die, wie wir, den Frieden wollen, frei zu leben.« So war dem General noch niemand gekommen! Aber es kam noch besser. Wider Erwarten brachte die Abstimmung nämlich eine Mehrheit für den Beitritt, und am Abend des 16. Mai 1920 wurde der kleine Professor von der welschen Kolonie Zürichs wie ein Held gefeiert.

Paul Seippel
(1858–1926) im Jahre 1903

Seippel starb am 13. März 1926, und der frühe Tod ersparte es ihm, das Schicksal des Völkerbunds und die faschistenfreundliche Völkerbundspolitik Giuseppe Mottas noch miterleben zu müssen.

Jakob Christoph Heer

Merkwürdig: beide waren *NZZ*-Feuilletonredaktoren, als sie den Sprung in die freie Schriftstellerei wagten: Carl Spitteler (1845–1924) und Jakob Christoph Heer (1859–1925). Aber wie verschieden verliefen ihre Wege! Spitteler fand nach einer reichen Heirat in Luzern sein Elysium, das ihn in jene schwindelnden dichterischen Höhen trug, wie sie in der posthumen nationalen Werkausgabe zu bestaunen wären. Heer dagegen baute auf die Gunst des deutschen Publikums, für das er nach dem Grosserfolg mit *An heiligen Wassern* (1897) geschickt und geschäftstüchtig an jener Heidiland-Bergschweiz weitermalte, die Johanna Spyri so schön zu zeichnen begonnen hatte. Dem Walliser Roman, der später mehrfach ziemlich kitschig verfilmt wurde, liess er, um nur die berühmtesten zu nennen, 1900 den Bündner Roman *Der König der Bernina* folgen, 1905 erschien der Säntis-Roman *Der Wetterwart* – gekonnt geschriebene Bücher, die abgenutzte romantische Motive in freier Bergluft neu erstehen liessen.

Der Erste Weltkrieg liess Heers Neider triumphieren: die Schweizer Alpen sanken im Kurs, die Honorare gingen zurück, und die Devisensperre tat ein übriges. 1922 jedenfalls musste Heer, der es sich nicht einmal mehr leisten konnte, sein eigenes Haus in Rüschlikon (ZH) zu bewohnen, bei einer Tochter in Deutschland Zuflucht suchen. Als gebrochener Mann starb er am 20. August 1925 in Zürich. Wenige Monate zuvor war auch Carl Spitteler gestorben, von den Schweizern nicht seines elitären Werkes, sondern seiner patriotischen Haltung und des Nobelpreises wegen bis auf den heutigen Tag hoch geehrt.

Was aber blieb von J. C. Heer, dem »Volksschriftsteller«, der auf die deutsche Karte setzte? Mit Sicherheit mehr als das massige Granitdenkmal im Wald von Winterthur! Es bleiben jene autobiographisch gefärbten Werke, die gleichsam im Schatten der Bestseller entstanden sind: das zart-poetische

Kindheitsbuch *Joggeli,* die Schriftstellerbiographie *Tobias Heider,* die posthum erschienenen *Erinnerungen* sowie die *Fahrten des Kapitäns Spelterini,* eine luftfahrtgeschichtliche Kuriosität ersten Ranges. Wer davon abstrahieren kann, dass Heer diese Selbstschilderungen als weltberühmter Mann geschrieben hat, liest sie auch heute noch mit Vergnügen und Gewinn – sofern er sie überhaupt in den Bibliotheken noch auftreiben kann. Sie wurden früher derart oft gelesen, dass sie meist schon sehr abgegriffen und zerblättert sind ...

Jakob Christoph Heer (1859–1925) um 1910

Übrigens war der flugerprobte Schriftsteller, der Hunderttausende für das Ferienland Schweiz begeistert hat, zugleich auch ein früher Warner vor Massentourismus und übertriebener Technisierung. Seine für die Schweizer Literatur der ersten Jahrhunderthälfte interessanten Erinnerungen schliesst er darum auch mit dem Wunsch nach einer Menschheit, »deren innere Kultur die Wunder ihrer Technik eingeholt hat«.

Jakob Bosshart

Am 18. Februar 1915 brachte die Ambulanz einen todkranken Patienten nach Clavadel: Dr. Jakob Bosshart, dreiundfünfzig, Rektor der Kantonsschule Zürich, bekannt als Dichter und Gestalter von kernigen Schweizer Bauernfiguren. Wie durch ein Wunder liess sich die Tuberkulose nochmals stoppen, und Bosshart blieb dank dauerndem Aufenthalt in Clavadel noch ganze acht Jahre am Leben. Eine Frist, die er in ein Unterfangen investierte, das im Widerspruch zu all seinem bisher Publizierten stand: In einer grossangelegten Trilogie wollte er mit seiner Epoche ins Gericht gehen und der Jugend einen Weg in die Zukunft weisen.

Der erste Teil erschien 1921 unter dem Titel *Ein Rufer in der Wüste,* der zweite und dritte, *Jugendbund* bzw. *Aufbau,* lagen bei Bossharts Tod 1924 erst in Umrissen vor und hätten das Schicksal junger Schweizer Pazifisten im Weltkrieg und auf dem Weg in eine neue Zeit darstellen sollen. Der erste, vollendete Teil aber ist die Geschichte des gescheiterten Idealisten Reinhart Stapfer, von Bosshart mit aussergewöhnlichem sozialem Scharfblick, aber bewusst ohne letzte künstlerische Raffinesse gestaltet. »Die Menschen müssen Gott retten, sonst ertrinken sie!« So lautet Reinhart Stapfers Botschaft. Aber bevor er sie in einem Buch verkünden kann, wird der Zürcher Fabrikantensohn von einem Vertreter ebenjener Armen und Entrechteten, für die er sich vom reichen Vater losgesagt und dem tätigen sozialen Engagement verschrieben hat, auf offener Strasse niedergeschlagen. Als er in einer Bauernstube stirbt und seine Utopie unformuliert mit ins Grab nimmt, kommt nebenan gleichzeitig ein Kind zur Welt. Das wird vielleicht in noch unbekannter Abwandlung zu erleben bekommen, was der vergebliche »Rufer« sich aus bürgerlicher Bildung und bäuerlichem Lebensgefühl heraus an Beglückend-Zukünftigem vorzustellen vermochte.

Dass die radikalen Träume einer jungen Generation im Zentrum von Bossharts Altersroman standen, war nicht Anbiederung an Modisches, sondern lebenslang erarbeitet. Seit dem Dramen-Entwurf *Der Arbeiterführer* von 1892 jedenfalls hatte er den Stoff zum *Rufer* bei aller Bauernschriftstellerei mit sich herumgetragen. Als ihm 1917 mit *Der Friedensapostel* erstmals eine aktuelle, sozial anklägerische Erzählung zum Thema Dienstverweigerung glückte, scheute Bosshart – immerhin Schwiegersohn eines Bundesrats! – die Veröffentlichung. Erst 1923, nachdem ihm der *Rufer* zwar den Gottfried-Keller-Preis, aber weder Protest noch Betroffenheit eingetragen hatte, publizierte er die Novelle zusammen mit anderen gesellschaftskritischen Texten und mit ebenso aufwühlenden Holzschnitten von E. L. Kirchner.

Jakob Bosshart (1862–1924) im Jahre 1915

Neben der Heerstrasse wurde sein letztes Buch, und Felix Moeschlin blieb – so unheimlich kann die Fama einen Dichter auf dem einmal eingeschlagenen Weg festhalten – unwidersprochen, als er Bosshart daraufhin in der *Lesezirkel*-Zeitschrift schmeichelte: »In seinem Wesen ist immer noch ungebrochen, als wie durch ein Wunder sichtbar und spürbar, jenes Schweizertum, das mit dem Zweihänder nach Marignano gezogen ist.«

Fritz Hunzikers Bosshart-Werkausgabe von 1950/52 ist seit 1988 als Reprint des Orell-Füssli-Verlags, Zürich, wieder greifbar. *Ein Rufer in der Wüste* erschien, eingeführt von Martin Stern, 1982 auch in der Ex Libris-Edition »Frühling der Gegenwart«.

Ricarda Huch

Sie war die führende Dichterin der deutschen Neuromantik, sah in Böcklin ihr ästhetisches Vorbild und stellte den Naturalisten und ihrer Zurschaustellung von sozialer Not und nackter Triebhaftigkeit trotzig das Lob der Schönheit, die Faszination der Melancholie und die Verherrlichung des genialischen Individuums gegenüber. Die prägenden Impulse für all das aber empfing sie in Zürich, wo der traditionsbewusste Seldwylergeist, vor allem aber die von Bern herüberstrahlende Förderung durch Josef Viktor Widmann ihr aufbrechendes Talent in die entsprechenden Bahnen lenkte. »Es ist mir ein ganz unbeschreiblicher Trost«, schrieb sie nach Beendigung ihres Dramas *Evoë* nach Bern, »dass ich so fest auf Ihr Urteil baue; wenn Sie mir sagen würden, Sie hielten es für verfehlt, würde ich dieses Stück, und etwa auch das Dichten überhaupt aufgeben, wenn ich das über mich gewinnen könnte.«

Damals lebt die Braunschweiger Kaufmannstochter Ricarda Huch schon fast vier Jahre in Zürich, hat die Matura nachgeholt und als Historikerin den Doktor gemacht. Nun arbeitet sie halbtags in der Stadtbibliothek, gibt ein paar Schulstunden und schreibt Gedichte, Dramen und einen ersten Roman. Die erstrebte Einbürgerung verhindert einzig der Umstand, dass sie keine rechtsgültige deutsche Bürgerurkunde beibringen kann. »Ebenmässig und stattlich gewachsen, mit Gesichtszügen, in denen sich schon die künftige Bedeutung aussprach, und in einer Kleidung, die sich harmonisch der ganzen Erscheinung anpasste, lenkte sie sofort meine Aufmerksamkeit auf sich«, erinnert sich Jahrzehnte später Hermann Escher, Direktor der Zentralbibliothek Zürich. Aber die erste weibliche Bibliothekarin der Schweiz sah wohl artiger aus, als sie war, denn sie verdrehte nicht nur laufend jungen Männern den Kopf, sondern brachte sogar eine Dame der Gesellschaft dazu, sich ihretwegen in den See zu stürzen!

Und bei alldem laborierte sie noch ständig an jener unheilbaren Krankheit herum, vor der sie nach Zürich geflohen war: der Liebe zu ihrem Cousin Richard Huch, dem Mann ihrer Schwester, den sie später in zweiter Ehe tatsächlich noch heiratete, um es dann ein Leben lang zu bereuen ...

Ricarda Huch (1864–1947) um 1895 in Zürich

Nach neun Jahren verlässt sie Zürich wieder. »Ich habe deutlich das Gefühl, dass ich hier nur noch verkümmern kann«, hatte sie Widmann schon 1895 gemeldet. Dennoch hat sie Zürich und die Schweiz in *Ludolf Ursleu,* der romanhaften Gestaltung der verrückten Liebe zum Cousin, mit ebenso begeisterten Tönen gepriesen wie in *Vita somnium breve,* dem Roman mit dem Böcklin-Titel. Ihr schönster Text über unser Land aber heisst *Frühling in der Schweiz.* Doch diese Erinnerungen schrieb sie erst 1938, nachdem sie ihre Enttäuschung über das Abseitsstehen der Schweiz im Weltkrieg verwunden und sich trotz ihres deutschnationalen Standpunkts als mutige Hitler-Gegnerin profiliert hatte. 1994 werden die letzten Teile ihres Nachlasses zugänglich, und vielleicht kommt dann auch der geheimnisvolle Briefroman *Der Rachedolch* zum Vorschein, der um 1888 in Zürich entstand!

Ricarda Huchs *Gesammelte Werke* sind bei Kiepenheuer, *Frühling in der Schweiz* auch als Reclam-Band 7638 greifbar.

Heinrich Federer

1908 wollte die Berliner Zeitschrift *Daheim* die beste deutsche Novelle prämieren. Die Jury, der auch Hermann Hesse angehörte, entschied sich für *Vater und Sohn im Examen,* eine kurz vor Einsendeschluss aus Zürich eingetroffene Erzählung. »Als man den verschlossenen Briefumschlag öffnete«, berichtet Preisrichter Carl Busse, »fand man einen Namen, den keiner von uns kannte: Heinrich Federer.« Drei Jahre später konnte Federer mit den *Lachweiler Geschichten,* zu denen auch die Preisnovelle zählte, einen ersten durchschlagenden Bucherfolg erzielen. Noch im gleichen Jahre 1911 erschien sein Säntis-Roman *Berge und Menschen,* dann folgten *Pilatus, Jungfer Therese, Das Mätteliseppi, Papst und Kaiser im Dorf, Am Fenster* und all die vielen kürzeren Erzählungen, von denen *Sisto e Sesto* und *Das letzte Stündlein des Papstes* am berühmtesten wurden. Als Federer 1928 mit 62 Jahren in Zürich starb, galt er als einer der bedeutendsten neueren Erzähler deutscher Sprache, und erst die spätere einengende Festlegung auf sein katholisches Priestertum schaffte es zusammen mit einer unglücklichen Verlagspolitik, diesen weltoffen und human denkenden, mit einer wunderbaren Fabuliergabe ausgestatteten Innerschweizer Dichter seinen ungezählten Lesern im ganzen deutschen Sprachraum allmählich zu entfremden.

Als Federer 1911 zu einem der meistgelesenen Schweizer Autoren aufrückte, ahnte kaum jemand, dass er sich mit diesem mühsam errungenen Erfolg buchstäblich selbst aus dem Sumpf gezogen hatte. Fast zehn Jahre lang hatte die Lebenskrise gedauert, die 1902 unvermittelt über ihn hereingebrochen war. Damals stand der angesehene Kleriker und Redaktor der *Zürcher Nachrichten* vor einer glänzenden journalistischen Karriere, als er während eines Ferienaufenthalts auf dem Stanserhorn wegen homosexuellen Umgangs mit Minderjährigen verhaftet, unter demütigenden Bedingungen ins Stanser Gefängnis verbracht wurde und trotz gerichtlichem Freispruch sofort der öffentlichen Ächtung anheimfiel.

Heinrich Federer
(1866–1928)

In diesen Jahren, als selbst seine Kirche ihn verriet, reifte er aus innerer Not zum Schriftsteller. Seltsam nur, dass aus alldem nicht Hass und Verbitterung, sondern jene gelöste Heiterkeit resultierte, die Federer vielen Schweizer Zeitgenossen voraushatte. Am lebensvollsten ist er immer da, wo er sich selber mit einbringen kann: als verträumten Knaben in *Mätteliseppi* und *Am Fenster,* als bescheidenen Kaplan in *Jungfer Therese* oder *Papst und Kaiser im Dorf.* Wo er aber erfindet, stösst man auch auf Fehlleistungen, müssen seine Figuren doch, wie er 1913 freimütig gestand, jenes Leben für ihn leben, das ihm sein Asthmaleiden versagte: »Was ich umsonst ersehnte, das wollte ich wenigstens in der Phantasie haben. Darum habe ich alles das erzählt, was ich nicht hatte: Gesundheit, Frechheit, Übermut, Gewalt und absolute Freiheit. Ich lebte klein und erzählte gross.«

Die Gesammelten Werke sind bei Rex, Luzern, greifbar. *Pilatus* liegt, kommentiert von Paul Kamer, auch in der Ex Libris-Edition »Frühling der Gegenwart« vor. Eine Auswahl edierte Charles Linsmayer 1981 bei Arche, Zürich, unter dem Titel *Gerechtigkeit muss anders kommen.*
Die Abbildung zeigt Federer um 1917 in seinem Zürcher Arbeitszimmer.

Isabelle Kaiser

»Wenn diese weiche, warme Stimme zu klingen beginnt in dunklen Lauten mit einem leisen, pikanten französischen Akzent, dann vergisst man die Welt und die Menschen um sich und lauscht nur und möchte immer lauschen und sich von diesen seelenvollen Tönen forttragen lassen in ein Land voll Pracht und Schönheit.« – Die Stimme, die den Berichterstatter des Aarauer Dichterabends vom 3. Dezember 1908 fast in Trance versetzte, war diejenige der zweisprachigen Innerschweizer Schriftstellerin Isabelle Kaiser.

1866 in Beckenried geboren, hatte sie ihre Jugend in Genf verbracht und war schon früh darauf verfallen, ihre Sehnsüchte französischen Versen anzuvertrauen. 1888, als sie längst wieder in der deutschen Schweiz, in Zug, lebte, erschien in Genf ihr lyrischer Erstling *Ici bas*. Im gleichen Jahr schrieb sie aus Enttäuschung über die Treulosigkeit eines Geliebten ihren ersten Roman: *Cœur de femme (Rahels Liebe)*, die Geschichte einer Frau, die ihren Liebeskummer karitativ nutzbar macht und ihr Leben in keuscher Entsagung dem Dienst am Kranken weiht. Noch deutlicher autobiographisch war *Marcienne de Flue (Die Friedensucherin)*, ein Roman, der 1908/09 fast gleichzeitig auf deutsch und französisch erschien. Isabelle Kaiser schwor jedenfalls auch persönlich der irdischen Liebe ab und lebte seit 1902 zurückgezogen in ihrer Beckenrieder Dichterklause »Ermitage«. Dort empfing sie Freunde wie Carl Spitteler oder Ernst Zahn als eine Art poetische Traumtänzerin: eingehüllt in ein antikisierendes weisses Schleppgewand, die rabenschwarzen Schmachtlocken wild über das leidgeprüfte, ernste Gesicht verteilt.

Obwohl sie zu Lebzeiten von Paris bis Berlin eine legendäre Berühmtheit war und die »Ermitage« nach ihrem 1925 erfolgten Tod ein Museum hätte werden sollen, hat kaum eines ihrer Bücher dem Staub der Jahrzehnte standgehalten. Am stilsichersten war sie noch in kurzen Novellen wie *Der Herr Marquis* oder *Der Leuchtturm* – raffiniert gebaute Kabinettstücke, in denen ihr Hang zu Pose und Theatralik sich ungeniert ausleben konnte. Ganz selten bloss, wenn unter unaufhörlichen Gefühlsausbrüchen die existentielle Not einer zutiefst einsamen Seele durchzuschimmern scheint, machen auch die autobiographischen Texte noch betroffen.

Isabelle Kaiser (1866–1925) um 1900

Zweifellos hat die ewig kränkelnde Frau eine zu grosse Bürde auf sich genommen, als sie in geschmacklich ohnehin verunsicherter Zeit trotz eher dürftiger Bildungsvoraussetzungen zugleich in zwei Sprachen reüssieren wollte. Was sie zu sagen hatte und wie sie es zu sagen vermochte, deckte sich kaum mit dem exzentrischen Gehabe einer »Priesterin der Dichtkunst«, als welche sie allerdings immer wieder Furore machte. So verbreitete sich z. B. anlässlich einer Visite bei C. F. Meyer, den sie mit Spitteler zusammen aufsuchte, in Kilchberg sofort das Gerücht, die spanische Exkönigin Isabella und ihr Liebhaber Marfori seien im Dorf gesehen worden ...

Ernst Zahn

Als 1887 das Favre-Denkmal enthüllt wurde, trug der jüngste, erst zwanzigjährige Göschener Gemeinderat ein selbstverfasstes Gedicht vor: *An die gefallenen Arbeiter.* Die Episode, von der Presse in alle Welt verbreitet, führte der Literatur einen Autor zu, der bald einmal zum Inbegriff eines Schweizer Heimatdichters werden sollte: Ernst Zahn, geboren 1867 in Zürich, gestorben 1952 in Meggen, bis 1916 Bahnhofrestaurateur in Göschenen, Verfasser von 28 Romanen und 30 Erzählbüchern mit einer Totalauflage von annähernd vier Millionen.

Den Durchbruch schaffte er 1901 mit *Albin Indergand,* einem Entwicklungsroman, der die Wirren der Franzosenzeit in die kolossale Landschaft um Wassen und Göschenen hinaufbeschwört. Danach folgte Bestseller auf Bestseller, und der Erfolg blieb Zahn auch dann noch treu, als er den alpinen Schauplatz verliess und seine Geschichten immer häufiger in Zürich und anderswo ansiedelte. Federers Gemütstiefe erreichte er nie, Huggenbergers bäuerlicher Mythos blieb ihm ebenso fremd wie Lienerts volkstümliche Fröhlichkeit. Was ihn auszeichnete, war die solide Kunst der Komposition und die Gabe, bis zum letzten Satz spannend zu erzählen. Zahn schrieb ein klares, leicht altertümliches Deutsch, und seine Figuren kamen dem Identifikationsbedürfnis des Lesers ebenso entgegen wie seine Thematik, die sich im Grunde auf Liebe und Heirat, Glück und Unglück im Beruf sowie auf »Heldentum im Alltag« beschränkte.

Bis 1914 wurde Zahn nicht nur von der deutschen, sondern auch von der Schweizer Kritik hymnisch gefeiert. Der Lesezirkel Hottingen machte ihm seine Aufwartung, und 1913 wurde er Präsident des Schweizer Schriftstellervereins. Als er 1914 einen Moment lang in die deutsche Kriegsbegeisterung einstimmte, kam es zum Skandal, und er musste als SSV-Präsident zurücktreten. Nach dem Krieg verwarfen Kritik und jüngere Schweizer Autoren die Heimatkunst, während Ernst Zahn der einmal gewählten Schreibweise bis zuletzt treu blieb. Obwohl, vielleicht aber auch weil seine deutsche Leserschaft auch jetzt noch weiter zunahm und Übersetzungen sein Œuvre weltweit verbreiteten, wurde es bald einmal Mode, Zahn als blossen Unterhaltungsautor zu betrachten. In seinen letzten Jahren, als jene Welt, die er hatte belehren und unterhalten wollen, schon fast versunken war, ist er selbst an seinem Ruhm irre geworden und hat seinen Büchern jede Überlebenschance abgesprochen.

Ernst Zahn (1867–1952) im Jahre 1895

Dabei unterschätzte er selbst wohl jene seltenen Werke, die über die blosse Routine hinausragen, aber sozusagen unter Bergen von Bestsellern verschüttet sind: die ergreifende, dem Schicksal einer Blinden geltende Erzählung *Nacht* von 1917 etwa, die pakkende Nibelungen-Adaption *Die tausendjährige Strasse* von 1939, die zarte, ins Zeitlose entrückte Liebesgeschichte *Blancheflur* von 1923 und einige weitere Texte, die überhaupt erstmals zu entdecken wären. Auch wenn seine einst allgegenwärtigen Bücher heute aus den Buchhandlungen verschwunden sind – als Autor eines Gedichts müsste der Name Ernst Zahn den Schweizern eigentlich noch geläufig sein: *Chum Bueb und lueg dis Ländli a!*

Die Neuausgabe des *Albin Indergand* innerhalb der Edition »Frühling der Gegenwart« (Ex Libris, Zürich 1981) wurde eingeleitet von Dieter Fringeli.

Nancy Marie Vuille

Bis 1890 imitierte er den illusionslosen Naturalismus Zolas und der Gebrüder Goncourt, doch dann, mit Romanen wie *La Sacrifiée* (Die Geopferte), wurde er unversehens zum Prediger der absoluten Liebe, zum Anwalt der um die letzte Erfüllung betrogenen Frau. Edouard Rod (1857–1910), Literaturprofessor in Genf und bedeutendster welscher Romancier vor Ramuz und Cendrars, war im Winter 1890/91 einer jungen Frau begegnet, die ihn mit der Schwermut ihres Wesens in den Bann schlug und bald einmal das heimliche Idol all seines Schreibens wurde.

Nancy Marie Vuille, eine dreiundzwanzigjährige Neuenburgerin aus dem welschen Zweig der später legendären Familie Wille, hatte sich Rod genähert, weil sie als Schriftstellerin dem Rollenzwang ihrer Frauengeneration entkommen wollte. Und wirklich gelang es ihr, mit Hilfe des berühmten Mentors unter dem Pseudonym André Gladès drei Romane zu publizieren, die das Thema Bindung und Freiheit aus spezifisch fraulicher Sicht an je einem »Fallbeispiel« abhandeln: *Au gré des choses* (Der Lauf der Dinge, 1895) erzählt, wie eine junge Adlige nach langem Zögern in die Ehe mit einem ungeliebten reichen Mann einwilligt, um die Eltern vor dem Konkurs zu bewahren. *Résistance* (Widerstand, 1898) ist die Geschichte einer Arzttochter, die mit einem Liebhaber von zu Hause durchbrennt, als uneheliche Mutter sitzengelassen wird und sich in Paris aus eigener Kraft zur Ärztin emporarbeitet. *Le stérile Sacrifice* (Das nutzlose Opfer, 1901) schliesslich schildert das einsame Martyrium der jungen Mahaut, die mit ansehen muss, wie ihr Auserwählter aus Opportunismus eine andere heiratet. Das Drama erfährt eine abrupte Wendung, als der Geliebte plötzlich stirbt. In der Erinnerung wird er nun wieder ganz ihr gehören, und doch lässt der Gedanke, ihr Opfer sei sinnlos gewesen, Mahaut nicht mehr los.

Obwohl sie nicht direkt autobiographisch sind – etwas lässt sich aus Nancy Vuilles ansonsten eher trivialen Romanen dennoch herausspüren: die Frustration, die sie im Verhältnis zu Edouard Rod erlebte! Rod war verheiratet, hatte zwei Kinder, und ihre Beziehung musste allen hämischen Gerüchten zum Trotz eine rein literarische bleiben. So blieb ihr nur jenes »Sacrifice«, das sie als Autorin immer neu thematisierte. Edouard Rod aber merkte erst 1906, als Nancy überraschend einem Herzinfarkt erlag, was wirklich in ihr vorgegangen war. Nun fühlte er sich schuldig an ihrem Unglück, beklagte sie im Vorwort zu einer posthumen Textsammlung auf ergreifende Weise und folgte ihr, ohne den Verlust je verkraften zu können, schon vier Jahre später im Tode nach.

Nancy Marie Vuille (1867–1906) um 1898

1960, als ihr Briefwechsel einsehbar wurde, bestätigte sich, was im puritanischen Genf von 1900 niemand hatte glauben wollen: dass die Beziehung Nancy Vuille–Edouard Rod tatsächlich rein geistiger Natur gewesen sein muss!

Le stérile Sacrifice ist seit 1988 als Reprint innerhalb der Reihe »Lettres au féminin« bei Cabédita, Morges, greifbar.

Carl Albrecht Bernoulli

»Die Kirche ist ein Kadaver, aber die Religion ist nicht tot!« Dies sagt die Titelfigur in Ernst Kilchners Roman *Lucas Heland* von 1897. Der sozial engagierte Heland ist, obwohl durch die Diskrepanz zwischen Wissenschaft und Amtskirche zutiefst verunsichert, Pfarrer in einer Bündner Berggemeinde. Von der Synode zur Rede gestellt, gibt er das Amt jedoch auf, um die Theologie künftig als Wissenschaft ernst nehmen zu können. – Die Umstände lassen sofort an Leonhard Ragaz denken, und tatsächlich schrieb der Begründer des religiösen Sozialismus nach beendigter Lektüre 1898 an einen Freund: »Es ist ganz und gar mein Kampf, der da geschildert wird . . .«

Lucas Heland ist weniger als Kunstwerk denn als eindringliche Dokumentation jenes Kampfes von Bedeutung, der um 1900 zwischen kritischer Theologie und protestantischer Kirche ausgefochten wurde. Seine Authentizität erhielt das Buch durch Stellung und Engagement des Verfassers, denn hinter dem Pseudonym Ernst Kilchner verbarg sich niemand anders als der angehende Basler Theologieprofessor Carl Albrecht Bernoulli, der im Erscheinungsjahr seines Roman-Erstlings auch mit einem gewichtigen kritisch-theologischen Werk in die Diskussion eingriff. Bis auf dessen souveräne Gelassenheit, der er sein kämpferisches Temperament nicht unterstellen mochte, hatte Bernoulli seine bestimmende Prägung durch den grossen theologischen Skeptiker Franz Overbeck (1837–1905) empfangen. Seine bedeutendste publizistische Leistung ist denn auch das zweibändige Werk *Overbeck und Nietzsche* von 1908, das den Autor in jahrelange Prozesse verwickelte, weil er die deutschnationale Nietzsche-Propagation des Weimarer Nietzsche-Instituts in Zweifel gezogen hatte. Auch als Schriftsteller – er publizierte 20 Dramen und 7 Romane – war Bernoulli kein Anpasser. Sein Tell-Drama *Der Meisterschütze* etwa zeichnete den

Nationalhelden 1915 als anarchistische, dem Wahnsinn verfallende Künstlernatur, während im Aktivdienstroman *Der sterbende Rausch* schon 1917 der spätere Jura-Konflikt vorausgeahnt ist. Mit dem Roman *Bürgerziel* schrieb der Basler überdies 1922 eine Berner Chronik, die einem die Haare zu Berge stehen lässt. Nicht weniger ketzerisch benahm sich Bernoulli als Journalist. So erhob er 1923, als alles ihm huldigte, unverfroren Protest gegen den autoritären Literaturpapst Otto von Greyerz, und 1927 kämpfte er, allerdings auf verlorenem Posten, gegen das protzige Liestaler Spitteler-Monument.

Carl Albrecht Bernoulli (1868–1937) um 1930

Als er 1937 starb und die Nachrufe verlegen von »eigenwillig« oder »streitbar« sprachen, ahnte niemand, dass Bernoulli zumindest im gewichtigsten seiner Streitfälle glanzvoll recht behalten würde. Nach 1945 stellte sich nämlich heraus, dass die fatale Weimarer Nietzsche-Strategie tatsächlich auf raffinierten Fälschungen beruhte! Aber wer erinnerte sich damals noch an C. A. Bernoulli, dessen kompromisslose Wahrheitsliebe von seinen Landsleuten als Unbelehrbarkeit und Streitlust abgetan worden war?

Eva Bernoulli hat 1987 unter dem Titel *Erinnerungen an meinen Vater* im GS-Verlag, Basel, eine Bernoulli-Textauswahl vorgelegt.

Sophie Haemmerli-Marti

»Hochgeehrte Frau, lieber Collega. Fast, aber nicht ganz. Nie ganz. Kann auch nie ganz werden, weil nur Lyriker ersten Ranges ganz gut sein können.« – So reagierte Carl Spitteler am 11. 12. 1907, nachdem Sophie Haemmerli-Marti ihm einen Zyklus hochdeutscher Gedichte vorgelegt hatte. Spitteler, der sie mit Tasso, Ariost und Schopenhauer klassisch schulen wollte, vermochte die Aargauer Bauerntochter aber kaum stärker zu beeinflussen als seinerzeit Frank Wedekind, der die Achtzehnjährige auf Schloss Lenzburg für das provokative Raffinement von *Frühlings Erwachen* hatte begeistern wollen. Wie ihre berühmteren Freunde suchte zwar auch die Lehrerin und Lenzburger Arztgattin dem Epigonentum und der Heuchelei des Fin de siècle zu entkommen, aber sie fand die ihr angemessene Lösung weder in der Enttabuisierung der Sexualität noch bei antiken Vorbildern, sondern schlicht und einfach an der Wiege ihrer Kinder und in der Mundart ihres Heimatdorfes Othmarsingen.

1892, als sie sich in Bex einer Kur unterziehen musste, erdachte sie sich, geplagt vom Heimweh nach ihrem zweijährigen Töchterchen, eine Handvoll mundartliche Kinderlieder und veröffentlichte sie mit der Unterstützung des Dialektforschers Jost Winteler 1896 bei Karl Henkell in Zürich unter dem Titel *Mis Chindli*. Obwohl die unsentimentalen, schlichten, in makellosem Othmarsingerdeutsch daherkommenden Verse überraschend viel Anklang fanden, ging es viele Jahre, bis Sophie Haemmerli-Marti ihre Versuche aufgab, auch auf hochdeutsch zu reüssieren, und sich zur Erkenntnis durchrang: »Entweder ist einer ein Dichter oder ist kein Dichter, und welchem Instrument er den Gesang seiner Seele anvertraut, ist nebensächlich.« Erst ab 1913 liess sie ihrem Erstling weitere Dialektbücher folgen: die Hans Thoma gewidmeten, entzückend humorvollen *Grossvatterliedli;* die in enger Tuchfühlung mit Jost

Winteler entstandene bedeutsame Sammlung *Im Bluescht* und den Zyklus *Allerseele,* der auf erschütternde Weise der Toten des Weltkrieges gedenkt. Noch persönlicher, intimer wirken die Verse des Bandes *Rägeboge,* die sie 1942 in Erinnerung an ihren toten Gatten publizierte. Dass ihr Dialekt auch in der Prosa nichts von seinem originellen Kolorit einbüsste, bewies sie 1938 mit *Mis Aargäu,* den Erinnerungen an die Kindheit und Jugend. Als sie 1942 in Zürich starb, war Sophie Haemmerli-Marti eben damit befasst, dem Dialekt mit dem Band *Passionssprüch* auch noch das Allerschwerste zuzumuten: die Darstellung von Jesu Leidensgeschichte.

Sophie Haemmerli-Marti (1868–1942)

Wer heute die dreibändige, im Sauerländer-Verlag noch immer greifbare Ausgabe ihrer Werke durchgeht, begegnet in Sophie Haemmerli-Marti einer Lyrikerin, die gerade darum »ersten Ranges« ist, weil sie sich im Gegensatz zu Spitteler radikal auf das beschränkte, was sich ihr aus unmittelbarem Erleben und in ihrem ureigensten Tonfall zum Gedicht formte. Da konnten dann so selbstverständlich volksliedhafte Verse entstehen wie:

»Jo eusi zwoi Chätzli
sind tusigi Frätzli,
händ schneewissi Tätzli
und Chreueli dra . . .«

Die Abbildung zeigt Sophie Haemmerli-Marti im Jahre 1896, als ihr Erstling *Mis Chindli* erschien.

Simon Gfeller

»Ja, das ist eine Fundgrube«, schrieb Otto von Greyerz 1904 an Simon Gfeller. »Es war der grösste Eigennutz von mir, wenn ich Friedli trieb und trieb, fertig zu werden. Ich wusste wohl, dass ich das Wasser sofort auf meine Mühle leiten würde.« – Besagte Fundgrube war der Band *Lützelflüh* des monumentalen *Bärndütsch*-Werks von Emanuel Friedli. Und die Mühle, auf die der Kritiker, Volkskundler und spätere Berner Professor und Mentor des Heimatschutztheaters das Wasser leitete, sollte das aufpäppeln, was von Greyerz sich als Bollwerk gegen den Nihilismus der Moderne und als Gegenpol zum elitären »Zürcher Olymp« erträumte: eine bodenständige, auf das Tüchtige ausgerichtete, womöglich im Dialekt geschriebene, jedenfalls aber betont schweizerische Dichtung mit Bern als geistigem Mittelpunkt.

Dass dieser Traum vorübergehend Wirklichkeit wurde, war nicht zuletzt Simon Gfeller zu verdanken, in dessen Lehrerhaus auf der Egg Friedli 1901 bis 1903 den Band *Lützelflüh* zusammengetragen hatte. In engem Kontakt mit von Greyerz gelang es Gfeller nämlich, das Unteremmentalisch aus Friedlis *Bärndütsch* dichterisch fruchtbar zu machen und dem Stadtbernischen Rudolf von Tavels als zweiten literaturfähigen Berner Dialekt zur Seite zu stellen. *Heimisbach* hiess Gfellers Erstling von 1910/11: »Bilder u Bigäbeheite-n-us em Pureläbe«, in denen Folklore, Sprachpflege und Moral gekonnt mit der Geschichte des abstinenten Lehrers Ernst Helfer verknüpft sind, der sein Setteli erst zur Frau bekommt, als er dessen Vater von der Trinksucht befreit hat.

Der Erfolg war durchschlagend. C. A. Loosli, dessen gleichfalls unteremmentalisches *Dörfli* Gfeller 1909 lektoriert hatte, äusserte sich nicht weniger begeistert als zahllose andere Kritiker und Leser landauf, landab. Und auch Gfellers spätere Werke eroberten ihr Publikum jedesmal im Nu. 1934 wurde er

Berner Ehrendoktor, und 25 Jahre nach seinem Tode noch taufte sich sein Geburtsort Dürrgraben nach dem Erstling in Heimisbach um – einzigartige Hommage an einen Dichter, der seinem Volke nach dem Maul geredet hatte! Als Erzähler ist er denn auch, ob Mundart oder Hochsprache, der einmal gewählten konventionellen Schreibweise treu geblieben, und die 1957 abgeschlossene Gesamtausgabe lohnt die Lektüre weniger der auf *Heimisbach* folgenden 62 weiteren, meist kurzen Erzählungen als der Nachlassdokumente wegen. Aus Brief und Tagebuch wird nämlich ersichtlich, dass Gfeller in Sachen Patriotismus, Religion und Sozialpolitik dem lebenslang verkannten C. A. Loosli weit näher stand als dem Duzfreund von Greyerz, dessen künstlerischen Postulaten er als Heimatdichter blind verpflichtet blieb. Vielleicht ist diese Diskrepanz mit eine Erklärung dafür, warum der heutige Leser die *Heimisbach*-Begeisterung von 1911 nur noch schwer nachvollziehen kann und ihn die pfiffig-frechen Aussenseitergeschichten C. A. Looslis wesentlich stärker zu überzeugen vermögen.

Simon Gfeller
(1868–1943) um 1930

Heimisbach ist in fünfter Auflage bei der Edition Francke im Cosmos-Verlag, Bern, greifbar.

Leonhard Ragaz

»Die Schweiz ist in Gefahr. Es ist eine tödliche Gefahr.« So beginnt ein Buch, das im März 1918 bei Trösch in Olten erschien und den Titel trug: *Die neue Schweiz. Ein Programm für Schweizer und solche, die es werden wollen.* Mit expressionistischer Sprachkraft wandte sich da jemand an seine Landsleute, zeichnete das Bild der Schweiz im Krieg und am Vorabend des Generalstreiks in düsteren Tönen, um dann das Programm einer nationalen Selbstbesinnung zu entwerfen. Der politischen müsse endlich die soziale Demokratie hinzugefügt werden, war das Hauptpostulat. Dazu forderte das Buch Vaterlandsliebe statt Nationalismus, lebendigen Föderalismus statt Parteiherrschaft, grossmütige Asylpolitik statt Nobeltourismus. Es kämpfte für das Verständnis zwischen Deutsch und Welsch, für die Gleichberechtigung von Mann und Frau, für eine Schule, die zur Freiheit erzieht. Und es gipfelte in einer Vision der Schweiz als ein »Hochland«, dessen Auftrag es sei, »die Quellen des Geistes zu hüten, von denen die Völker leben«. An einem Tiefpunkt ihrer Geschichte wies dieses Buch, das zu den erregendsten literarischen Zeugnissen jener Jahre zählt, der Schweiz den Weg eines christlichen Sozialstaats weltoffener und doch spezifisch helvetischer Prägung. Und es fand zunächst ein sehr positives Echo! Carl Seelig sprach von einem »stark dichterischen Buch«, Paul Seippel und Ernest Bovet begrüssten es begeistert im Namen der Welschen, Konrad Falke setzte sich in der *NZZ* warm dafür ein. Doch dann fiel im gleichen Blatt ein Historiker wochenlang gehässig darüber her. Und kurz darauf zeigte die Erledigung der Generalstreik-Postulate, dass *Die neue Schweiz* trotz eines grossen Verkaufserfolgs letztlich ohne Wirkung geblieben war. Von einem Manne, der vielen als Vaterlandsverräter galt, wollte man sich eben keine Rezepte geben lassen. Verfasser unseres Buches war nämlich kein anderer als Leonhard Ragaz, Theologieprofessor in Zürich, Gründer und Mentor der religiös-sozialen Bewegung, Redaktor von deren Zeitschrift *Neue Wege,* unermüdlicher Kämpfer für sozial Zukurzgekommene, für streikende Arbeiter und Dienstverweigerer. Der Bündner Bergbauernsohn und ehemalige Basler Münsterpfarrer hielt eisern daran fest, das Evangelium nicht bloss zu predigen, sondern es da zu verwirklichen, wo es am nötigsten war. 1921 gab er Lehrstuhl und Pensionsanspruch auf und zog vom Zürichberg nach Aussersihl, wo er mit seiner Frau Clara zusammen ein Arbeiterhilfs- und -bildungswerk aufbaute. Die grossen Perspektiven behielt er aber bei. So kämpfte er z. B. für den Eintritt der Schweiz in den Völkerbund, aber auch in die UNO. »Das Fernbleiben von dem neuen Völkerbund . . . bedeutet für mich vollends den Tod der Schweiz«, schrieb er 1945 resigniert auf die letzten Seiten seiner posthum erschienenen grossartigen Autobiographie *Mein Weg*. Leonhard Ragaz: ein Name, der um der Schweiz willen nicht in Vergessenheit geraten darf!

Leonhard Ragaz
(1868–1945)

Die Abbildung zeigt Leonhard Ragaz als Basler Münster-Pfarrer im Jahre 1905.

Ernest Bovet

»Ich glaube an die Vereinigten Staaten von Europa; meine Augen werden sie nicht mehr sehen, aber mein Glaube ahnt sie voraus. Und wenn dieser Tag da ist, muss die Schweiz gleichrangig unter den übrigen Nationen dastehen...« So stand es 1909 in der Zeitschrift *Wissen und Leben* zu lesen, und dafür riskierte Ernest Bovet rückhaltlos seinen ganzen Einsatz: für eine selbstbewusste, einige Schweiz als Teil eines friedlich geeinten europäischen Staatenbunds.

Einunddreissigjährig war der zweisprachige Waadtländer Lehrersohn 1901 als Professor für Romanistik nach Zürich berufen worden. Durch Heirat reich geworden, hatte er seine ärmliche Jugend nicht vergessen und lehrte sein Fach auf eine den Zeitgenossen höchst suspekte, aus heutiger Sicht aber überraschend modern anmutende »tendenziöse« Weise. Dichtung war für ihn, wie im bekenntnishaften Essayband *Lyrisme, Epopée, Drame* (1911) zu lesen steht, »der Hoffnungsgesang einer Menschheit, die der Freiheit entgegenschreitet«. Im literarischen Text sah er vorwiegend ein Zeitdokument, im Schriftsteller den beunruhigten Repräsentanten der Ideen und Hoffnungen seiner Epoche.

Diesem sozial orientierten Idealismus war auch Bovets 1907 gegründete zweisprachige Zeitschrift *Wissen und Leben* verpflichtet. Sie avancierte bald schon zum bedeutendsten Diskussionsforum der schweizerischen Intelligenz und bereitete das Land geistig auf die Zerreissprobe von 1914 vor. Gemeinsam mit Seippel, Spitteler und Ragaz tat Bovet nach Kriegsbeginn alles, um den Graben zwischen Deutsch und Welsch zu überbrücken, verlor aber auch das übrige Europa nicht aus den Augen. So liess er Vertreter beider Kriegsparteien ihre Standpunkte darlegen, um dann selbst das Kriegsgeschehen unbestechlich, aber ohne Besserwisserei zu beurteilen. Als es dann um den Beitritt der Schweiz zum Völkerbund ging, stand Bovet mit an der Spitze der Befürworter, obwohl das angestrebte Gebilde seinem Ideal nicht entsprach. Aber statt zu kritisieren, handelte er und übernahm 1922 das undankbare Amt eines Generalsekretärs der Schweizerischen Vereinigung für den Völkerbund. Er gab die Zürcher Professur auf und entfaltete von Lausanne aus eine unermüdliche Aktivität für die Propagierung und Vertiefung des Völkerbundgedankens. In allen grösseren Orten der Schweiz, aber auch im Ausland hielt er in seiner begeisternden Art flammende Reden – 500 waren es allein in zwölf Jahren! – und erreichte, wenn auch viele seinen Idealismus bewunderten, schliesslich bloss, dass er als »Völkerbundsapostel« und »Don Quichotte de la Société des Nations« verspottet wurde, während in der Sache selbst seine Gegner triumphieren konnten. Als er 1941 starb, gab es längst keinen Völkerbund mehr und bestimmten wieder einmal Bomben und Kanonen den Lauf der Welt. Nicht dass Bovet durch diesen Ausgang sonderlich überrascht worden wäre. Aber vielleicht ermisst sich die Grösse eines Menschen gelegentlich eben doch auch an der Grösse der Niederlage, die er in Kauf zu nehmen bereit ist.

Ernest Bovet
(1870–1941) im Jahre 1919

Francesco Chiesa

Tempo di marzo, (Märzenwetter): das meint die launenhafte Stimmung im Hause des Geometers Maffea, der gerade ohne Auftrag ist und erst noch eine Gruppe von Amerikaheimkehrern zu beherbergen hat. Es könnte um 1883 sein, wir befinden uns im Mendrisiotto, und das Jahr, das da geschildert wird, ist besonders auch für Maffeas zwölfjährigen Sohn Nino ›Märzenwetter‹: eine Zeit des Auf und Ab zwischen Winter und Frühling, Finsternis und Heiterkeit. Im elterlichen Hause, bei einem Erbonkel im Nachbardorf und zuletzt in den Mauern eines Internats lernt der Pubertierende die Welt mit neuen Augen sehen, wird er konfrontiert mit der ersten zarten Liebe, aber auch mit dem Tod und den Rätseln von Schuld und Sühne. »Schon mit zwölf Jahren«, heisst es von ihm, »können wir reich genug an Seele sein, um davon der ganzen Welt zu schenken . . . «

Francesco Chiesa war vierundfünfzig, als *Märzenwetter* erschien, und die einfache Jugendgeschichte machte den Autor in Italien, wo seine klassizistischen Verse stets ohne viel Echo geblieben waren, mit einem Schlag zum berühmten, mit Ehrentiteln überhäuften Vertreter der tessinischen Italianità und der literarischen Heimkehr zu den Mächten der Erde. Nüchterner als andere und in künstlerischer Hinsicht fast immer unanfechtbar, baute Chiesa den Erfolg von 1925 weiter aus und produzierte Band um Band einer Heimatliteratur tessinischer Prägung, wie sie den Kulturbestrebungen des italienischen Faschismus – dem Chiesa auch politisch ziemlich nahe stand – ebenso entsprach wie dem zeitgemässen Trend in der deutschen Schweiz. Überhaupt war der kunstsachverständige Gymnasiallehrer aus Lugano, der sein Dichtertum bis ins 102. Lebensjahr hinein mit asketischer Strenge ausübte, so recht ein Tessiner Dichter nach Deutschschweizer Geschmack! Schon der Lesezirkel Hottingen hatte ihn für sich entdeckt, acht seiner Bücher wurden von Schweizer Verlegern auf deutsch nachgedruckt, und bis vor kurzem diente er jedermann als dankbares Alibi, wenn die Gleichrangigkeit der vier Schweizer Sprachregionen am Tessiner Beispiel belegt werden musste.

Francesco Chiesa (1871–1973) im Jahre 1897

Für die andern Tessiner Autoren aber, für die weniger traditionell-konservativen zumal, war der überall dominante Chiesa nichts weniger als ein Unglück! Felice Filippini war sich 1971 jedenfalls mit Piero Bianconi darüber einig, dass Chiesa »das Durchbruchbedürfnis der Jungen überschattet« habe und dass »hundert Jahre Vorherrschaft einfach zuviel« seien. Tatsächlich konnte sich neben Chiesa bloss die Professorenliteratur der Zoppi und Calgari halten, während originellere Talente wie Filippini, Elena Bonzanigo, Adolfo Jenni oder Orlando Spreng lange Zeit chancenlos blieben. Aber auch nach Chiesa hatte und hat die Tessiner Literatur Mühe, von der überragenden Vaterfigur loszukommen und ihr eigenes Gesicht zu zeigen. Die Aufforderung, Chiesas wundervollen Roman zu lesen, müsste daher gekoppelt sein mit dem Hinweis auf die übrige Tessiner Literatur, an der manches erst noch zu entdecken ist!

Tempo di marzo ist italienisch bei den Edizioni del Cantonetto, Lugano, und deutsch, eingeleitet von Piero Bianconi, bei kürz, Küsnacht, greifbar.

Margarete Susman

Wem Goethe bzw. der Goethe-Kult so richtig verleidet ist, dem sei als Heilmittel Margarete Susmans *Deutung einer grossen Liebe* verschrieben. Es ist dies das wohl schönste, spannendste und zugleich fraulichste Literaturgeschichtsbuch, das sich denken lässt. Und es ist kaum zu fassen, dass diese nichts beschönigende Hommage an Goethe von der Verfasserin jenes Buches stammt, das nach der fast völligen Ausrottung der Juden 1946 den jüdischen Standort den Deutschen gegenüber trauernd und anklagend neu bestimmte: *Das Buch Hiob und das Schicksal des jüdischen Volkes*.

Und die Schweiz, in der Margarete Susman 51 ihrer 94 Lebensjahre verbrachte? »Dieses Land musst du lieben«, hatte der Vater dem jungen Mädchen einst gesagt, »es hat politischen Flüchtlingen Asyl gewährt.« Und Adolph Susman gab seiner Tochter Gelegenheit, die Schweiz von jung auf kennenzulernen. Sie verbrachte ihre Schulzeit in Zürich, absolvierte die Töchterschule und verliess das Land ihrer Kindheit erst wieder nach dem frühen Tod ihres Vaters im Jahre 1894. Damals war sie zweiundzwanzig, hatte schon einen Band Gedichte veröffentlicht, aber nichts deutete darauf hin, dass sie als eine der bedeutendsten intellektuellen Frauen des deutsch-jüdischen Kulturkreises, als eine Philosophin, Denkerin und Essayistin ausserordentlichen Ranges in die Geschichte eingehen würde. Als sie 1934 zum dritten Mal – 1912 bis 1918 hatte sie mit ihrem Mann, Eduard von Bendemann, in Rüschlikon gelebt – in die Schweiz zurückkehrte, war sie dies alles bereits, aber sie war auch einer jener politischen Flüchtlinge, von denen ihr Vater mit Hochachtung gesprochen hatte. Und nun musste sie erfahren, dass es der mittellosen geschiedenen Frau in der Schweiz anders erging als dem reichen Hamburger Kaufmann von 1882. Sie, die fliessend Schweizerdeutsch sprach, musste Monat für Monat ihre Toleranzbewilligung erneuern lassen, auf der immer schon das Ausreisedatum vermerkt wurde. Sie zeigte die Karte mit der Eintragung »heimatlos, geschieden« einmal Leonhard Ragaz, und der meinte einfach: »Das hat man von den Heiligen auch gesagt.« Als sie in Ragaz' *Neuen Wegen* gegen den Faschismus schrieb, verbot ihr die Fremdenpolizei alle »irgendwie politischen« Äusserungen und überwachte von da an ihre Tätigkeit scharf. Eine finanziell dringend benötigte Ehrengabe der Stadt Zürich erhielt sie 1942 nur unter der Bedingung der Verschwiegenheit: in Deutschland sollte niemand erfahren, dass Zürich die jüdische Intellektuelle unterstützte! Dennoch wurde Margarete Susman, die ausser ihrem Emigrantenschicksal auch noch schwere körperliche Leiden zu tragen hatte, nicht verbittert und bewahrte dem Land, das ihr in Todesgefahr Unterschlupf gewährt hatte und wo sie nach 1945 Ehrungen aus aller Welt entgegennehmen durfte, lebenslang die Treue. Sie starb am 16. Januar 1966 in Zürich – kurz nachdem sie als fast Erblindete ihren Weg unter dem Titel *Ich habe viele Leben gelebt* noch selbst dargestellt hatte.

Margarete Susman
(1872–1966) im Jahre 1952

Sir Galahad

»Am Anfang war die Frau. Der Mann erscheint erstmals in der Sohnesgestalt, als das biologisch Jüngere und Spätere. Somit hat die Frau den Mann erschaffen, nicht umgekehrt...« – So beginnt das Buch *Mütter und Amazonen,* von dem es in der Vorrede heisst: »Dies ist die erste weibliche Kulturgeschichte, sie bemüht sich, so einseitig wie möglich zu bleiben...« Das Buch erschien erstmals 1932, und als Verfasser zeichnete jener Sir Galahad, der zwischen 1909 und 1919 bereits mit seiner pfiffig betitelten Übertragung der Werke des amerikanischen Optimisten Prentice Mulford für Aufsehen gesorgt hatte. Spätestens seit 1920, als der exzentrische, zeit- und gesellschaftskritische Roman *Die Kegelschnitte Gottes* erschien, war Eingeweihten kaum mehr zweifelhaft, was mit *Mütter und Amazonen,* dieser unverfrorenen Inanspruchnahme von Bachofens *Mutterrecht* durch den Feminismus, zur Gewissheit wurde: dass sich hinter dem Namen des jüngsten Gralsritters ein weiblicher Autor verbarg.

Sir Galahad hiess in Wirklichkeit Bertha Eckstein-Diener und wurde 1874 in Wien geboren. Tochter begüterter Eltern, war sie als Gattin des Literaten und Mäzens Friedrich Eckstein kurze Zeit Mittelpunkt eines Kreises von Künstlern und Dichtern, ehe sie sich einer unglücklichen Liebesbeziehung wegen ins gesellschaftliche Abseits manövrierte. Jahrzehntelang zog die Mutter zweier Kinder ruhelos in der Welt herum, bis sie sich ab 1920 am Genfersee niederliess, wo sie als »Dame de Lettres« arbeiten konnte, ohne ihr Pseudonym zu gefährden. Nicht eigentlich Emigrantin, kam sie in der NS-Zeit dennoch in arge Bedrängnis, als die Fremdenpolizei ihr auf Anraten des Schriftstellervereins die lebenssichernde Zeitungsmitarbeit verbot, ihr aber die Ausreise ins Ausland untersagte, weil sie die Steuern nicht bezahlen konnte. Sie sei »quasi mittellos« und friste »ein peinliches Leben als halber Zechpreller«, schrieb sie 1942 in einem Brief. »Nun *kann* ich zwar *fast* von Luft leben, das völlig ungeheizte Zimmer im eiskalten Februar hat aber als ›Frühlingsahnen‹ nicht nur eine Bronchitis, sondern auch eine Frostbeule zur Entfaltung gebracht ...« Dass unter solchen Umständen der Roman *Der glückliche Hügel,* den sie 1943 im Atlantis-Verlag herausbrachte, zu einer spannenden, lebensvollen Darstellung von Richard Wagners amourösem Zürcher Exil geriet, grenzt schon fast an ein Wunder!

Sir Galahad
(1874–1948)

1947, als sie endlich eine Möglichkeit sah, das unerfreuliche Schweizer mit einem italienischen Domizil zu vertauschen, zog sie sich bei einem Sturz schwere Verletzungen zu, denen sie am 20. Februar 1948 in Genf erlag. Auf der Toten fand sich ein Zettel, der für Leben und Werk dieser eigenwilligen kämpferischen Frau charakteristisch ist: »Bitte bestehen Sie darauf, dass der Lanzettstich ins Herz vom Arzt gemacht wird, ehe ich ins Crematorium gebracht werde; ich will nicht im Fourneau aus dem Scheintod erwachen.«

Mütter und Amazonen ist als Ullstein-Taschenbuch 34384 greifbar. Das Fischer-Taschenbuch 5663 bringt eine mit Textauszügen angereicherte Galahad-Biographie von Sybille Mulot-Déri.

Fritz Brupbacher

Das Image des Bürgerschrecks ist er lebenslang nie losgeworden, der Aussersihler Armenarzt, Anarchist und Volksaufklärer Fritz Brupbacher. Kaum hatte er das Staatsexamen bewältigt, verkündete er 1899 in der *Jungen Schweiz* sein Programm einer »Schweizerischen antireaktionären Bewegung« und polemisierte anderswo so wirkungsvoll gegen einen berühmten Gynäkologen, dass er wegen Professorenbeleidigung von der Doktorprüfung ausgeschlossen wurde. Da ging er hin, eröffnete eine Praxis im Arbeiterviertel und behandelte 45 Jahre lang bis zu 80 Patienten täglich, hielt daneben aufmüpfische Vorträge über Abtreibung, Emanzipation und ähnlich brisante Fragen, wurde da und dort polizeilich am Auftreten gehindert und ertrug es mit Fassung, als während des Generalstreiks vor seiner Haustüre Posten aufzogen.

Brupbacher, der Bakunins Anarchismus dem doktrinären Marxismus vorzog, war jedoch für die Linke, deren Nachwuchs sich immer wieder für ihn begeisterte, ein weit grösseres Ärgernis als für das Bürgertum, dem er zuweilen als abschreckendes Beispiel auch von Nutzen war. 1913, als die SP-Spitze seinen Parteiausschluss betrieb, scheiterte sie an einem überwältigenden Sympathie-Votum der Basis und musste sich mit der Kaltstellung begnügen, bis der erklärte Dissident von selber ging. 1921 besuchte er, inzwischen KP-Mitglied geworden, die Sowjetunion und nahm zum Entsetzen der Gastgeber selbst dort kein Blatt vor den Mund. »Ich bin«, sollte er 1930, kurz bevor auch diese Partei ihn ausschloss, der KP-Führung schreiben, »einer jener frechen Intellektuellen, die weder vor feudalen noch vor bürgerlichen, noch vor proletarischen Herren kuschen.«

Was Brupbacher als Volksredner, als Kolumnist und nicht zuletzt auch in autobiographischen Büchern wie den *Erinnerungen eines Revoluzzers* (1927) oder *60 Jahre Ketzer* (1935, neu 1973) verkündete, war die »Revolution in Permanenz«. Und das hiess für ihn: Befreiung des Menschen zu sich selbst, zu seiner Individualität, zu natürlicher Sinnlichkeit, aber auch zur »Höchstintensität der Seele«. Ständig neue Stosskraft erhielt sein Engagement durch die leidenschaftliche Anteilnahme am Schicksal der russischen revolutionären Bewegung. Auch persönlich stand ihm Russland sehr nahe, war er doch dreimal mit russischen Frauen verheiratet, von denen eine jede auf ihre Weise dazu beitrug, dass er im Lande des allgemeinen Konsenses bis zuletzt als kompromissloser Revolutionär durchzuhalten vermochte. Lydia Petrowna, seine erste grosse Liebe, brachte ihn mit ihrem Fanatismus dazu, die Politik über das persönliche Glück zu stellen. Helmi Körv, die ihm Geliebte, Patientin und Lebensinhalt in einem war, half ihm, das Scheitern der politischen Ambitionen zu verwinden. Die Ärztin Paulette Raygrodsky aber brachte ihm ab 1922 nicht nur frischen Teamgeist, sondern auch zwei veritable Doktortitel mit ins Haus: einen für Medizin und einen für Philosophie!

Fritz Brupbacher
(1874–1945) um 1914

Im Zürcher Limmat-Verlag ist eine Neuausgabe von *60 Jahre Ketzer* und Karl Langs Biographie *Kritiker, Ketzer, Kämpfer. Das Leben des Arbeiterarztes Fritz Brupbacher* greifbar.

Gertrud Pfander

»Auch warte ich noch auf ein grosses Glück«, schrieb Gertrud Pfander 1896 in einem Lebenslauf, »denn der Durst ist noch nicht gelöscht.« Uneheliches Kind einer früh verstorbenen Bernerin, hatte sie in ihrer Jugend in Basel und Bern die Not des Verschupft- und Verlorenseins bis zur äussersten Grenze des Erträglichen durchlitten, war während kurzer Auslandsaufenthalte von der gröbsten Misere innerlich freigekommen und hatte eben zu sich selbst und ihrer eigenen Persönlichkeit gefunden, als die Tuberkulose sie eingeholt und alle ihre Pläne vereitelt hatte. Nun war sie zwanzig, hatte kein Leben hinter sich und keines mehr vor sich, zog als Erbin eines kleinen Vermögens wie eine Ausgestossene von Sanatorium zu Sanatorium und litt, mehr noch als unter der Krankheit, an einer unstillbar grossen Sehnsucht nach Liebe und Geborgenheit.

Es ist gewiss kein Wunder, dass sie ihre Not, wie schon als Kind, dem Papier anzuvertrauen begann, aber es mutet wie eine wunderbare Fügung an, dass Gertrud Pfander die existentielle Bedrohung ebenso wie das bisschen Glück, das ihr noch beschieden war, mit den amateurhaften Mitteln einer an Heinrich Heine und Annette von Droste-Hülshoff orientierten konventionell-schematischen Reimpoesie derart gültig und eindrücklich zu gestalten vermochte. Was in ihrer Lyrik zum Ereignis wird, ist ja nicht die formale Vollendung, sondern die Radikalität, mit der sie sich auf ihr eigenes intimes Erleben beschränkt, ist die Offenheit, mit der sie Gefühle zum Ausdruck bringt, ist die Selbstverständlichkeit, mit der sie das Liebeserlebnis der Frau als Subjekt und dem Manne als Objekt zuordnet.

Obwohl ihre Muse ein »schwarzes Schleppkleid« trug, war es denn auch bis zuletzt die Liebe, die ihrer Dichtung Auftrieb gab. Die nie eingestandene Liebe zum Primgeiger des Kursaalorchesters von Montreux zum Beispiel, die 1894 das konstituierende

Element der Musik in ihre Gedichte hineintrug. Oder die Liebe zu jenem Pächtersohn aus Thüringen, der 1896 vom Genfersee nach Kairo weiterzog und das Fernweh nach exotischen Ländern in ihrem Herzen und ihrer Dichtung zurückliess. Die ergreifendste Beziehung aber war diejenige zum neunzehnjährigen Bildhauer Abraham Graf, der gleichfalls lungenkrank war und der Dichterin um einen Monat im Tode voranging. Ihm hat sie 1897 – noch zu Lebzeiten! – die vier erschütternden Totengedichte des Zyklus *Heimgang* zugeeignet.

Gertrud Pfander (1874–1898)

Als Gertrud Pfander am 9. November 1898 mit vierundzwanzig Jahren in Davos starb, hinterliess sie insgesamt achtzig Gedichte, die zum Teil schon 1896 in der Sammlung *Passifloren* herausgekommen waren bzw. 1908 von Karl Henckell unter dem Titel *Helldunkel* noch veröffentlicht werden sollten. Wie viele von den anmutigen Gebilden für die literarische Ewigkeit bestimmt sind, ist auch nach bald hundert Jahren nicht leicht zu sagen. Gertrud Pfander selbst jedenfalls hat das Dichten auf wunderliche Weise Trost und Erfüllung gebracht. »Wir sind Poetenvolk!« triumphiert sie in einem Brief vom Todesjahr 1898. »Wir sind Zauberer! Wir haben den sechsten Sinn! Wir siegen *doch!* Te deum laudamus!«

Albert Gessler veröffentlichte 1912 bei Schwabe, Basel, die Biographie *Gertrud Pfander. Eine Schweizer Dichterin.*

Thomas Mann

»Da ich die deutsche Staatsangehörigkeit verliere, werde ich doch wohl Schweizer werden«, schrieb Thomas Mann im Juli 1933 aus Sanary an Hermann Hesse. Tatsächlich schien der Einbürgerung des Literatur-Nobelpreisträgers damals kaum etwas entgegenzustehen. Er wurde, als er im September 1933 nach Küsnacht zog, sofort telephonisch von Bundesrat Motta willkommen geheissen, und als er sich im Oktober 1934 nach Dichterlesungen in allen grösseren Orten der Schweiz über Radio Zürich zu Wort meldete, bezeichnete er unser Land als »eine Welt, in der ich mich wohl fühle, in der ich vertrauensvoll atme und in der, wenn das Schicksal es so will, ich gern mein Leben und meine Arbeit zu Ende führen werde«.

Als Deutschland ihn dann am 3. Dezember 1936 wirklich ausbürgerte, war Thomas Mann längst Bürger eines anderen Landes. Dass die neue Heimat die ferne Tschechoslowakei und nicht die Schweiz war, wo der Dichter lebte, ist nicht zuletzt auf das Konto von *NZZ*-Feuilletonchef Eduard Korrodi zu verbuchen, der nicht bloss hintenherum eine Übersiedlung des S.-Fischer-Verlags nach Zürich vereitelte, sondern seine Abneigung gegen die Exilliteratur am 26. Januar 1936 unter dem Titel *Literatur im Emigrantenspiegel* auch offen zum Ausdruck brachte – womit er den »Zauberer« prompt zur Solidarität mit seinen verunglimpften Leidensgenossen zwang. Korrodi erhielt Schützenhilfe durch den faschistenfreundlichen Dozenten Emil Staiger, der Thomas Mann einen, so der Adressat später im Tagebuch, »durch Dummheit und Dreistigkeit sehr unangenehmen« Brief schrieb.

Dass unter solchen Umständen jene Literaturzeitschrift, die Thomas Mann kurz danach zusammen mit Konrad Falke gründete und die ab Oktober 1937 unter dem Titel *Mass und Wert* im Zürcher Oprecht-Verlag zu erscheinen begann, keine grossen Erfolgschancen hatte, liegt auf der Hand. Zu deutlich waren die grossen Autoren des unwillkommenen deutschen Exils bevorzugt, und wenn Schweizer vorkamen, so handelte es sich nicht um die Honoratioren des Kulturbetriebs, sondern um unabhängige Leute wie R. J. Humm, Albin Zollinger, Adrien Turel, Ludwig Hohl oder Annemarie Schwarzenbach. Nach drei Jahren, als die Abonnentenzahl von 6000 auf 1500 gesunken war, gab Thomas Mann, inzwischen amerikanischer Staatsbürger geworden, von Princeton aus das Zeichen zum Gefechtsabbruch.

Thomas Mann (1875–1955) im Jahre 1937

Ab 1952 lebte Thomas Mann übrigens wieder in der Schweiz: »zwecks Ausübung schriftstellerischer Tätigkeit und zur Verbringung des Lebensabends«, wie es in der Niederlassungsbewilligung damals hiess. Und fast wäre er schliesslich doch noch Schweizer geworden! »Ich werde«, teilte er am 10. Juni 1955 Hermann Hesse mit, »unter uns gesagt, auch sehr bald Schweizer, via Gemeinde Kilchberg. Der Bundesrat scheint einverstanden, dass es ausser aller Ordnung geschieht ...« Zwei Monate später, am 12. August 1955, war Thomas Manns gnädig bewilligter Schweizer Lebensabend zu Ende. Sein Grab auf dem Kilchberger Friedhof aber ist das Grab eines amerikanischen Staatsbürgers.

Thomas Manns Werke, Briefe und Tagebücher sind bei S. Fischer, Frankfurt a. M., greifbar.

Jakob Schaffner

Die Dichtung mündet in ein Happy-End: nach 2271 Seiten, am Schluss des vierten Bandes, *Kampf und Reife,* endet Jakob Schaffners *Johannes*-Tetralogie damit, dass der Titelheld in einer Villa oberhalb Basels seinen grossen Lebensroman abschliesst und von Emilie, seiner deutschen Frau, dazu beglückwünscht wird, während von überall her die Freunde zum frohen Fest zusammenströmen und junge Aktivisten, Vorboten der bald einmal nationalsozialistischen Schweiz, ihrem Dichter ein Ständchen bringen. Unweit der Anstalt Beuggen, wo das Ganze begann, hat Johannes so »im wahren Sinn des Wortes heimgefunden«.

Die wirkliche Geschichte aber endet nicht mit dem Happy-End der ehrenvollen Heimkehr in die Schweiz, sondern mit dem Tod in der Fremde. Im deutsch besetzten Strassburg fiel Schaffner, in der Schweiz seit langem als Landesverräter abgestempelt, am 25. September 1944 mit 69 Jahren einem Bombardement zum Opfer. Zusammen mit ihm starb die dreiundzwanzigjährige Schweizer Studentin Marga Bissegger, mit der er seit knapp vier Wochen in dritter Ehe verheiratet war und die ein Kind von ihm erwartete . . .

So ist Schaffner, anders als im Roman, nicht mehr von jenem Deutschland losgekommen, dem er sich schon 1893 als wandernder Schustergeselle bedingungslos verschrieben hatte und dem er, gedrängt durch seine zweite Frau, Julia Cuno, auch in der NS-Zeit unverdrossen treu blieb, obwohl er sich doch innerlich immer als Schweizer fühlte. »Ein sonderbares Schicksal ist es«, bekannte er 1935 Ernst Zahn, »der Vorkämpfer für einen deutschen Geistesinhalt und Geschichtsanbruch sein zu müssen, während einem fortgesetzt das Heimweh am Kragen frisst.«

Schaffners Bestreben, es den Deutschen gleichzutun, hat schon bald nach seinem um 1910 erfolgten literarischen Durchbruch seine Schriftstellerei korrumpiert. Je stärker er in Sprache und Thematik die Berliner Literatenwelt kopierte, desto banaler wurden seine zunächst so packenden und eigenwilligen Erzählungen und Romane. Gültiges und Bleibendes leistete er nur noch, wenn er sich zusammen mit einem autobiographischen Stoff auch wieder seiner ursprünglichen Schreibweise erinnerte. So in *Konrad Pilater,* dem Roman seiner Wanderjahre, vor allem aber in *Johannes,* dem ersten, 1922 publizierten Band der Tetralogie, der seine Kindheit in der Waisenanstalt Beuggen spiegelt. Hier, wo ihm die schmerzlichen Erfahrungen seiner Jugend unmittelbar zum Bild und Gleichnis gerieten, gelang ihm unzweifelhaft das Kunststück, erschütternde, echte Dichtung zu schreiben, ohne erfinden zu müssen. Das anerkannte sogar Ludwig Hohl, Schaffners wohl unbestechlichster Kritiker, als er in den *Nachnotizen* konstatierte, dass man dem Buch, obwohl er Schaffner nicht möge und für »stark überschätzt« halte, »gewisse Werte nicht wegleugnen« könne. »Die Werte bestehen im Gewicht, der Wucht einer wirklich erlebten schweren Jugend: ein Ding, das nicht konstruiert werden kann.«

Jakob Schaffner (1875–1944) im Jahre 1924

Johannes ist zuletzt im Arche-Verlag, Zürich, erschienen. *Konrad Pilater* ist, mit ausführlicher Biographie des Verfassers, seit 1982 in der Ex Libris-Edition »Frühling der Gegenwart« greifbar.

Paul Ilg

1916, als Paul Ilg seinen Roman *Der starke Mann* veröffentlichte und damit den preussisch-autoritären Führungsstil vieler schweizerischer Offiziere an einem besonders krassen Beispiel ad absurdum führte, ging ihm ein Brief mit folgender Aufforderung zu: »Passen Sie auf: man wird Ihnen Absichten unterschieben, Ihr Buch zum Vorwand nehmen. Spittelers Kopfklärung wäre ein wahrer Segen gewesen, wenn er nachträglich auch die andern Köpfe gewaschen hätte: dass er es bleiben liess, wirft ein Licht auf die Parteilichkeit seiner Motive. Wenn Sie also gegen die Armee ausgespielt werden, wie ich fürchte, können Sie die einseitige Tendenz Ihres Buches dadurch ins Gleichgewicht bringen, dass Sie auch den Herren Militärfeinden ein Wörtlein sagen.« Der Briefschreiber aber war niemand anders als Robert Faesi, Verfasser des *Füsilier Wipf,* jenes Werkes also, das dem Schweizer Soldatentum schon 1915 ein sehr schmeichelhaftes Denkmal gesetzt und den autoritären General Wille als allseits verehrte nationale Vaterfigur gezeichnet hatte.

Den Vergleich mit Spitteler brauchte Faesi nicht zufällig, denn ebenso wie über dessen Rede *Unser Schweizer Standpunkt* von 1914 gingen auch über Ilgs Roman die Meinungen weit auseinander. Von bürgerlicher Deutschschweizer Seite wurde das Buch als Tendenzwerk abgelehnt, die Offiziersvereine tobten. Die Welschen dagegen feierten den Roman als Schlag gegen die Militär-Lobby und druckten ihn in Übersetzung nach. Wie unsachlich bald schon argumentiert wurde, macht z. B. Felix Moeschlin deutlich, der das Buch 1917 schon deshalb »etwas Unerfreuliches« nannte, »weil es in der ›Semaine littéraire‹ *die* lobende Besprechung erfahren hat, die zu befürchten war«. Da halfen die massvollen Stimmen Konrad Falkes und Ernest Bovets nichts mehr: *Der starke Mann* war zum Politikum geworden und wurde dieses Odium nie wieder los. Wie im Falle Spittelers hatte dies aber auch für Ilg, der dank seiner grossartigen Roman-Tetralogie *Das Menschlein Matthias* (1906–1913) in Deutschland viele begeisterte Leser besass, fatale Folgen. Der Verkauf seiner Bücher stagnierte, und noch 1921 forderte die *Deutsche Zeitung* den Buchhandel auf, Ilgs Werke als deutschfeindlich zu boykottieren. Als Ernst Lubitsch den *Starken Mann* verfilmen wollte, sperrte die UFA um 1925/26 den Kredit mit der Begründung, ein pazifistischer Film sei am Weltmarkt nicht durchzusetzen. Dabei wäre *Der starke Mann* eine Filmvorlage par excellence! Wie der streberische Leutnant Lenggenhager mit seiner noblen Braut auf den väterlichen Hof einfährt und gedemütigt wird, wie der provokante Offiziersball sein tumultuöses Ende findet, wie Lenggenhager in blinder Wut einen Demonstranten niederknallt und wie er sich am Schluss beim Derby vor der ganzen Crème de la société erschiesst – all das ist so präzis und mit so gnadenloser Konsequenz erzählt, als hätte Ilg bewusst die Vorlage für einen spannenden Film über die Gefahren des Militarismus liefern wollen!

Paul Ilg
(1875–1957) im Jahre 1910

Der starke Mann ist, kommentiert von Martin Stern, seit 1981 in der Ex Libris-Edition »Frühling der Gegenwart« greifbar.

Josef Reinhart

»Grüess Gott! Mer chömen ab em Land,
Hei nit so fyn Maniere;
Doch für nes Stündli chönnt ders jo
Emol mit üs probiere.«

So begannen jene *Liedli ab em Land,* mit denen Josef Reinhart debütierte. Was Meinrad Lienert im Schwyzer, Adolf Frey und Sophie Haemmerli-Marti im Aargauer Dialekt bereits gelungen war, versuchte Reinhart 1897 nun auch auf Solothurnerdeutsch: die Mundart, bis dahin als bäurisch-derbes Stiefkind der Literatur verachtet, in den Dienst der Heimatkunstbewegung und der »Dichtung im Volkston« zu stellen. Der Erstling befriedigte zwar noch nicht so recht, aber der strebsame Primarlehrer und spätere Deutsch-Professor am Solothurner Lehrerseminar machte rasch Fortschritte, liess den *Liedli* 1901 auch *Gschichtli ab em Land* folgen und erfüllte mit mundartlichen Erzählbüchern wie *Heimelig Lüt, Waldvogelzyte* oder *Dr Schuelheer vo Gummetal* bald aufs schönste die Erwartungen, die sein unermüdlicher Berater Otto von Greyerz in ihn setzte.

Was tat es, wenn Reinhart sich auch an hochdeutschen Erzählungen versuchte und sich den Dank des Vaterlandes mit einer Vielzahl von Biographien berühmter Schweizer – darunter *Mutterli,* die etwas süsslich geratene Lebensgeschichte der Pestalozzi-Schülerin Lisette Uttinger – verdiente. Wichtig war vor allem, dass er das Solothurnische als schweizerische Dichtersprache salonfähig machte. »Was Sie in Ihren Liedern leisten«, triumphierte von Greyerz schon 1908, anlässlich einer Neuauflage der *Liedli,* »ist eine Erfüllung meiner liebsten Wünsche; solche Lieder muss es geben, wenn Volkssprache und Volkskunst neu auferstehen sollen; sie sind ein notwendiger Beweis, dass die Volkssprache gesunde Lebenskraft besitzt.«

Ein Autor demnach, für den im Zuge der heutigen Dialektwelle ein Comeback fällig wäre? Obwohl Josef Reinhart seine Werke 1944–1955 noch selbst in einer elfbändigen Ausgabe des Sauerländer-Verlags für die Auferstehung eingemottet hat, erscheint dies mehr als fraglich. Findet heute der Dialekt nämlich Verwendung, um in der Werbung amerikanischen Lebensstil und jugendliche Unbekümmertheit zu propagieren oder in der Literatur die allzu glatte Oberfläche der Sprachkonventionen aufzubrechen, so erfüllte er bei Reinhart noch eine nur mehr schwer goutierbare heimatschützlerische, konservierende und restriktive Funktion. Nicht zuletzt durch seine Sprache sah sich Reinhart auf eine einzige Landschaft – das Galmis bei Solothurn – und eine einzige Thematik – das Heimweh nach der Mutter – eingeengt. Und weil er zudem noch alles Negative und Zersetzende von dieser Welt fernhalten wollte, sind die meisten seiner Werke bei aller folkloristischen Originalität eben doch bloss schönfärberische, harmlose Idyllen geworden. Eines aber hat er wirklich getroffen: den Volkston! Sonst hätte wohl kaum ein Gedicht von ihm derart populär werden können, dass jedermann es für ein Volkslied hält: *D'Zyt isch do, d'Zyt isch do!*

Josef Reinhart
(1875–1957) um 1940

Hans Ormund Bringolf

Les têtes brûlées hiess die 30bändige Edition, mit welcher Blaise Cendrars 1930 die Outsider der Weltgeschichte dokumentieren wollte. Den Anfang machte, übersetzt von Paul Budry, der 1927 in Zürich erstmals erschienene *Lebensroman des Leutnant Bringolf selig.* Im Gegensatz zu seinem eigenen Roman *Gold,* wo mit General Suter 1925 ein anderer Schweizer Abenteurer Cendrars zu breiter Resonanz verholfen hatte, blieb der Erfolg aber diesmal aus: nach zwei Bänden war das Unternehmen am Ende. Schriftstellerische Brillanz galt den Lesern offenbar mehr als Abenteuerlichkeit, denn an letzterer fehlte es dem spektakulären Lebensroman nun wirklich nicht!

Sohn eines Schaffhauser Industriellen und einer russischen Adeligen, hatte Hans Ormund Bringolf alle Höhen und Tiefen menschlicher Existenz durchlebt. Als Militärattaché in Berlin und Wien brachte der Kavallerist und Dr. jur. der Universität Greifswald das väterliche Vermögen dank grossfürstlicher Lebensweise problemlos durch und setzte sich, als eine reiche Heirat den Bankrott nicht verhindern konnte, 1904 nach Übersee ab. Dragoner der US-Army, wurde ihm ein Kommando auf den Philippinen anvertraut, das er sich durch seine Desperado-Allüren jedoch bald wieder verscherzte. Worauf er in China, Japan, Australien und Paraguay auftauchte und schliesslich als Hochstapler und Kreditbetrüger für drei entsetzliche Jahre in einem peruanischen Kerker landete. Wieder in Europa, sass er, da ihm der Übertritt in ein bürgerliches Leben überall verbaut blieb, in Mannheim schon bald wieder als Kreditschwindler im Zuchthaus. Der Erste Weltkrieg endlich brachte die Bewährung! Bringolf wurde Hauptmann bei der französischen Armee und erlangte als verwegener »Löwe von Monastir« solche Berühmtheit, dass man ihm 1924 in Strassburg das Kreuz der Ehrenlegion verlieh. Damals stand er als Direktor der elsässischen Kohleversorgung wieder in Amt und Würde. Aber immer, wenn er den Kopf über Wasser hatte, schlug ihm jemand eins drauf. Diesmal war es die Schaffhauser *AZ*, die ihn als Zuchthäusler entlarvte und ihm via Abdruck in der *Humanité* den entscheidenden Schlag versetzte. Nach einem letzten Versuch als Kohlen-Agent in Belgrad gab er endgültig auf und schrieb im Hallauer Armenhaus seinen *Lebensroman des Leutnant Bringolf selig,* in dem er nichts beschönigte und der von einem originellen Erzählertalent zeugt.

Hans Ormund Bringolf
(1876–1951)

Als Cendrars das Buch in Paris herausbrachte, hielt er Bringolf für tot. Aber das »selig« meinte ganz etwas anderes! Es stammte noch aus Bringolfs Kavalleristenzeit, als ihn der Schiedsrichter bei den Manövern seiner Tollkühnheit wegen so oft für tot erklärt hatte. 1940 jedenfalls, als Finnland in Tornio Freiwillige rekrutierte, erschien auch Bringolf wieder auf dem Kampfplatz. Falls man ihn nicht wolle, gehe er zur US-Army, versicherte er. »Trotz meinen 66 Jahren zweifle ich nicht, nochmals einen bescheidenen Beitrag zum Weltgeschehen zu erbringen.«

Die Abbildung zeigt Hans Ormund Bringolf, genannt Leutnant Bringolf selig, im Jahre 1903 als schweizerischen Militärattaché in Wien.

Carl Friedrich Wiegand

»Blutscheusale« schimpfte man sie, und doch konnte die Phalanx aus Zünftern, Politikern und Professoren nicht verhindern, dass Ferdinand Hodler 1899 seine Marignano-Fresken in die Waffenhalle des Landesmuseums pinseln durfte. Wie radikal sich dann aber – gerade dank der Hinwendung zu männlich-kraftprotzerischen Landsknechten, Holzfällern, Mähern und namentlich zu Wilhelm Tell! – Hodlers schweizerische Reputation wandelte, zeigt nichts so schön wie der Erfolg des Volksdramas *Marignano* von Carl Friedrich Wiegand. Die Erstaufführung dieses Schauspiels wurde 1911 nämlich vor allem deshalb zum Grossereignis, weil Autor und Veranstalter Nutzen aus Hodlers inzwischen märchenhaft angestiegener Popularität zu ziehen wussten.

Das Drama, das Laienspieler aus Arth am 16. Juli 1911 auf dem eigens geschaffenen »Nationalspielplatz Morschach« erstmals aufführten, bewarb sich als Theaterfassung von Hodlers *Rückzug aus Marignano* um die Publikumsgunst und stellte das Gemälde im 4. Akt auch tatsächlich als lebendes Bild auf die Bühne. Wiegand hatte den rückzugdeckenden Krieger von rechts aussen aus Hodlers Fresken herausgegriffen und zum Helden seines Dramas gemacht. Mit Hodlers Einwilligung zierte dieser »blutige Krieger« auch den Umschlag des Textbuches sowie das Plakat, mit dem die Morschacher Hoteliers in ganz Europa für ihr Theaterspektakel warben. Werni Schwyzer heisst der Mann bei Wiegand. Er ist in der Verbannung wider Willen französischer Söldner geworden, tritt 1515 in Marignano zu seinen Schwyzer Landsleuten über und deckt ihren Rückzug laut Textbuch »so, wie Ferdinand Hodler ihn gemalt«. Als der geschlagene Haufe in Schwyz eintrifft, hält Wernis Bruder Ruodi eben Hochzeit mit dessen Braut Judith. Obwohl man den Verbannten rehabilitieren will und Judith von der Ehe zurücktritt, verkraftet Werni die Enttäuschung nicht. »Mit dem gemarterten Gesicht eines zum Leben Verurteilten« zieht er erneut hinaus in die Fremde.

Carl Friedrich Wiegand (1877–1942) im Jahre 1903

Oft ist das Pathos unerträglich, tönen die Dialekt-Brocken mehr bayrisch als schweizerisch, und doch ist Wiegands Drama mit seiner spannenden Rahmenhandlung, vielen packenden Einzelszenen und mit einer erstaunlich kritischen Sehweise des Söldner-Unwesens weit mehr als bloss eine Hodler-Adaption. Die Freilichtspiele von 1911 jedenfalls waren mit Grund ein Riesenerfolg, und noch im gleichen Jahre folgten Aufführungen in Basel und Zürich. 1913, auf dem Höhepunkt der deutschen Hodler-Begeisterung, erntete *Marignano* auch in Leipzig viel Beifall. Dann aber wurde die werbeträchtige Nähe zu Hodler dem Stück in Deutschland zum Verhängnis. Als der Maler 1914 zum Franzosenfreund und damit zur Unperson erklärt wurde, war auch Wiegands *Marignano,* ehe es sich hatte durchsetzen können, für Deutschland tabu. Und dies, obwohl der Wahlschweizer Wiegand, der 37 Jahre als vielgerühmter Lehrer in Zürich lebte und zu den originellsten Köpfen der Schweizer Literaturszene zählte, 1914 bis 1918 für den Kaiser freiwillig im Felde stand...

Carl Albert Loosli

»Ich fühle mich in meiner erbärmlichen Heimat nun endgültig entwurzelt und krank und wünschte, ich wäre in Genf dabeigewesen und hätte eine Kugel abgekriegt, die mir die Mühe erspart hätte, mich für mein Land und mein Volk ins blutige Herz hinein zu Tode zu schämen.« – So schrieb Carl Albert Loosli am 17. November 1932, kurz nachdem in Genf auf demonstrierende Arbeiter geschossen worden war, in einem Brief. Und man muss Sätze wie diese im Ohr haben, wenn von Loosli als Dialektdichter die Rede ist, denn dieser Mann war alles andere als ein schönfärberischer Heimatkünstler! Der Freund und Verteidiger von Hodler, Spitteler und Jonas Fränkel, der unerschrockene Kämpfer gegen Antisemitismus, Anstaltserziehung, Korruption und Meinungsterror war ohne Zweifel einer der unbestechlichsten, ehrlichsten und mutigsten Schweizer des 20. Jahrhunderts, ein kompromisslos, aber niemals stur ideologisch engagierter Schriftsteller von ausserordentlicher geistiger Brillanz und stupender Begabung auf allen möglichen Gebieten – von der beissenden Satire über den sozialen Krimi bis hin zum Mundartgedicht in klassischen Sestinen! Erst wenn eines Tages die Schätze seines weitgehend noch unveröffentlichten Nachlasses und vor allem seine unzähligen Briefe publiziert sind, wird man erkennen, wie unverzeihlich es war, dass man diesen grossen Dichter und Kulturkritiker zeitlebens verkannt, diffamiert oder als »Original« verharmlost hat.

Bald achtzig Jahre sind es nun her, seit im Frühling bzw. Herbst 1910 Looslis Dialektbücher *Mys Dörfli* und *Üse Drätti* erschienen. Und wer sich die Mühe nimmt, das phonetisch genau geschriebene Unteremmentalisch Wort für Wort zum Klingen zu bringen, wird auch als Nichtberner noch immer reich belohnt. Unversehens entfaltet die seltsame vokalreiche Sprache ihren Zauber, und man fühlt sich zurückversetzt in ein Berner Dorf des späten 19. Jahrhunderts. Aber nur gerade sprachlich gerät man da in eine heile Welt, denn anders als beim Aristokraten Rudolf von Tavel oder beim heimatverbundenen Simon Gfeller stehen hier Entwurzelte, »gesellschaftlich Enterbte« im Mittelpunkt: Knechte, Mägde, Tagelöhner und Verdingbuben, wie Loosli selber einer gewesen war. Und genau so ein Bauernknecht und Bierfuhrmann ist auch dieser Drätti, den Loosli mit köstlichem Humor sein Leben so erzählen lässt, »win im der Schnabu gwachsen isch«. Etwas stärkere anklägerische Töne schlägt bei aller Heiterkeit *Mys Dörfli* an, das mit *Ds Annemarei* und *Der Hubusepp u sy Fritz* zwei erzählerische Glanzstücke enthält.

Carl Albert Loosli (1877–1959)

Loosli hat mit *Wi's öppe geit* 1921 von der Dialekterzählung Abschied genommen und die Mundart hinfort – wie schon in *Mys Ämmitaw* von 1911 – nur noch für Gedichte verwendet. Als man um 1937 aus dem Dialekt eine Schweizer Schriftsprache machen wollte, war es C. A. Loosli, der diese Idee schon früh mit aller polemischen Schärfe als Sackgasse bekämpfte.

Üse Drätti und *Mys Dörfli* sind seit 1987 in Neuausgaben bei Emmentaler Druck, Langnau, greifbar.

Hermann Hesse

Von den 712 Gersauer Telefonabonnenten trugen 1987 gerade noch 153 den Namen Camenzind. Mit der »Zufuhr frischen Blutes und Lebens von aussen her« muss es also, seit Hermann Hesse im Sommer 1900 im benachbarten Vitznau seinen *Peter Camenzind* zu schreiben begann, zügig vorwärtsgegangen sein. Das Dorf am See, das Hesse in Nimikon umgetauft hat und wohin er seinen Helden nach vergeblichen Versuchen, in Zürich, Basel und in Italien ein berühmter Schriftsteller zu werden, als bescheidenen Gastwirt heimkehren lässt, ist dort nämlich noch zu »reichlich drei Vierteln« von Camenzinds bewohnt!

Kein Zweifel: die Schauplätze und Personennamen, aber auch das Gottfried Keller verpflichtete Grundmotiv machen aus diesem Heimkehrerroman ein spezifisch schweizerisches Buch. Wie aber verhält es sich mit dem Autor? Darf man Hermann Hesse, den Schwaben, den Morgenlandfahrer, den Steppenwolf, den Glasperlenspieler, als einen Schweizer Schriftsteller bezeichnen?

Hesse selbst schrieb, als er den *Camenzind* 1903 an Samuel Fischer sandte, er sei »halber Basler, halb Schwabe«. Tatsächlich hatte er seine Jugend halb in Basel, halb im schwäbischen Calw verbracht und den Schweizer Pass 1890 nur gegen einen deutschen eingetauscht, weil er in Tübingen sonst kein Stipendium erhalten hätte. »Eine Art Mussdeutschen« nannte er sich darum 1923, als er die Wiedereinbürgerung beantragte, die ihm 1924 in Bern denn auch gewährt wurde.

Wer die Tausende von Briefen studiert, die er nach 1924 von Montagnola aus schrieb, ist erstaunt, wie zäh Hesse an seinem Schweizertum festhielt: als die Nazis ihn zum Exilschriftsteller stempeln wollten ebenso wie später im kalten Krieg, als die BRD und die DDR ihn jeweils auf ihre Seite zu bringen suchten. Überzeugter »Schweizer und Republikaner«,

Hermann Hesse
(1877–1962) im Jahre 1937

verhimmelte er aber auch unser Land keineswegs. Mutiger als andere setzte er sich für die Verfolgten des Faschismus ein und liess sich auch nicht mundtot machen, als Rothmund ihn mit einer Anspielung an seine »frühere Heimat« disqualifizieren wollte. Nur zu gut wusste er, dass die gleichen Kreise, die ihm öffentlich lobhudelten, 1938 die rettende Übersiedlung seines Verlags nach Zürich vereitelt hatten, und er trug es auch mit Fassung, als er 1951 einer pazifistischen Äusserung wegen als Kommunist verdächtigt wurde. Überhaupt machte er sich über den Grad der Integration, die seine überragende Potenz in der helvetischen Enge erreichen konnte, nicht allzuviel Illusionen und beging vielleicht einzig den Fehler, dass er die Schweiz ein klein wenig mehr liebte als sie ihn. »Lieber wäre mir gewesen, wenn die Schweiz... mich ernstlich als den Ihren betrachtet hätte«, bekannte er 1950, als Deutschland den Nobelpreisträger wieder für sich reklamierte, Karl Schmid gegenüber. »Aber mit den Jahren habe ich doch eingesehen, dass ich auch kein Schweizer bin und in kein Vaterland passe.«

Hesses Werk ist bei Suhrkamp, Frankfurt a. M., greifbar, *Peter Camenzind* u. a. als Suhrkamp-Taschenbuch 161.

Otto Wirz

1923, in seinem 700seitigen Roman-Erstling *Gewalten eines Toren,* stellte Otto Wirz in teils beschaulich-epischen, teils gewalttätig-skurrilen Bildern dar, wie der Ingenieur Hans Calonder durch die Begegnung mit den Büchern Hermann Hesses zum »Aussteiger« wird und sich den Zwängen des bürgerlichen Daseins für immer entzieht. Die Odyssee endet nach vielen Irrwegen in einer Kirche, wo Calonder vom wahnsinnig gewordenen Pfarrer nach dem Muster expressionistischer Schock-Dramatik geblendet, kastriert, gekreuzigt und mumifiziert wird. Kurz darauf bringt Clio, die Frau des Pfarrers, Calonders Kind zur Welt . . .

Kein Zweifel: mit einem Debüt dieser problematischen Art brachte sich Wirz – übrigens wie sein Calonder Ingenieur und nach eigenem Bekenntnis wie dieser an Hesse zum Aussteiger, d. h. Dichter geworden! – von Anfang an in eine schwierige Aussenseiterposition. Und er tat, sieht man von den harmlosen Liebesromanen *Späte Erfüllung* (1936) und *Rebellion der Liebe* (1937) einmal ab, herzlich wenig, um ein für das breite Publikum »lesbarer« Autor zu werden.

Mit *Die geduckte Kraft* trieb er 1928, also lange nach Geschäftsschluss, die expressionistische Manier auf die Spitze, und mit *Prophet Müller-zwo* lieferte er just zum deutschen »Neuaufbruch« von 1933 ein Buch, welches dem geforderten »gesunden Tatmenschen« ein weiteres Mal den Typus des tief verunsicherten, innerlich zerrissenen Anti-Helden gegenüberstellte. Was er schrieb, war schonungslos bekenntnishaft, denn er selbst wurde lebenslang qualvoll hin und her gerissen zwischen Bürgerlichkeit und Rebellion, Kultur und Bilderstürmerei, Ideal und Wirklichkeit, himmelstürmendem Wollen und bruchstückhaftem Vollbringen. Selbstbewusstes Genie, das er war, hielt Wirz es sich z. B. zugute, von mehreren Liebschaften gleichzeitig zu zehren, was ihn häufig zu einem aufreibenden Doppelleben nötigte. Zuletzt verstrickte er sich auch noch hoffnungslos zwischen den zwei Vaterländern Deutschland und der Schweiz, denen er beiden durch das »Dritte Reich« hindurch treu zu bleiben suchte. Dennoch wollten die NS-Kulturbonzen, um die er sich so lange wie möglich bemühte, von seinem »entarteten« Expressionismus letztlich nichts wissen, und in der Schweiz, wo er einflussreiche Freunde, aber kaum Leser hatte, landete er schliesslich als einer der »Zweihundert« auf der Femebank des geistigen Landesverrats.

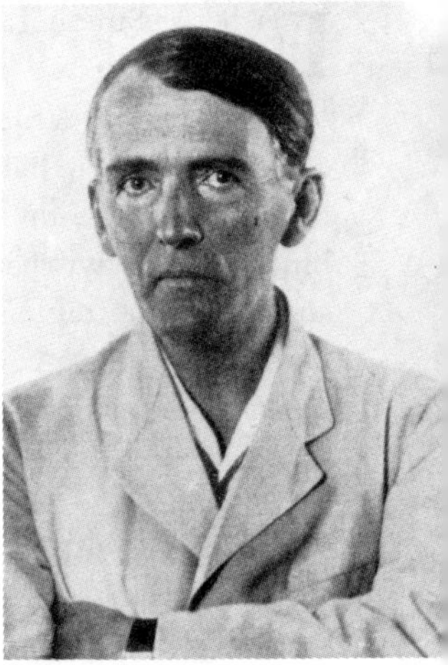

Otto Wirz
(1877–1946) im Jahre 1929

Als er am 2. September 1946 in Gunten bei Thun starb, hinterliess er den monumentalen Roman-Torso *Rebellen und Geister,* den Wolf Wirz 1965 aus dem Nachlass herausgab: eine reflexionsbeladene Spiegelung der Oltner Kinderjahre, die das expressionistische Sprachexperiment in trotziger Monomanie noch weit über die »Gewalten« hinaustreibt. »Vielleicht geht Ihnen die grimassierende Bubensprache auf die Nerven«, meinte Wirz 1945 Carl Seelig gegenüber. »Aber ich schreibe ja nicht für höhere Töchter aus den achtziger Jahren. Ja, ich weiss nicht einmal, für wen eigentlich. Wahrscheinlich schreibe ich, weil ich ver-rückt bin. Herrliches Dasein, was!«

Zur Zeit ist nur *Prophet Müller-zwo* greifbar: in der Ex Libris-Edition »Frühling der Gegenwart«, mit einem Nachwort von Fritz Schaub.

Robert Walser

Er heisst Simon Tanner und steht im Mittelpunkt von Robert Walsers Roman-Erstling *Geschwister Tanner* (1907). Weder bei einer Arbeit noch bei einem Menschen hält es der ruhelose Taugenichts längere Zeit aus, und in Sachen Erotik schwankt er hin und her zwischen altkluger Schwärmerei, masochistischen Träumen und inzestuöser Fixierung. Wenn er sich nicht gerade in irgendeinem Büro langweilt, geniesst er das Leben als Spaziergänger und Flaneur, und bisweilen verlegt er sich auch auf schriftstellerische Versuche, die er alsbald wieder zerreisst. Das alles wird in heiter-unbeschwertem Tonfall erzählt, und es braucht lange, bis der Leser merkt, dass Simons Fröhlichkeit aus Qual geboren ist, dass sein Verhalten mit Krankheit zu tun hat, dass er eine von jenen Walserschen Figuren ist, für die Walter Benjamin schon 1929 angemerkt hat, dass sie »aus dem Wahnsinn und nirgendher sonst« kämen. »Es sind Figuren, die den Wahnsinn hinter sich haben und darum von einer so zerreissenden, so ganz unmenschlichen, unbeirrbaren Oberflächlichkeit bleiben.«

Was den Inhalt kennzeichnet, bestätigt die Sprache, die dem Leser von 1907 verwildert und unbeholfen vorkommen musste. Hermann Hesse sogar, orthodoxer Sprachbewahrer und dennoch Walser-Fan, ärgerte sich über »Sorglosigkeiten und Frechheiten«, und dass der Roman überhaupt gedruckt wurde, verdankte er bezeichnenderweise dem Nonsens-Poeten Christian Morgenstern.

Achtzig Jahre danach gehört *Geschwister Tanner* mit Walsers übrigem, inzwischen zu einer imposanten Gesamtausgabe vereintem Werk unangefochten zu den klassischen Texten der Moderne. Ein Erfolg, der sich einzig damit schlüssig erklären lässt, dass die Zeit für diesen Dichter gearbeitet hat. Sein aus den Tiefen der inneren Verletztheit gespiesenes Œuvre ist im Zeitalter der Psychoanalyse und des

Autoritätenzerfalls vor allem deshalb auf ein derart breites Verständnis gestossen, weil Krankheit und Verstörung nach den Katastrophen zweier Weltkriege und angesichts der drohenden Apokalypse sozusagen Allgemeingut geworden sind. Anders gesagt: Die Entfremdung von Mensch und Arbeit, die Problematisierung der Sexualität, die Hinfälligkeit aller Bindungen, die Auflösung des Gesprächs in ungehört verhallende Monologe – all das, was Walser z. B. in *Geschwister Tanner* so eindringlich darstellte, ist heute zur täglichen Erfahrung Tausender geworden. Und Walsers Sprache erst, dieses Faszinosum an spielerischer Naivität, das Eichendorff gleichermassen wie Karl Valentin zu Paten haben könnte: wie erfrischend originell und unliterarisch klingt sie doch in ihrer »ganz ungewöhnlichen, schwer zu beschreibenden Verwahrlosung« (Benjamin) für die Ohren einer Generation, die mit den Sprechblasen von Comic-Strips und den Kalauern der Werbetexter programmiert wird, während Grammatik, Orthographie und Stilistik längst zu unbekannten Fremdwörtern geworden sind!

Robert Walser
(1878–1956)

Geschwister Tanner ist als Suhrkamp-Taschenbuch 1109 und in der Ex Libris-Edition »Frühling der Gegenwart« (Nachwort: Peter Bichsel) greifbar.
Die Abbildung zeigt Robert Walser um 1907, als er in Berlin *Geschwister Tanner* schrieb.

Charles-Ferdinand Ramuz

»Littérature romande? Connais pas!« konnte noch um 1900 der Pariser Kritiker Jules Lemaître ungestraft behaupten. Die Romands waren »Provinzler«, die das Pariserische nachahmten und denen man das immer auch anmerkte, bis, ja, bis Charles-Ferdinand Ramuz auf den Plan trat und der Romandie erstmals eine unverwechselbare eigene Stimme verlieh.

Bald 85 Jahre sind nun vergangen, seit Ramuz den Roman-Erstling *Aline* publiziert hat, und obwohl er ihm mit *Aimé Pache, peintre vaudois, La Séparation des races, La grande Peur dans la montagne, Farinet ou la fausse monnaie, Adam et Eve, Derborence, Si le Soleil ne revenait pas* oder *La Guerre aux papiers* viele weit gewichtigere Werke folgen liess, vermag diese einfache ländliche Geschichte den Leser noch immer auf ganz besondere Weise in ihren Bann zu zwingen. Woran das wohl liegen mag? Ist es die unaufhaltsame Konsequenz, mit der das Geschehen seinen Lauf nimmt? Ist es die Figur dieser Aline mit ihrem einfachen Gemüt und ihrem spröden Charme?

Kaum siebzehn, lernt sie mit Julien, dem Bürgermeisterssohn, heimlich die Liebe kennen. Und als er ihrer überdrüssig ist, fehlt ihr auf einmal »das, was das Leben wieder süss macht, wenn einmal die Kindheit, die wie Zucker schmeckt, vorbei ist«. Naiv und ahnungslos ringt Aline, die Tochter einer armen Witwe, um den nichtsnutzigen, aber reichen Julien. Doch als sie sich schwanger fühlt, wird ihr Werben zu einem Ringen auf Leben und Tod. Julien weist die Schwangere unbarmherzig von sich, und damit sind die Weichen gestellt: Kindsmord und schliesslich Selbstmord stehen am Ende des Weges, auf den Aline sich gedrängt sieht. Als Kind und heimliche Geliebte tot sind, feiert Julien Hochzeit mit der »anderen«, der reichen, standesgemässen Braut...

Man hat *Aline,* vielleicht weil eine frühe Versfassung in Weimar entstand, mit der Gretchen-Tragödie in Goethes *Faust* verglichen. Aber nicht in Weimar, in Paris hatte Ramuz nach eigener Aussage gelernt, dass sich der Autor »so geben sollte, wie er wirklich ist«. Und zweifellos ist in *Aline* mehr wirklich Erlebtes, Persönliches enthalten, als man auf den ersten Blick vermuten würde. Jedenfalls soll Ramuz bis zuletzt nicht ohne innere Bewegung aus dem Roman vorgelesen haben, und ursprünglich empfand er die Geschichte sogar als derart intim, dass er sie, wäre er nicht auf das Honorar angewiesen gewesen, am liebsten gar nicht veröffentlicht hätte. Am 13. September 1904, am Tage der Vollendung des Manuskripts, schrieb Ramuz in sein Tagebuch: »Wenn ich unabhängig wäre, würde ich *Aline* tief in eine Schublade schliessen. Aber ich kann es nicht, die Notwendigkeiten des Lebens sind manchmal grausam; ich muss den Leuten mit diesem Buch unter die Augen treten – glücklicherweise wird niemand es lesen.«

Charles-Ferdinand Ramuz (1878–1947) mit 23 Jahren

Aline ist französisch bei Bernard Grasset, Paris, und deutsch in der Übersetzung von Y. und H. Meier bei Huber, Frauenfeld, greifbar.

Maria Waser

Ein Aufatmen ging durch den Saal, als Maria Waser 1922 ans Pult des Lesezirkels Hottingen trat. In ihrer »klaren, gefestigten und von den zersetzenden Mächten der Zeit nicht angekränkelten Persönlichkeit« – so der Chronist – repräsentierte die Dichterin mit Zucht und Disziplin nochmals all die hehren Ideale jenes Bildungsbürgertums, dem der Weltkrieg woanders bereits den Todesstoss versetzt hatte. Und heute? Wer sich mit idyllischem Behagen nicht begnügt, kann ein halbes Jahrhundert danach Maria Wasers Werke nur noch gegen den Strich lesen: auf der Suche nach dem, was sie an gelebtem Leben verdrängen mussten. Dann jedoch verwandelt sich einem die noble, aber altmütterische Dichterin unversehens in eine tieftragische Gestalt!

Sinnbild des Lebens, ihr letztes Buch, zeigt, wie wohlbehütet sie im gebildeten Doktorhaus von Herzogenbuchsee aufwuchs, bis sie mit siebzehn als einziges Mädchen im Berner Knabengymnasium Einzug hielt. Dann aber, als die erste Liebe drankäme, folgt unvermittelt das Lob der Mütterlichkeit: Als Gattin und Mutter komme die Frau sich zwar abhanden, diese »Gefangennahme« bedeute jedoch »eine Weitung, eine Befreiung, neben der jede andere Freiheit eng erscheint«. Was wird verdrängt? Die Tatsache, dass Rektor Georg Finsler unsterblich in seine einzige Schülerin verliebt war, sie Tag und Nacht überwachte und am Verkehr mit dem gleichaltrigen Freund hinderte. Und all dies mit Wissen der Mutter, die der Tochter durch den Altphilologen, dem sie fast täglich schrieb, die bestmögliche antike Bildung bieten wollte . . .

Dem Idealismus, den die Berner Nausikaa so eingeimpft bekam, waren irdische Liebhaber nicht gewachsen, und schon 1898, als der erste schliesslich kapitulierte, musste Maria erfahren, was jenes »frauliche Entsagen«, das Leitmotiv ihrer Dichtung, wie es vor allem in ihrem berühmtesten Roman, der

Geschichte der Anna Waser, zelebriert ist, tatsächlich bedeutete. 1904, nachdem ihr die Mutter einen leidenschaftlichen Südländer ausgeredet hatte, heiratete die frischgebackene Redaktorin der *Schweiz* in Zürich überstürzt ihren Arbeitgeber, den Altphilologen und Finsler-Freund Otto Waser. Mit ihm erlebte sie nun das Glück der Mutterschaft, mit ihm vertiefte sie sich, während sie gleichzeitig zu einer führenden Kritikerin der zeitgenössischen Schweizer Literatur avancierte, weiter in die antike Kultur. Als sie aber dem Freund von 1898 wieder begegnete, loderte die Glut plötzlich neu auf. *Die Wende* (1928) stellt verschlüsselt dar, wie sie sich auch diesmal zum Verzicht durchrang. Sie wusste, was sie ihrem Ruf schuldete. Dass die Migräne immer heftiger wurde und sie ihr Altsein übermässig betonte, gehörte ja ins Privatleben. Nur einmal noch drang etwas nach aussen: Als sie sich in beispielloser Begeisterung dem Gehirn-Anatomen von Monakow zuwandte, an dessen unerwartetem Tod sie dann beinahe zerbrach. *Begegnung am Abend* (1933) heisst das Resultat dieser letzten heimlichen Liebe. Äusserlich aber spielte sie ihre Rolle tapfer zu Ende. Bereits unheilbar krebskrank, hielt die Zürcher Literaturpreisträgerin Ende 1938 eine lange patriotische Rede. Einen Monat später starb sie mit 60 Jahren an jenem Leiden, dessen seelische Wurzeln wir inzwischen deuten lernten. »Ein Opfer«, lautete ihr Wahlspruch, »hat nur dann einen Wert, wenn man verheimlicht, dass es eines ist.«

Maria Waser
(1878–1939) im Jahre 1928

Albert Minder

Zwölf Stunden täglich arbeiten Vater und Mutter in den giftigen Dämpfen der Burgdorfer Zigarrenfabrik, und wenn sie einmal das Verlangen nach Fleisch ankommt, so reicht es allerhöchstens zu Innereien und Lunge: zu »Gekröse«, wie es den Wohlhabenden als Hundefutter dient! Sonst aber müssen sie froh sein, wenigstens die Miete bezahlen und den Kindern Kartoffeln, altes Brot und Zichorienbrühe vorsetzen zu können. Dass man überhaupt durchhält, ist nicht zuletzt diesen Kindern selbst zu danken, die unentwegt den städtischen Kehricht nach Brauchbarem durchwühlen, im Sommer auf Morchelsuche gehen und im Herbst mit dem *Hinkenden Boten* hausieren. Proletarische Kindheit in einer Schweizer Kleinstadt vor 100 Jahren – kaum jemals fand dieses Phänomen eine derart authentische Darstellung wie im 1925 erschienenen Erzähl- und Versbuch *Der Sohn der Heimatlosen* von Albert Minder.

Wie der Titel schon andeutet, verstand sich Minder nicht nur als kämpferischer Anwalt der Fabrikarbeiter, sondern zugleich auch als literarischer Exponent des fahrenden Volkes, von dem er abstammte. Darum lotet er weit hinter die eigene Kindheit zurück und schildert eindringlich das Schicksal seiner Vorfahren in jener Periode, als sie auf Initiative Jakob Stämpflis von den widerstrebenden Gemeinden zwangsweise eingebürgert werden mussten. 1948 bzw. 1963 publizierte Minder unter dem Titel *Korberchronik* eine Neufassung seines Buches, die der ersten zwar an Fülle und literarischer Qualität weit überlegen ist, aber doch auch manches beschönigt und romantisiert. Insbesondere fehlt nun zur Gänze jener leidenschaftliche proletarische Kampfgeist, wie er in den 115 dilettantischen, aber mit Herzblut geschriebenen Gedichten der Erstausgabe zum Ausdruck kam.

Die literarische korrespondierte allerdings exakt mit Minders biographischer Entwicklung. Als hochbegabter Schüler hatte das Armeleutekind das Burgdorfer Gymnasium besuchen dürfen, musste das Lehrerstudium jedoch aus finanziellen Gründen abbrechen und wanderte in die Welt hinaus, um Maler zu werden. Obwohl sein 1909 entstandenes Riesengemälde *Fabrik-Feierabend* ihn als höchst bemerkenswertes Talent ausweist, brachte er es nur zum Dekorationsmaler und arbeitete, nach Burgdorf zurückgekehrt, 40 Jahre lang für die Traktorenfabrik Aebi in diesem Beruf. Zugleich engagierte er sich voll in der Arbeiterbewegung, war Mitbegründer des sozialistischen Abstinentenbundes sowie einer Jugendorganisation nach Art der »Roten Falken« und brachte es 1926 gar zum Stadtrat. Zuletzt aber zog er sich resigniert von allem zurück und lebte als vielbelächeltes Original in einer mit Büchern überfüllten Baracke am Stadtrand, beschäftigt mit Geschichte und Tradition der Fahrenden, zu deren Identität er immer deutlicher zurückfand. Als er sich, völlig vereinsamt, am 25. Juli 1965 das Leben nahm, wanderten seine 1344 Bücher – eine Spezialbibliothek zum Thema »Kinder der Landstrasse«, wie es sie wohl in dieser Form nie wieder geben wird – unbesehen ins Antiquariat.

Albert Minder
(1879–1965)

Die Abbildung zeigt Albert Minder am 21. Mai 1914 im Photo-Atelier Bechstein in Burgdorf. Notiz des Photographen: »Minder, Maler, hier«.

Adolf Koelsch

Wie die Wiese den Winter übersteht, was die Wespe im Herbst so angriffig macht, warum die Lerche in den Himmel fliegt, was es mit dem Glühwürmchen auf sich hat, dem Seepferdchen, dem Eisvogel oder dem Zaunkönig – Fragen wie diese und unzählige andere mehr beantwortete eine Artikelserie, die unter dem Kürzel »sch« 33 Jahre lang, von 1915 bis 1948, in der *NZZ* erschien und die nicht nur von souveränem naturwissenschaftlichem Wissen, sondern auch von liebevollem Einfühlungsvermögen, tiefer persönlicher Ergriffenheit und von glanzvollen stilistischen Fähigkeiten zeugte.

Der Verfasser war Adolf Koelsch, ein Pfarrerssohn aus dem Badensischen, der mit einundzwanzig den Doktor in Biologie gemacht hatte, 1904 nach Zürich gekommen war und seit 1912 in Rüschlikon lebte. Das Hochplateau beim Nidelbad, wo er sich 1937 ein einsames Haus baute, stand im Zentrum seiner Naturbeobachtungen und erschien auch immer wieder in seinen Gemälden und Aquarellen, die ihn als echte Doppelbegabung auswiesen.

Mit *Der Mann im Mond,* einer zarten, unglücklich endenden Liebesgeschichte zwischen einem »Aussteiger« und einem zauberhaft ätherischen Landkind namens Helgele, debütierte »sch« 1924 auch als Erzähler. Der Roman ist um so bemerkenswerter, als der Biologe Koelsch darin an zentraler Stelle mit Vehemenz seine Abscheu vor den zu jener Zeit erstmals diskutierten Theorien vom »unwerten Leben« bzw. vom Vorrang der »nordischen Rasse« zum Ausdruck brachte – prophetische Beschwörungen, die jenen Kreisen wohl entgangen waren, denen Koelsch, seit Jahrzehnten Schweizer Bürger, während des Zweiten Weltkriegs zuwenig schweizerisch vorkam! Nach *Longin und Dore* (1925) und *Geliebtes Leben* (1935) erlebte der Romancier Koelsch 1938 einen spektakulären Durchbruch mit *Narkose,* der Biographie des Äthernarkose-Erfinders William T. Morton. Als sein eigentliches Vermächtnis aber muss der 536seitige Roman *Es ist sehr weit zum Paradies* von 1944 gelten. Die Schweiz der Vorkriegszeit ist darin in einer Breite und Vielseitigkeit episch gestaltet, die ihresgleichen sucht. Auch ist es Koelsch nirgends wie hier gelungen, sein intensives Naturgefühl erzählerisch fruchtbar zu machen. Das Ergreifendste an dem Buch jedoch ist die im Mittelpunkt stehende, behutsam protokollierte Altersliebe des Architekten Andrea Valär zur nymphenhaften Nele – unverkennbar eine Verwandte von Helgele aus *Der Mann im Mond*. Diese sinnlich-lebendige Beziehung, die im wirklichen Leben ihr verschwiegenes Pendant hatte, verleiht dem Roman eine für ein Spätwerk erstaunliche Frische und Leidenschaftlichkeit.

Adolf Koelsch
(1879–1948) um 1945

Schwer zu sagen, was von Adolf Koelsch, dem unermüdlichen Anwalt von Pflanze und Tier gegen den Zugriff der Zivilisation, ein halbes Jahrhundert später noch zur Lektüre zu empfehlen wäre: dieser unverstaubte monumentale Gesellschafts- und Liebesroman oder die dichterisch brillanten, von der Thematik her unvermindert aktuellen Naturfeuilletons.

Jakob Vetsch

Die Menschen leben in komfortablen, sonnigen Siebenzimmerwohnungen, Essen und Kleidung wird frei Haus geliefert. Im Sommer geht's ans Meer, im Winter in die Berge. Jedermann ist bis vierzig Student, die Tagesarbeitszeit beträgt fünf Stunden, Männer und Frauen sind in allem gleichberechtigt. Die Ehe gilt fünf Jahre, was dann nicht selber hält, darf gelöst werden. Kunst und Bildung sind eigentlicher Lebensinhalt aller. Geld und Besitz sind abgeschafft, der Stress des Existenzkampfs fällt dahin, und wann immer Gelegenheit dazu ist, tummelt sich jung und alt froh und unbeschwert in Luft, Licht und Sonne . . .

So ungefähr sollte es in jenen Sonnenstädten zugehen, die Jakob Vetsch in seinem 1923 publizierten Roman *Die Sonnenstadt* als Idealvorstellung des Jahres 2100 beschrieb und an deren Realisierung er als Oberhaupt seiner speziellen Weltlehre des »Mundismus« sogleich gehen wollte.

Vetsch, Sohn einfacher Eltern aus dem appenzellischen Wald, hatte zwei Doktortitel erworben, war Sekretär des mächtigen Bierbrauerverbands geworden, hatte in eine der reichsten Schweizer Familien hineingeheiratet und stand am Beginn einer steilen Karriere, als er mit 44 Jahren von all seinen Ämtern zurücktrat und sein eher als kämpferisches Pamphlet denn als Roman bedeutsames Buch schrieb. Ein »Aussteiger« im modernen Sinn war dieser schweizerische Nachfahre von Thomas Morus und Campanella jedoch nicht, denn er qualifizierte seine ganze Karriere im nachhinein als vorgeplanten »Marsch durch die Institutionen«. Er hatte auf diese Weise Kenntnisse und Erfahrungen, vor allem aber auch die materiellen Mittel erwerben wollen, um dann als unabhängiger Autor die auf dem Geld basierende Wirtschaftsordnung zur Wurzel allen Übels zu stempeln und ihr eine Art bürgerlichen Kommunismus als ideale Alternative entgegenzuhalten.

Aber *Die Sonnenstadt* wurde 1923 in der Schweiz nicht einmal ernsthaft diskutiert. Das Bürgertum sprach von einem wahnsinnig Gewordenen, die Pfarrer riefen zur Verbrennung des unmoralischen Buches auf. Und die Sozialisten wollten von einem bürgerlichen Mitstreiter im Kampf gegen das Kapital schon gar nichts wissen. Literaturkritiker verketzerten ihn als Plagiator, ein ehemaliger Arbeitgeber machte ihn mit einer Gegenschrift lächerlich, und schliesslich triumphierten die Gegner endgültig, als Vetsch seines in 40 000 Exemplaren gratis verschickten Buches wegen Bankrott machte und sich der psychiatrischen Begutachtung durch Flucht ins benachbarte Liechtenstein entzog.

Jakob Vetsch
(1879–1942)

Als Jakob Vetsch am 22. November 1942 starb, wusste kaum noch jemand, dass dieser seltsame Mann einmal als einziger Schweizer seiner Generation den Mut gehabt hatte, den nach dem Desaster des Ersten Weltkriegs dringend gebotenen gesellschaftlichen Neubeginn in einem utopischen Weltentwurf Gestalt werden zu lassen.

Die Sonnenstadt ist, kommentiert von Charles Linsmayer, seit 1982 in der Ex Libris-Edition »Frühling der Gegenwart« greifbar.
Die Abbildung zeigt Jakob Vetsch im Jahre 1923, als *Die Sonnenstadt* erschien.

Augusta Weldler-Steinberg

Nicht nur für die Emanzipation der Frau, auch für die Gleichstellung der Juden wurde 1896 eine wichtige Hürde genommen, als mit der siebzehnjährigen Augusta Steinberg in Luzern erstmals eine jüdische Schweizerin das Primarlehrerpatent erwarb. Augusta Steinberg war mit ihren Eltern aus Galizien nach Luzern gekommen, gehörte also wie ihr späterer Mann, Norbert Weldler, zu einem Personenkreis, dem die alteingesessenen Schweizer Juden mit Skepsis gegenüberstanden. Wenn sie in der Schweiz wirklich Fuss fassen wollte, so musste Augusta Weldler-Steinberg – und das Bedeutendste, was sie leistete, zielt in diese Richtung! – das Wohlwollen der schweizerischen Juden zu erringen suchen. Schon ihre Dissertation, mit der sie 1902 in Bern summa cum laude doktorierte, war der mittelalterlichen Geschichte der Schweizer Juden gewidmet, und jenes Werk, das sie kurz vor ihrem Tode im Manuskript noch abschliessen konnte, war die erste umfassende Geschichte der Schweizer Juden bis zur Emanzipation von 1866.

Hervorragendes leistete Augusta Weldler-Steinberg aber auch mit der Edition der Werke und Briefe Theodor Körners, Hoffmann von Fallerslebens und insbesondere Rahel Varnhagens, deren Briefe sie 1913 erstmals unverfälscht vorlegte. Nicht weniger engagiert widmete sie sich als Journalistin und Agitatorin der Sache der jüdischen Selbstfindung. Die Begegnung mit Theodor Herzl, aber auch das profunde Wissen um die jüdische Leidensgeschichte hatten die Historikerin nämlich früh zu einer überzeugten Verfechterin der zionistischen Idee eines eigenen jüdischen Nationalstaats werden lassen – eine Begeisterung, die sie wie selbstverständlich mit ihrem schweizerischen Patriotismus zu vereinen wusste.

Als die Mutter zweier Töchter 1932 mit 53 Jahren in Zürich starb und sich bald einmal auf drastische Weise zeigte, wie bitter nötig ein unabhängiger jüdischer Staat gewesen wäre, da schien auch ihre gewichtigste Leistung, die Geschichte der Schweizer Juden, dem Untergang geweiht zu sein. Es war nicht nur das Misstrauen, das die ostjüdische Herkunft der Verfasserin noch immer erregte; der Veröffentlichung stand auch die Sorge im Wege, eine Darstellung der jahrhundertelangen Unterdrükkung der jüdischen Minderheit könnte in dunkler Zeit von den Schweizer Mitbürgern als Provokation empfunden werden. So blieb das Werk, obwohl sich Norbert Weldler, als Redaktor des *Bücherblatts* einer der wichtigsten Literaturvermittler seiner Zeit, immer wieder dafür einsetzte, 35 Jahre lang ungedruckt. Dann aber, 1966 bzw. 1970, stellte sich die bekannte Jiddisch-Forscherin Florence Guggenheim-Grünberg (1898–1989) uneigennützig in den Dienst ihrer Vorgängerin und gab *Die Geschichte der Juden in der Schweiz bis zur Emanzipation* in zwei mustergültig bearbeiteten Bänden heraus. Wer immer die Schweizer Geschichte ungeschminkt kennenlernen will, tut gut daran, anhand dieser erschütternden Darstellung auch das Schicksal der jüdischen Minorität zu studieren!

Augusta Weldler-Steinberg (1879–1932) um 1930

Jonas Fränkel

Als Will Vesper, Hitlers ergebenster Literat, im September 1936 in der *Neuen Literatur* forderte, die wissenschaftliche Gottfried-Keller-Ausgabe müsse »den störrischen Händen des jüdischen Herausgebers entwunden werden«, da rannte er in der Schweiz quasi offene Türen ein. Er war unter helvetischen Fachgenossen von Anfang an verhasst gewesen, der aus Krakau stammende, seit 1909 als Privatdozent in Bern lebende Jonas Fränkel, hatte er doch die Autorisation der Zürcher Regierung nur erhalten, weil die Editionen von Ermatinger, Maync und Nussberger wissenschaftlich indiskutabel waren. Zugang zum Keller-Nachlass bekam er aber auch dann erst, als er sich verpflichtete, Ermatingers Edition der Keller-Briefe nicht zu kritisieren! Fränkel arbeitete, durch dauernde Rechtsstreitigkeiten zermürbt, langsamer als seine Vorgänger – 1939 lagen von insgesamt 24 erst 17 Bände fertig vor –, aber er war sachlich derart unanfechtbar, dass man ihm nur mit persönlichen Angriffen beikommen konnte. 1912 bereits war er im Basler *Samstag* als »Literaturjude« und »hergewehter Asiate« beschimpft worden, von dem man sich die grossen Schweizer Dichter nicht vermitteln lassen wolle. Als dann 1933 draussen im Reich der Antisemitismus hoffähig wurde, stellte man sich nicht etwa schützend vor den unflätig Beschimpften, sondern vollzog auf kaltem Wege, was der Führer befahl. Martin Bodmers *Corona* z. B. legte 1938 dem Heft mit dem Briefwechsel Keller-Vieweg einen Zettel bei, auf dem sie sich vom Herausgeber Fränkel distanzierte. Im Zürcher Kantonsrat fiel Regierungsrat Hafner am 24. 11. 1941 über Fränkels mutiges Buch *Gottfried Kellers politische Sendung* her und zitierte das ominöse Wort von der »hebräischen Bosheit«. Professor Max Nussberger aber, der unterlegene Konkurrent von 1921, durfte am 9. 5. 1942 im Zürcher *Volksrecht* ungestraft schreiben, mit seiner Edition arbeite Fränkel »seit 20 Jahren daran, die

Werke Kellers ins Hebräische zu übersetzen«!

So kam denn alles, wie es kommen musste. Die Zürcher Regierung zwang Fränkel zum Verzicht auf die Herausgeberschaft und setzte 1942 den im Reich unverdächtigen Carl Helbling zu seinem Nachfolger ein. Und nicht viel anders erging es Fränkel mit der Spitteler-Werkausgabe, welche ihm der Dichter noch selbst übertragen hatte. Nach jahrelangen Intrigen betraute Bundesrat Etter 1944 nicht Fränkel, sondern dessen Gegenspieler Altwegg, Faesi und Bohnenblust mit der »ehrenvollen nationalen Aufgabe«.

Jonas Fränkel
(1879–1965) im Jahre 1959

1927, es ging um die Benützung des Keller-Archivs durch Fränkel, befürwortete SSV-Präsident Moeschlin Karl Naef gegenüber die völlige Freigabe: »Sonst behält der Kerl schliesslich noch das moralische Recht auf seiner Seite.« – Eine Befürchtung, die sich voll bewahrheitet und der Schweizer Germanistik der ersten Jahrhunderthälfte eine schwere, noch immer nicht abbezahlte Hypothek hinterlassen hat.

Konrad Falke

Der *Name Mensch in Gefahr* war jener *NZZ*-Artikel überschrieben, der im November 1933 in zahlreichen Abschriften unter den Berlinern zirkulierte und der aus schweizerischer Perspektive und in grossartig klarer Formulierung all das zum Ausdruck brachte, was angesichts des allmählich sichtbar werdenden Nazi-Terrors im Namen von Menschlichkeit und Gerechtigkeit zu sagen war. An die schweizerischen Landsleute gewandt, gipfelte der Text in den Worten: »Heute dir, morgen mir! Ein Volk, das gegen ein Verbrechen an der Menschenwürde nicht mehr seine Stimme erhebt und sich durch Schweigen zum moralisch Mitschuldigen macht, das wird an dem Tage, an dem es für sich selbst einzustehen hat, mit dem Fluche der Feigheit geschlagen sein: der Schwäche.« Autor des Artikels war nicht etwa ein *NZZ*-Redaktor, sondern der Zürcher Privatier, Kunst- und Literaturmäzen, Universitätsdozent und Schriftsteller Konrad Falke, dreiundfünfzig – nicht bloss im materiellen, sondern vor allem im geistigen Sinne einer der freiesten und unabhängigsten Männer seiner Epoche.

Schon 1914 hatte Falke sich, obwohl er wie Spitteler mit seinem eigenen schriftstellerischen Schaffen zutiefst in der idealistischen deutschen Tradition wurzelte, unmissverständlich gegen den deutschen Überfall auf Belgien ausgesprochen, und 1920 riet er nur deshalb von einem Eintritt der Schweiz in den Völkerbund ab, weil er den nächsten Krieg mit geradezu unheimlichem Weitblick auf Europa zukommen sah.

Ab 1933 setzte er sich in Artikeln und Reden kompromisslos wie kaum ein anderer Schweizer gegen die braune Gefahr zur Wehr. Ein weiterer Höhepunkt war dabei sein Aufsatz *Hakenkreuzigung der Kunst* im zweiten Heft der seit 1937 von ihm selbst und Thomas Mann herausgegebenen Zeitschrift *Mass und Wert* – eine Abrechnung mit Hitlers Kunstpolitik, die in der Zeit selbst wohl überhaupt die klarste und deutlichste Zurückweisung der anmassenden faschistischen These von der »entarteten Kunst« darstellte. Als der Krieg ausbrach, befand sich Konrad Falke, der Schweizer, wie so viele andere Nazi-Gegner in Amerika. Dort, in Eustis, Florida, ist er am 28. April 1942 mit 62 Jahren an Typhus gestorben.

Konrad Falke (1880–1942) um 1937

Was er an Literarischem hinterliess, ist der grossangelegte, eigene idealistische Sehnsüchte verkörpernde Roman *Der Kinderkreuzzug* von 1924, der faszinierende, unorthodoxe und doch tief christliche Bibel-Roman *Jesus von Nazareth* (posthum 1950 publiziert) sowie fünf voluminöse, auf eigene Kosten erschienene Bände mit nie gespielten klassizistischen Schauspielen. Was keinesfalls in Vergessenheit geraten darf, ist die Erinnerung an einen verantwortungsbewussten Schriftsteller und Denker, dessen Aufsätze und Reden gegen Hitler in Sachen Mut und Zivilcourage eine ganze Reihe berühmterer Zeitgenossen beschämen mussten. Das Andenken an einen wohlhabenden, grossbürgerlichen Schweizer, der bewiesen hat, dass kämpferischer Antifaschismus auch damals nicht unbedingt nur eine Reaktion der unmittelbar Betroffenen oder eine Tugend der Linken zu sein brauchte.

Ina Jens

1926 konnte die damals vielgelesene *Stab*-Reihe des Basler Reinhardt-Verlags mit einem Erstlingsbuch aufwarten, das sogleich der Jugendliteratur zugerechnet wurde, obwohl es erst dem erwachsenen, für Nostalgie empfänglichen Leser seinen ganzen Zauber enthüllt. Unter dem schlichten Titel *Maja* ist da in einprägsamen Bildern und Erlebnissen die Kindheit des gleichnamigen Bündner Mädchens dargestellt, das just in jenen Jahren im weltabgeschiedenen Domleschg heranwächst, als Johanna Spyris *Heidi*-Bücher entstehen. Aber alles, was in jener *Heidi*-Welt an Sentimentalität und romantischer Beschönigung zutage tritt, findet hier sein Gegenstück in einer nüchtern gezeichneten, eher prosaischen Atmosphäre, in einer glaubwürdigen, psychologisch einfühlsamen Figurencharakterisierung und in einem unverkrampften, selbstverständlichen Umgang mit den Bildern und Motiven der volkstümlichen alpinen Erzählung.

Kein Zweifel: diese Geschichten müssen – ganz im Gegensatz zu denjenigen Johanna Spyris! – auf eigenen Erlebnissen beruhen. Und tatsächlich versteckte sich hinter dem Pseudonym Ina Jens, das auf dem Umschlag prangte, eine damals sechsundvierzigjährige Heimweh-Bündnerin aus dem Domleschg. Sie hiess ursprünglich Claudia Cadisch, verbrachte ihre Jugend in Thusis und lebte nun seit 20 Jahren unter ihrem ehelichen Namen Claudia Werkmeister als Lehrerin in Chile. Sie hatte eine gescheiterte Ehe und manch andere schwere Erfahrung bewältigen müssen, bevor sie als Leiterin der deutschen Schule von Viña del Mar bei Valparaíso damit begann, ihre Erinnerungen an die Kinderheimat in originelle, anschauliche Erzählungen umzusetzen. Bereits der Erstling wurde zum vielbeachteten Erfolg, und schon zwei Jahre später setzte Ina Jens die Darstellung von Majas Kindheit mit dem künstlerisch ebenbürtigen Band *Rosmarin* fort. Dann, zwischen 1935 und 1941, ging sie dazu über, in Erzählbänden wie *Mirasol, Manuelitos Glücksfall* oder *Unter chilenischem Himmel* Stoffe aus ihrer Wahlheimat zu bearbeiten und den kleinen europäischen Lesern nahezubringen. Obwohl ihr auch da ab und zu noch ein Glanzstück gelang, erreichten diese chilenischen Erzählungen insgesamt aber die Dichte und Glaubwürdigkeit ihrer Domleschger Erinnerungen nicht wieder.

Ina Jens (1880–1945)
um 1927 in Valparaíso

Ina Jens starb, durch den Tod des einzigen Sohnes innerlich gebrochen, am 17. Januar 1945 mit 65 Jahren völlig vereinsamt in Valparaíso, ohne ihre Heimat je wiedergesehen zu haben.

Zumindest mit ihren allzulange als Kinderliteratur verkannten Erzählzyklen *Maja* und *Rosmarin* gehört die Bündnerin ohne Zweifel in die erste Reihe der Schweizer Schriftstellerinnen des zwanzigsten Jahrhunderts. Dass wir überhaupt etwas über ihr persönliches Schicksal wissen, ist Max Ruh, einem Schaffhauser Lehrer, zu danken, der in Lateinamerika den Spuren der längst verschollen geglaubten Auslandschweizerin mit Erfolg nachgegangen ist.

Maja und *Rosmarin* waren zuletzt, in einem Band vereint, beim Verlag Roth AG, Thusis, greifbar.

Robert Musil

Die Verlorenheit, Vereinsamung und Orientierungslosigkeit des modernen Menschen hat ihre bisher wohl tiefgründigste literarische Gestaltung in Robert Musils *Mann ohne Eigenschaften* gefunden. Am Beispiel der zum Untergang bestimmten Donau-Monarchie führt der Roman dem Leser einen »besonders deutlichen Fall der modernen Welt« vor Augen und unterstreicht deren Zerrissenheit und Bodenlosigkeit implizit durch die fragmentarische, ins Uferlose auswuchernde Form, in welcher der Autor sein Werk hinterlassen hat.

Zwei Bände waren bereits erschienen, ein dritter in Vorbereitung, als Hitlers Einmarsch in Österreich Musil zur Emigration zwang und der Dichter auf dem Weg nach Amerika in der Schweiz hängenblieb, einem Land also, wo nach seinen Worten »immerhin etwas Deutschähnliches gesprochen wird«. In Zürich und später in Genf fand Musil zwar tatsächlich eine relativ ruhige Unterkunft, Freunde wie Robert Lejeune hielten ihn finanziell über Wasser, und die Fremdenpolizei fand sich widerwillig bereit, die Eheleute Musil als Emigranten zu dulden. Das Klima des Verständnisses und der Anerkennung aber, das der sensible, schwierige Mann brauchte, um arbeiten zu können, das suchte er in der Schweiz vergeblich. Während mediokre helvetische Heimatdichter im Zeichen der geistigen Landesverteidigung zu Genies emporstilisiert wurden, blieb Musil, der zurückgezogen um sein monumentales Romanwerk rang und bei den seltenen öffentlichen Auftritten dem erwarteten Klischeebild des charmanten, leutseligen Wieners nicht zu entsprechen vermochte, vom schweizerischen Kulturleben praktisch ausgeschlossen. Voller Verbitterung beschrieb er im posthum publizierten Tagebuch seine Gastgeber so, wie sie ihm entgegentraten: »Die Schweizer haben keinen Respekt vor dem Fremden (lies *das* Fremde)! Darum auch ihr Misstrauen gegen den Fremden, ausgenommen, er imponiert durch Reichtum; jeder andere Fremde ist ein Zigeuner.« Der schweizerischen Literaturkritik aber schrieb er ins Stammbuch: »Man ist solide im Urteil und hält den Toten die Treue, ob sie nun Keller, Meyer, Rilke oder Hofmannsthal heissen; auch ich fühle mich einigermassen sicher, dass man einst meinen Schweizer Aufenthalt wohlgefällig buchen wird, aber erst auf seinen Tod warten zu müssen, um leben zu dürfen, ist doch ein rechtes ontologisches Kunststück!«

Robert Musil (1880–1942) um 1941 in Genf

Die Schweiz ist Robert Musil in schwerer Zeit nicht zur Heimat geworden, sie hat von seinem hohen dichterischen Rang nichts wissen wollen und ist seiner äusseren und inneren Vereinsamung mit nichts entgegengetreten. Musils einsamer Tod in einer Mansarde der Genfer Nurse-Schule Pouponnière, wohin man ihn im Gefolge eines Hirnschlags gebracht hatte, bedeutete nichts anderes als die tragische letzte Konsequenz seiner Flucht in ein unwirtliches Land. Die Krankenschwester Lies Sandoz-Buergi, die Musil in der Morgenfrühe des 15. April 1942 nach einem einsamen Todeskampf leblos in jener Dachkammer vorfand, erinnerte sich noch 35 Jahre später an seine »weit aufgerissenen gebrochenen Augen«, in denen sich »alle Angst der letzten Lebensjahre, alle Fluchtversuche, alle Auflehnung, Verzweiflung und Resignation« gespiegelt habe.

Musils Werke, Tagebücher und Briefe sind bei Rowohlt, Hamburg, greifbar.

Hermann Kesser

Er sei »ein Ausländer auf der Welt gewesen«, heisst es irgendwo über Felix Engelbrecht, die heimliche Hauptfigur von Hermann Kessers meisterlicher Monolog-Novelle *Schwester* (1926). Eine Kennzeichnung, die Kesser auch von sich selbst gesagt haben könnte. 1880 in München geboren, lebte er seit 1903 dauernd in der Schweiz und übte als Journalist eine bedeutsame geistige Vermittlertätigkeit zwischen dem Reich und unserem Land aus. Seinen Schweizer Wohnsitz behielt er aber auch bei, als Kesser ab 1912 in Deutschland spektakuläre Erfolge als Erzähler und Dramatiker einzuheimsen begann. Bereits der literarische Erstling *Lukas Langkofler,* eine historische Erzählung, die den Blutrausch der Pariser Bartholomäusnacht mit eindringlicher Sprachkraft nachzeichnet, wurde 1912 zur Sensation.

Im Roman *Die Stunde des Martin Jochner* hinterfragte er 1916 als einer der ersten die fatale Kriegsbegeisterung von 1914, während das Prosastück *Die Peitsche* 1917 in historischem Gewand, aber mit modernsten expressionistischen Mitteln den Sturz der deutschen Monarchie vorausnahm. Auch in der hektischen ersten Nachkriegszeit betrieb Kesser, obwohl er stets an vorderster Front stand, wenn es galt, neue Stilmittel auszuprobieren, mit Werken wie dem Radio-Monolog *Strassenmann,* den Dramen *Rotation, Die Brüder* und anderen mehr seine Schriftstellerei nie als Selbstzweck, sondern stets als expressiv-kämpferisches Mittel, »das Gesicht der Zeit mitzubestimmen«.

»Linke Tendenz« nannte man das in gebildeten bürgerlichen Kreisen damals abschätzig, und als Vertreter dieser Richtung stiess Kesser, nachdem er sich 1933 wie so viele andere definitiv auf die Schweiz hatte eingrenzen müssen, in seiner Wahlheimat auf wenig Gegenliebe, obwohl er 1934 endlich auch dem Pass nach ihr Bürger werden konnte. Zwar gelang ihm 1938 in Basel, Zürich und Bern mit *Talleyrand und Napoleon* nochmals ein vielbeachteter Theatererfolg. Doch dann setzte er sich, weil seine Mittel zur Neige gingen und er nicht ins Gerangel um die helvetischen Kultursubventionen einsteigen wollte, mit seiner jüdischen Frau zusammen nach Amerika ab, wo er mehr Echo auf seine Arbeiten erhoffte. Aber das Exil brachte ihm nicht neue Schaffenskraft, sondern lähmende Stagnation, und als Kesser 1945 in die Schweiz zurückkehrte, war er als Autor so gut wie vergessen. Schwer krank, bemühte er sich mit Hilfe seiner tapferen Frau um Unterstützung für eine Werkausgabe, die seinen Ruhm neu begründen sollte. Doch er starb am 4. April 1952 in Basel, ohne dass sich die Pläne hatten realisieren lassen. Sein Werk war zuwenig schweizerisch, zu international, zu sozialkritisch, zu modern, um in der damaligen helvetischen Enge Anklang zu finden.

Hermann Kesser (1880–1952) um 1938

So blieb Kesser für unser Land bis zuletzt »ein Ausländer auf der Welt«, und erst von heute aus lässt sich allmählich erkennen, dass diese Bezeichnung angesichts der zu jener Zeit erfolgreichen Schweizer Literaturproduktion so etwas wie einen Ehrentitel bedeutet haben könnte.

Guy de Pourtalès

»Wenn nichts als dies vom Genf des 19. Jahrhunderts übrigbliebe – die Erinnerung daran würde weiterleben.« Wer das Buch, von dem hier die Rede ist, *La Pêche miraculeuse* (1937) von Guy de Pourtalès, mit von Seite zu Seite wachsender Bewunderung gelesen hat, wird es Graf Keyserling geradezu übelnehmen, dass er 1938 in seinem Brief an den Autor bloss von Genf und nicht gleich von ganz Europa gesprochen hat. Natürlich steht Genf im Zentrum des Buches: hier leben die Nadals, die Gallands und die Villars, deren Familienchronik der Roman nach Art der *Forsyte Saga* oder der *Buddenbrooks* aufrollt. Aber durch die Hauptfigur, den Musiker Paul de Villars, tritt das Erzählte nicht nur geographisch und historisch, sondern vor allem auch geistig und kulturell zu ganz Europa in lebendige Beziehung. Wie sein Verfasser studiert Paul in Deutschland und begeistert sich für deutsche Literatur und Musik. Anschliessend jedoch macht er in Paris mit der französischen Kultur eine ähnliche, aber ungleich stärkere Erfahrung, ja er stellt sich, weil Neutralität ihm nicht genügt und das bedrohte Frankreich ihm als eigentliche geistige Heimat erscheint, 1914 in den Dienst der französischen Waffen. Die Beschreibung des Krieges, den Pourtalès wie sein Protagonist als Freiwilliger miterlebte, gehört mit zu den eindrücklichsten Passagen des Buches und bildet eine wohltuende humane Gegenposition zu Macho-»Stahlgewittern« à la Ernst Jünger und Sensationshascherei im Stile Erich Maria Remarques.

De Pourtalès, der Berlioz, Liszt, Chopin, Wagner, Nietzsche und Ludwig II. von Bayern vielbeachtete Bücher widmete, hat dem Komponisten Paul de Villars auch tiefschürfende Einsichten über das »Romantische Europa« mitgegeben, so dass sich der Roman streckenweise wie ein verdichtetes Kernstück seiner grossen biographischen Serie dieses Titels ausnimmt. Das Buch beschreibt und kommentiert die Musik aber nicht bloss, es ist auch selbst nach musikalischen Gesetzen aufgebaut. Am schönsten zeigt sich dies an jenem »Du sollst Menschenfischer sein«, das bereits im Titel anklingt, den ganzen Roman hindurch als Leitmotiv präsent bleibt und den genferischen wie den religiösen Gehalt des Ganzen anzeigt. Konkret bezieht sich das Motiv auf ein Gemälde des Schwaben Konrad Witz, das seit 1444 in der Genfer Kathedrale hängt und das biblische Gleichnis vom wunderbaren Fischzug in die Seebucht vor die Stadt Genf verlegt.

Guy de Pourtalès (1881–1941) um 1938

Von diesem See nimmt der Roman seinen Ausgang, an diesen See kehrt Paul de Villars am Ende zurück, nachdem er ihn in seiner *Symphonie lacustre* musikalisch dargestellt hat. Und an den Ufern dieses Sees findet nicht zuletzt auch jene Liebesgeschichte ihr vorläufiges Happy-End, die dem Romanfresko bei all seiner intellektuellen Brillanz stets auch einen persönlich-intimen Charakter und das Mitgefühl des Lesers sichert: die Liebe zwischen Paul und seiner Cousine Antoinette, die sich nach vielen Irrwegen finden, obwohl die Verwandtschaft sie von Anfang an füreinander bestimmt hatte.

La Pêche miraculeuse ist bei Gallimard, Paris, greifbar.

Anna Siemsen

»Eine der drei klügsten Frauen Europas« hat Kurt Tucholsky sie genannt, und die Bücher, die Anna Siemsen hinterlassen hat, zeugen allesamt für die Richtigkeit dieses verpflichtenden Urteils. In den *Literarischen Streifzügen* von 1925 z. B. reisst sie die Grenzen der Nationalliteraturen beherzt nieder und legt aus undogmatischer sozialistischer Sicht eine europäische Literaturgeschichte frei, die erfrischend anders aussieht als alles, was an Universitäten so doziert wird. *Daheim in Europa* heisst vielsagend ein Buch von 1928: ein Reiseführer, der Arbeitersiedlungen, Slums und Gefängnisse nicht ausspart und den man noch heute all den fixen Ferientraumverkäufern in die Hand drücken müsste! Als in Spanien der Bürgerkrieg tobte, bereiste sie gerade dieses Land und publizierte dann 1937 ein *Spanisches Bilderbuch,* das sich als erschütternde Anklage gegen Franco und seine Helfershelfer entpuppt. Obwohl sie die helvetische Demokratie als Modell für Deutschland ansah, entwarf Anna Siemsen 1947 in ihren *Briefen aus der Schweiz* auch von unserem Land und seiner Geschichte ein ganz und gar ungeschminktes Bild, das vieles von dem vorwegnahm, was die Historiker inzwischen mühsam »aufarbeiten« mussten.

1914 schon, als Luthers Pastoren den Krieg bejubelten, war die Düsseldorfer Studienrätin und Pfarrerstochter zu den Sozialisten übergelaufen. Später sass sie im Reichstag der Weimarer Republik und amtete als Dozentin für Pädagogik an der Jenaer Universität. Als sie 1933 in die Schweiz flüchtete, wäre die einstige Kampfgefährtin Rosa Luxemburgs wohl wie ihr Bruder August Siemsen, der Verfasser von *Preussen, die Gefahr Europas,* wieder zum Lande hinausgedrängt worden, hätte der Arbeiter-Sekretär Walter Vollenweider sich nicht zu einer »politischen Ehe« bereit gefunden. So aber konnte Anna Vollenweider-Siemsen bis Ende 1946, als sie ins zerstörte Hamburg zurückkehrte und ihre letzten Jahre ein zweites Mal dem Wiederaufbau des deutschen Schulsystems opferte, ungeschoren in der Schweiz bleiben und als Redaktorin von *Die Frau in Leben und Arbeit* ihr politisches und menschliches Engagement fortführen. Eine Professur wurde ihr in der Schweiz natürlich nicht angeboten, und als sie 1946 für ihre geplante, später fertiggestellte, aber nie gedruckte *Geschichte der deutschen Literatur in Europa* Unterstützung beantragte, wies das Eidgenössische Departement des Innern dies mit der Begründung zurück, es liege »keine völlige Mittel- und Beschäftigungslosigkeit des Gesuchstellers« vor...

Anna Siemsen (1882–1951) um 1940 in Zürich

Dennoch hat Anna Siemsen 1943 in der Schweiz jenes epochemachende Buch publizieren können, das die Literaturgeschichte ohne jegliche Einengung um eine den Frauen gewidmete Sparte bereicherte: *Der Weg ins Freie*. Von den Nonnen des Mittelalters bis hin zu George Sand, Johanna Spyri und Katherine Mansfield ist darin auf sehr persönliche Weise die Geschichte schreibender Frauen dargestellt. Nicht, um die Frau in Gegensatz zum Manne zu stellen, sondern aus folgendem, für Anna Siemsens Leben und Denken charakteristischem Grund: »Weil wir Frauen die Schwächeren sind, so zeigt sich an ihrem Schicksal besonders deutlich Unrecht und Gewalttätigkeit einer Zeit.«

Paul Haller

1916, als das Berner Heimatschutztheater mit *Knörri und Wunderli* im ganzen Land Triumphe feierte, meldete auch der Aargauer Dialekt schüchtern seine Bühnenreife an. Aus Schiers, wo der frühere Pfarrer Paul Haller als Deutschlehrer wirkte, bekam das »Schweizerland« einen Dreiakter in Aargauer Mundart zugestellt: *Marie und Robert*. Der Verfasser war Eingeweihten bereits 1911 mit seinem *Juramareili* aufgefallen, und so druckte die Zeitschrift das Drama sofort vollständig ab.

Was da zu lesen stand und was in den folgenden Jahren dann mühsam genug von der einen und andern Bühne gespielt wurde, war allerdings alles andere als Heimatschutztheater: Streik steht vor der Tür, soziale Unrast macht sich Luft, als Theophil Leder den Fabrikler Robert Schödler und seine betagte Mutter aus deren Haus vertreiben will, indem er ihnen das Darlehen kündigt. Marie Leder, die zwölf Jahre zuvor den reichen Wirt dem armen Jugendfreund vorzog, liebt Robert noch immer und steckt ihm die benötigte Summe heimlich zu. Theophil entdeckt dies, und es kommt zur Auseinandersetzung, in deren Verlauf Robert ihn auf die Pflugschar niederschlägt. Marie, vor Liebe blind, rettet den Mörder durch ihren Meineid. Aber sie können nicht mehr zusammenfinden. Als Marie ihm gar die Vaterstelle an ihren Kindern anträgt, gipfelt das wuchtige Drama in Roberts Ausruf: »Aber nid so äine. De Vatter z todschloh und d Chind i d Arm neh? D Auge, di glychen Augen, und di glänzig Pfluegschar drhinder! Zwüschen eus lyt es Wältmeer! Wyter as d Sunn im Himel obe, sim' mir von enand ewägg.«

So unglaublich es anmutet: Hallers Stück ist aus eigenem Erleben heraus entstanden! Unvermittelt war er dem Mädchen, das er liebte, als Frau eines andern wieder begegnet und hatte gedemütigt das Feld räumen müssen. In einsamem Ringen suchte er die Niederlage schreibend zu bewältigen: zunächst auf hochdeutsch mit der Novelle *Frau Gerda,* dann aber im intim-persönlichen Dialekt, jedoch in getarnter Umgebung mit *Marie und Robert.* Hier, in der Literatur, blieb er, wenn auch ohne Happy-End, doch wenigstens Sieger über den Rivalen. Und in der Wirklichkeit? Da warf er sich der Psychoanalyse in die Arme. »Es wird mir immer unerträglicher, ohne Liebe zu sein«, schrieb er kurz nach Vollendung des Dramas an seinen Bruder. Schwer depressiv, suchte er nach seiner Berufung ans Seminar Wettingen Heilung bei C. G. Jung in Zürich. 1919 jedoch konstatierte er, er sei »durch die Analyse so abgebaut«, dass er »die alten Stützen« nicht mehr habe, die neuen aber »noch nicht richtig brauchen« könne. Hans Morgenthaler, psychisch in ganz ähnlicher Verfassung, sollte 1927 schreiben: »Wenn ich die Analyse weiter betreibe, bricht mein letztes bisschen Glauben zusammen ... und ich werde rasch zugrunde gehen.« Paul Hallers letztes bisschen Glauben brach am 10. März 1920 zusammen. Dem Abschiedsbrief fügte der Achtunddreissigjährige, ehe er sich in seiner Zürcher Absteige erschoss, das vielsagende PS bei: »Ich glaube aber heute so fest an die Jungsche Analyse wie vorher. Daran kann mein Unglück nichts ändern ...«

Paul Haller
(1882–1920) um 1913

Hallers Werke sind gesammelt bei Sauerländer, Aarau, greifbar.

Heinrich Herm

Ein merkwürdiges Buch, das da 1926 im Berliner Grote-Verlag als Publikation eines pseudonymen Schweizer Verfassers herauskam: *Dome im Feuer. Werdegang eines Europäers*. Beschrieben werden die Erlebnisse eines künstlerisch begabten französischen Reedersohnes, der früh mit Deutschland in Berührung kommt, sich zu einem begeisterten Anhänger deutscher Sprache, Literatur und Musik entwickelt und konsterniert zusehen muss, wie im Ersten Weltkrieg die alten Dome, Sinnbild der gemeinsamen christlich-europäischen Kultur, dem gegenseitigen Hass zum Opfer fallen. Um Frankreich zu retten und Deutschland von der Hybris der Junker abzubringen, kämpft er, obwohl mit einer Deutschen verheiratet, in französischen Schützengräben. Mit seinen Schiffen will er dann nach Kriegsende dazu beitragen, dass die Völker Europas sich endlich friedlich verständigen lernen.

Das Buch ist nicht frei von Pathos und wirkt stellenweise wie eine etwas missglückte deutsche Übersetzung eines bemerkenswerten französischen Romans. Der Verfassername Heinrich Herm tönt aber nicht französisch, und die Bücher, die der geheimnisvolle Schweizer in den folgenden Jahren publiziert, vermögen, wenngleich ihre Qualität unterschiedlich bleibt, den Eindruck sprachlichen Ungenügens nach und nach zu verwischen. Höchst eindrucksvoll durch ihre gekonnte, packende Darstellung des Meeres und der Seefahrt sind die beiden folgenden Bände, *Dämon Meer* (1927) und *Moira* (1932). Nach 1933 erscheinen Herms Romane – Völkerverständigung war ja nun in Deutschland kein Thema mehr! – in der Schweiz: die etwas zu phantastische *Begegnung im Urwald* von 1934, die ansprechende, episch breite Schilderung der Französischen Revolution aus katholischer Sicht in *Die Trikolore* von 1937, der psychologische Krimi *Die Mitgift* von 1941. Dann, in *Die Dämonen des Djemaa el Fnaa* (1943) und *Kapitän Hagedorns Fahrt ins Licht* (1944), dominieren nochmals das Abenteuer der Weltmeere und die Faszination fremder Länder und Kulturen.

Heinrich Herm
(1882–1948) um 1935

Wer war dieser Heinrich Herm, der da in einer Zeit der geistigen Abkapselung Weltweite und Meeresluft in die Schweizer Literatur hineinbrachte? Es handelte sich um Henri Legras, einen gebürtigen Normannen aus Rouen, der sich wie der Held seines ersten Romans für die deutsche Kultur erwärmte und den Ehrgeiz hatte, auf deutsch seine Leser zu finden. Seit 1912 war er Rechts-Professor im schweizerischen Freiburg, wurde Bürger von Portalban (FR) und heiratete 1914 die deutsche Staatsbürgerin Gertrud Schlesinger, der er dann auch seinen Erstling widmete. Eigentlich hätte Herm Seemann werden wollen, musste aber einer Behinderung wegen darauf verzichten und gestaltete seinen Traum daher immer wieder neu in seinen Büchern. Als Henri Legras-Herm 1948 mit 66 Jahren starb, war er als Autor bereits so gut wie vergessen, ja er hatte für sein letztes Buch, *Als die Normandie noch ein Museum war,* nicht einmal mehr einen Verlag gefunden, obwohl er selbst es für sein eigentliches literarisches Vermächtnis an seine Leser hielt.

Paul Schoeck

Am 13. August 1913 ging Wilhelm Tell dem Naturalismus ins Netz. Gerhart Hauptmann inszenierte ihn am Berliner Künstlertheater auf schweizerdeutsch! Und zwar so, dass Schillers Verse »nach Schweizerart« ausgesprochen und zu Prosa geglättet wurden, während Szenen wie Tells Monolog in der Hohlen Gasse gänzlich wegfielen. Der naturalistische Tell sprach nicht nur kein Hochdeutsch, er redete auch nicht in Versen, und schon gar nicht in lauten Selbstgesprächen!

Acht Jahre später – der Naturalismus war längst überwunden – fand Hauptmanns merkwürdige Idee eine späte Rechtfertigung. Am 6. September 1920 wurde am Zürcher Stadttheater eine schweizerdeutsche Bühnenfassung des Tell-Stoffes uraufgeführt, die einen unverfälschten Dialekt, nämlich den schwyzerischen, benützt und sich als eigenständige Leistung so gut als möglich von Schillers Pathos emanzipiert.

Zwar ist an der bekannten Geschichte wenig geändert, aber alle drei Akte spielen in der gleichen Wirtsstube in Brunnen, wo nach und nach die Kunde von den Ereignissen in Altdorf und Küssnacht eintrifft und wo – als etwas verfrühter Höhepunkt des Stücks – eine dramatische Begegnung Tells mit Gessler stattfindet. Tell ist dabei weder eine heroische Figur noch ein Exponent des Volksaufstands. Er ist trotz leichter Mythisierung ein einfacher Jäger, der mit dem Vogt in Streit geraten ist. »Landamme, hie hed's gheisse: är oder ich; öppis anders häd's da nid z'erwäge gä«, erklärt er Stauffacher, als dieser seiner Tat politische Motive unterschiebt. Obwohl ganz auf die enge Wirtschaft konzentriert, wird das Stück doch auch von der Landschaft sehr stark geprägt und bestimmt. Der Föhn, der See, die Berge, ja die Jahreszeiten sind Bundesgenossen dieser Menschen, die sich der fremden Herrschaft zu erwehren suchen.

Engstirnig national ist dieser schwyzerische *Tell* jedenfalls nicht. Sein Verfasser, der Architekt Paul Schoeck, ein Bruder des Komponisten, war durch die Greuel des Ersten Weltkriegs zu seinem Stück angeregt worden, und postulieren wollte er damit letztlich nichts anderes als das primitive Lebens- und Freiheitsrecht einfacher Menschen in ihrer angestammten natürlichen Umgebung. Dass man das Schauspiel 1939 zum nationalen Widerstandsstück umstilisierte und ein Otto von Greyerz davon sprechen konnte, hier sei »das Schweizertum an seiner Wurzel gepackt« – das alles geht am Wesen dieses kargen Volksschauspiels vorbei. Schillers *Tell* für die Schweiz durch ein eigenes »Nationaldrama« ersetzen zu wollen – nichts lag Paul Schoeck, der um die Möglichkeiten und Schwächen seines einzigen Stücks wusste, so fern wie dies! Und doch: sein *Tell* in Schwyzer Mundart zählt zusammen mit Paul Hallers *Marie und Robert* und Alfred Fankhausers *Chrützwäg* zweifellos zu den überragenden Leistungen des Schweizer Dialekttheaters. Der Urner Maler und Schriftsteller Heinrich Danioth hat übrigens auch die Frage nach der »gültigsten« Tell-Dichtung ein für allemal entschieden: »Schiller dominiert die Schule, Schoeck das Herz.«

Paul Schoeck
(1882–1952)

Jakob Bührer

Kleine Skizzen von kleinen Leuten nannte sich bescheiden das Buch, mit dem der Francke-Verlag im Herbst 1910 einen neuen Autor vorstellte: Jakob Bührer, achtundzwanzig, Redaktor am *Berner Intelligenzblatt.* »Etwas Satire, etwas Ironie, vor allem aber poetisch verklärte Schwermut«, konstatierte Maria Waser an Bührers »feinen kleinen Charakterstudien, die zumeist das Thema von der Tragik der Deplazierten im Leben behandeln«.

Dass da mitten in der Hochblüte der Schweizer Heimat-, Berg- und Bauernliteratur auf einmal ein Buch auftauchte, das die ganz und gar nicht idyllische Welt der proletarischen Schaffhauser Webergasse zum Milieu hatte, ein Buch, das auf Baustellen und Grütlianerversammlungen spielte, das ein Dienstmädchen, eine Kellnerin und sogar einen sozial motivierten Brandstifter literaturfähig machte – das bedeutete nicht einfach, dass da ein Literat sich einem neuen originellen Sujet naturalistischer Art zugewandt hatte. Nein, hier trat ein Autor auf den Plan, der aus innerer Erschütterung und persönlichen Erlebnissen heraus ohne Schönfärberei und Verklärung das Leid und die Not von Unterprivilegierten literarisch publik machen wollte.

Bührers Erstling ist kein Meisterwerk, aber es ist darin bereits vieles von dem enthalten, was sein Schaffen als Erzähler, Lyriker und Dramatiker ein langes Leben lang – er starb mit 93 Jahren – auszeichnen sollte. Da sind einmal, auffällig genug, die tüchtigen emanzipierten Frauengestalten, die alle etwas von Bührers Mutter mitbekommen haben – jener Frau, die ihrem Buben mit Waschen und Putzen als einzigem »Webergässler« den Besuch der Realschule ermöglichte. Daneben finden sich die unverbesserlichsten Spiesser, aber auch schon die nach Versöhnung der Klassen strebenden jungen Menschen; ja es tauchen bereits all die bohrenden Fragen nach Ursache und Lösung von sozialen Problemen auf, und nicht zuletzt tritt, als »weisse Stadt« z. B., bereits jene soziale Utopie in Erscheinung, um die Bührer zeitlebens ringen sollte: von *Brich auf!* und *Kilian* (1921/22) bis zum mutigen *Sturm über Stifflis* von 1934, ja bis zur grossen Trilogie *Im roten Feld* von 1938 bis 1951.

Jakob Bührer
(1882–1975) im Jahre 1932

Aber schon von Bührers Erstling gilt, was für sein Werk insgesamt Gültigkeit bekommen sollte: dass es sich nicht unter *einen* Nenner bringen lässt! Bührer ist weder Philosoph mit Lehrgebäude noch Dichter mit unanfechtbarem Formgefühl. Seine Grösse ist das Engagement, der Einsatz für das, was er für human und sozial hält. Mit ästhetischen Kategorien liess und lässt er sich leicht »fertigmachen«, mit menschlichen nicht! So sind seine Werke Zeitdokumente, die aktuell geblieben sind, und nicht zeitlose Kunstwerke für Ästheten. Für die heutigen Schriftsteller aber liegt Bührers Bedeutung in dem, was Hansjörg Schneider ihm 1972 zurief: »Ich lernte bei Ihnen, dass es besser ist, literarisch schlecht zu schreiben, als die Wahrheit zu verschweigen oder gar zu lügen.«

Herausgegeben von Dieter Zeller, erscheint im Z-Verlag, Basel, seit 1976 eine Jakob-Bührer-Werkausgabe. Die Romane *Aus Konrad Sulzers Tagebuch* und *Brich auf!* liegen, eingeleitet von Dieter Zeller, auch als Band 21 der Ex Libris-Edition »Frühling der Gegenwart« vor.

Cécile Ines Loos

Das ist etwas vom Schwierigsten, was ein Autor unternehmen kann: Kindheit ganz aus der Perspektive des Kindes heraus darzustellen. Cécile Ines Loos ist das Unterfangen gleich mehrfach geglückt, am schönsten wohl in *Der Tod und das Püppchen* von 1939, nicht minder überzeugend aber auch in *Hinter dem Mond* von 1942. Susanna Tanner, die Ich-Erzählerin dieses Romans, ist die Schwester von Michaela aus *Der Tod und das Püppchen.* Und sie beschreibt, ohne je aus dem kindgerecht bildhaften in ein begrifflich abstraktes Denken zu verfallen, die Kindheit der Geschwister im Jura, im Land der Pferde und im Einflussbereich des Grossvaters, der einer geheimnisvollen Sekte vorsteht. Um eine Sünde der früh verstorbenen Eltern zu sühnen, muss Susanna dann mit 19 Jahren einen deutschen Pastor heiraten, obwohl sie sich innerlich schon ganz mit Petitmoi verbunden fühlt, der auf den Juraweiden die Mundharmonika spielt. Aber sie schickt sich ins Unabänderliche und baut mit dem ungeliebten Mann zusammen in Südamerika eine Existenz auf. Die Erinnerung an Petitmoi und das Land der Pferde gibt ihr die Kraft, alles so durchzustehen, als ginge es sie nichts an. Als sie nach entsagungsvollen Jahrzehnten im Todesjahr ihres Mannes die Heimat wiedersieht, ist sie zwar innerlich ungebrochen, muss aber dennoch erkennen, dass der Gegenstand ihrer Sehnsucht nur noch in ihrer Erinnerung existiert. So kehrt sie nach Amerika zurück, um dort ihre eingeübte Rolle zu Ende zu spielen.

Das Handlungsgerüst vermittelt nur eine dürftige Vorstellung vom Reichtum dieses Buches, von dem Max Frisch 1943 als Rezensent der *Neuen Schweizer Rundschau* gesagt hat, es besitze »das Umfassend-Unausschöpfbare einer Dichtung, die diesen Namen verdient«. Solche vorbehaltlose Anerkennung war allerdings damals eine grosse Ausnahme, denn es ging der Autorin mit *Hinter dem Mond* wie mit allen ihren Büchern, seit der Rummel um den Erstling *Matka Boska* von 1929 verebbt und sie zu einer leiseren, subtileren Tonart übergegangen war: Sie fand erst nach jahrelangem Kampf einen Verlag und musste dann mit ansehen, wie die Botschaft echolos verhallte und die Bücher unverkauft im Verlagskeller verstaubten, bis sie verramscht wurden.

Cécile Ines Loos
(1883–1959) im Jahre 1933

Wie aber ist es zu erklären, dass der gleiche Roman vierzig Jahre später innerhalb der Edition »Frühling der Gegenwart« mit insgesamt 10 000 verkauften Exemplaren zu einem eigentlichen Erfolgsbuch werden konnte? Vermutlich stand genau das, was heute an dem Buch so gefällt, 1942 seinem Erfolg im Wege! Nämlich die ganz besondere, schon im Titel angedeutete Stillage, die Max Frisch wie folgt umschrieben hat: »Eine gewisse Fremde gegenüber vielem, was die Menschen treiben und meinen, ein anderes Sehen, eine Art des Erlebens, die einsam macht, die nicht ganz in die übliche Welt passt, weil dieses Erleben meistens ein paar Schichten tiefer läuft, dort, wo beispielsweise das Kind lebt.«

Hinter dem Mond liegt seit 1983 in der Ex Libris-Edition »Frühling der Gegenwart« neu vor (Nachwort: Charles Linsmayer). Bei Kürz, Küsnacht, erschienen 1983 bzw. 1985 der Roman *Der Tod und das Püppchen* und Linsmayers C.-I.-Loos-Lesebuch *Verzauberte Welt*.

Charles-Albert Cingria

1940, als es um die Bundessubvention für Charles-Albert Cingrias *Variétés sur la musique* ging, befürwortete der Schriftstellerverein zwar die Unterstützung des »in prekären Verhältnissen lebenden Künstlers«, schätzte das Werk jedoch als für eine Publikation »zu weltfremd und zu kompliziert« ein: »Es stellt eine sonderbare Mischung von Geschichte, Dichtung und Wahrheit dar und ist nicht ohne dichterisches Talent geschrieben. Die Sprache ist nicht selten schwerfällig, um nicht zu sagen schwülstig.«

Was würde der damalige Gutachter, SSV-Sekretär Egli, wohl angesichts der seit 1981 bei »L'Age d'homme« greifbaren 17bändigen Gesamtausgabe von Cingrias Werken und Briefen für Augen machen? Charles-Albert Cingria, Historiker, Musikschriftsteller und Feuilletonist, Propagandist einer langobardisch-burgundischen Geisteskultur römischer Provenienz, Verfasser unzähliger Reisefeuilletons und von ein paar wenigen Büchern über so unspektakuläre Themen wie die Kultur von St. Gallen oder die Burgunderkönigin Bertha – dieser Charles-Albert Cingria machte es den Zeitgenossen nicht leicht, seine Genialität zu erkennen! Sie beruht nämlich weit weniger auf dem Inhalt seiner Texte als auf der unnachahmlich eigenwilligen Weise, wie er seine Stoffe in Angriff nahm und sprachlich gestaltete. »Etwas Freieres als Cingrias Sprache«, urteilte Jean Cocteau, »kann ich mir auf den geheimnisvollen Wanderungen des Geistes nicht denken.«

Er ist stets für eine Überraschung gut, dieser nomadische Polyhistor, der sich als Essayist und populärer Wissensvermittler zwischen den verschiedensten Disziplinen des Geistigen ebenso rastlos hin und her bewegt wie im geographischen Sinn zwischen Standorten wie Genf, Paris, Rom, Konstantinopel oder St. Gallen. Bereiche wie der Gregorianische Choral oder die mittelalterliche Dichtung und Malerei waren für den ehemaligen Engelberger Klosterschüler, der den altehrwürdigen Codices mit dem Velo nachzureisen pflegte, absolut nichts Verstaubtes oder Totes, sondern eine täglich neu erfahrbare, faszinierende Realität. Was ihn begeisterte, setzte Cingria aber nicht in gelehrte Abhandlungen, sondern in humorvolle, pointierte Feuilletons und Impressionen um. Kurze, harmlos anmutende Texte, die zu seinen Lebzeiten in vielerlei Zeitungen und Zeitschriften verstreut lagen und erst heute, da sie in ganzer Fülle gesammelt vorliegen, erkennen lassen, was die Romandie an diesem C.-A. Cingria besitzt: einen erfrischend leichtgewichtigen, mediterran-geistreichen Kontrapunkt zum gedankentiefen, alpin-erdenschweren C.-F. Ramuz!

Charles-Albert Cingria (1883–1954) im Jahre 1935

Gut, dass auch der deutschsprachige Leser die Möglichkeit hat, eine Anzahl von Cingrias gelungensten Prosastücken in ihrem ganzen Charme und in komprimierter Auswahl auf sich wirken zu lassen: im Band *Unterwegs zu Freunden und Landschaften* des Arche-Verlags und in Friedhelm Kemps Anthologie *Dieses Land, das ein Tal ist,* erschienen 1985 innerhalb der CH-Reihe bei Benziger und Ex Libris.

Charlot Strasser

Überwältigt von Bachs Matthäuspassion, beschliesst der Dichter, für immer zu verreisen und der vergeblich Angebeteten demütig sein ganzes Werk zu hinterlassen: Prosa und Verse, angesiedelt zwischen *Zarathustra, Maikäferkomödie* und blossem Studentenulk. Aber ehe es dazu kommt, macht Wagners *Tannhäuser* den asketischen Vorsatz zunichte. Von ebendieser Musik erregt, reisst er die Widerstrebende nach dem Konzert in die Arme, küsst sie mit Gewalt, stürmt auf sein Zimmer und vergiftet sich. Als sie sein poetisches Vermächtnis bekommt, ist vorne drauf, rosenumkränzt, ihr Konterfei, zuhinterst aber des Dichters Totenschädel abgebildet.

Es lasse sich daraus ablesen, »was Jugend sei, und zwar Jugend von heute«, urteilte J. V. Widmann begeistert, als Charlot Strasser, damals Medizinstudent in Bern, 1904 mit diesem Buch, betitelt *Ein Sehnen,* debütierte.

Zum Glück bestimmte nicht *Ein Sehnen,* sondern das 1905 entstandene Revolutionsgedicht *Freiheit* die Richtung von Strassers weiterem Leben und Schaffen. Die revolutionäre russische Kommilitonin Vera Eppelbaum (1884–1941), in die er sich inzwischen unsterblich verliebt hatte, war mit schwülstigen Versen nämlich nicht zu beeindrucken. Da mussten schon revolutionäres Pathos und kämpferische Gesinnung her, Dinge, auf die sich der gehätschelte Professorensohn nun auf einmal so gut verstand, dass sein Pamphlet, in Massen gedruckt, zu Gunsten der Revolution verkauft werden konnte. Seine Vera aber war damit noch lange nicht gewonnen! Plötzlich ist sie verreist, und er folgt ihren Spuren bis ins hinterste Russland, erleidet unterwegs einen Unfall, der ihn für immer gehbehindert werden lässt, findet die Gesuchte schliesslich, um zusehen zu müssen, wie sie einen andern heiratet. Er gibt auf, sucht Vergessen als Schiffsarzt in Südamerika. Da lässt sie sich scheiden, kehrt zu ihm zurück und wird ab 1913 nicht nur seine

Ehefrau, sondern auch 28 Jahre lang seine Partnerin in der gemeinsamen psychiatrischen Praxis in Zürich.

Charlot Strasser (1884–1950)

Immerhin hatten die Brautwerberfahrten Strasser persönlich mit den Zuständen in Russland und Asien konfrontiert und lieferten ihm zwischen 1911 und 1918 Stoff für jene sozialen Novellen, die seinen Rang als Erzähler begründeten. Weit problematischer dagegen ist sein Roman *Geschmeiss um die Blendlaterne,* mit dem 1933 die von ihm mitgetragene Schweizer Büchergilde gestartet wurde. Strasser, der sich auch als Psychiater und Verfechter der Zwangsversorgung von Geisteskranken recht autoritär gab, qualifizierte darin die 1914–1918 in Zürich lebenden Literaten des Dada-Kreises als »zu uns desertiertes oder refraktäres Grossstadtliteratengeschmeiss« und ordnete sie kurzerhand den Waffenschiebern und Spionen zu. Nur gut, dass er die unerquickliche linke Tirade gegen »entartete Literatur« bald wieder wettmachte: 1935, mit dem antifaschistischen Pamphlet *Die braune Gefahr.* Ein Gedicht, das wiederum in Massen verbreitet wurde und auch heute noch durch die Unerschrockenheit beeindruckt, mit der da jemand ohne Vorbehalte und Absicherungen gegen die Unmenschlichkeit Protest erhob.

Die Abbildung zeigt Charlot Strasser im Jahre 1909 als Schiffsarzt in Südamerika.

Robert de Traz

Ein literarisches Sittengemälde à la *Madame Bovary* oder *Effi Briest,* den Roman des ehelichen Treuebruchs, der die Atmosphäre, die Realitäten und Sehnsüchte einer Zeit in der Seele einer schuldig und zugleich wissend gewordenen Frau zu spiegeln vermag – gibt es so etwas auch in schweizerischer Ausprägung? Wer sich, sei es anhand des nur noch in Bibliotheken greifbaren französischen Originals von 1917 oder der 1989 unter dem Titel *Genfer Liebe 1913* erschienenen deutschen Übersetzung, in den Roman *La Puritaine et l'amour* von Robert de Traz vertieft, der wird diese Frage nach dreihundert Seiten erregenden Lesevergnügens mit einem überzeugten Ja beantworten.

Was die äusseren Fakten, den Ehebruch und dessen Folgen, betrifft, so kann das Buch allerdings nur schwer mit den genannten Klassikern wetteifern. Zwar kommt es zwischen Clarisse Damien, achtundzwanzig, Ehefrau eines reichen Genfer Bankiers, und dem zehn Jahre jüngeren Bankvolontär Laurent Fabre-Gilles in jenem denkwürdigen Sommer 1913 tatsächlich zu einem intimen Verhältnis. Aber ausser den beiden Verliebten erfährt nie jemand etwas davon. Durch den plötzlichen Tod ihres Vaters zur Besinnung gelangt, bricht Clarisse die heimlichen Beziehungen unvermittelt ab. Laurent kehrt nach Nîmes ins Elternhaus zurück, und der Ruf der Bankiersgattin, im besten Sinne des Wortes eine Puritanerin zu sein, nimmt innerhalb der besseren Genfer Gesellschaft, deren Gesetz die Tradition und deren Leidenschaft das Geldverdienen ist, in keiner Weise Schaden. »Verzicht« heisst, ganz im Sinne des Titels, das letzte Wort. »Für Laurent war sie nur eine Stunde gewesen, kurz, aber intensiv; für sie aber bedeutete er nun das ganze Leben.«

Nein, das Grossartige an dem Buch ist nicht das äussere Geschehen, sondern das psychologische Raffinement, mit dem de Traz das ganze Drama in die

Seele seiner Protagonistin hineinverlegt hat, die Virtuosität, mit der er es Schritt für Schritt und unter nie erlahmender Spannung glaubhaft machen kann, wie eine vorbildlich tugendhafte Frau gerade deswegen zur Verführerin und Verführten wird, weil sie zusammen mit ihrer in Konvention erstarrten Umwelt die Erotik als endgültig reglementierte, domestizierte Grösse betrachtet hat.

Robert de Traz (1884–1951) um 1915

Robert de Traz, als Schweizer in Paris geboren und erst 1906 nach Genf gekommen, hat als Publizist und Romancier ebenso zur internationalen Ausstrahlung Genfs wie zur Überbrückung des Grabens zwischen Deutsch und Welsch beigetragen. Sein Roman *L'Homme dans le rang* von 1913 z. B. brachte in einem entscheidenden Moment aus welscher Sicht begeisterte Zustimmung zur Schweizer Armee zum Ausdruck. Weit besser aber hielten seine literarischen Biographien, wie diejenige der Schwestern Brontë (1939), der Zeit stand. Und eben: *La Puritaine et l'amour,* der Roman, mit dem de Traz jene Welt des puritanischen Genfer Nobel-Calvinismus, die Amiel so tiefsinnig hinterfragte, auf spannende und bewegende Art und Weise zu anschaulichem Leben erweckt hat.

La Puritaine et l'amour ist unter dem Titel *Genfer Liebe 1913,* übersetzt von Elisabeth Dütsch und kommentiert von Charles Linsmayer, als Band 5 der Edition »Reprinted by Huber«, Frauenfeld, greifbar.

Albert Steffen

Selten nur ist der Ruhm eines Dichters so hartnäkkig mit seinem ersten Werk verknüpft geblieben wie bei Albert Steffen und seinem Roman *Ott, Alois und Werelsche* von 1907. Weder seine 12 weiteren Romane noch seine 17 Theaterstücke erreichten je wieder die Berühmtheit dieses Erstlings, von dem J. V. Widmann ebenso begeistert war wie später Emil Ermatinger oder Eduard Korrodi und zu dessen Entstehung Steffen noch 1939 stolz erklären konnte: »Der Geist Pestalozzis stand mir bei.«

Wer *Ott, Alois und Werelsche* heute liest und den Roman neben Robert Walsers gleichaltrige, in Sachen Jugendschwärmerei nicht unähnliche *Geschwister Tanner* hält, der wird in dem Buch allerdings schwerlich finden können, was sein Ruhm verspricht.

Zwei junge Männer, ein etwas naiver Gymnasiast und ein exzentrischer angehender Mediziner, durchleben in der Auseinandersetzung mit ihren Vätern schwere Krisen und ringen sich nach vielerlei Wirrungen dazu durch, sich ganz dem Dienst an den Mitmenschen zu weihen. Vorbild dabei ist ihnen der Dritte im Bunde, der bucklige Maler Ott, den die Erfahrung der Hässlichkeit zur tätigen Nächstenliebe geläutert hat. Abgesehen von der idealen Absicht, ein paar geistreichen Aperçus und einigen humorigen Kinderszenen begegnet dem Leser in diesem Roman jedoch so viel Unerquickliches, Unausgereiftes und Verunglücktes, muss er sich durch so viel psychologische Gewalttätigkeiten und ermüdende sentimentale Ergüsse hindurcharbeiten, dass er darin vielleicht erste Fingerübungen eines bemerkenswerten Talents, sicher aber noch kein Werk von bleibender Grösse erkennen kann.

Wer Steffens Biographie kennt, findet leicht Gründe für die übertriebene Wertschätzung des Erstlings. Seine späteren Werke stehen nämlich fast ganz im Zeichen der Anthroposophie Rudolf Steiners, dessen Nachfolger er 1925 wurde. Es ist »therapeutische Dichtung«, die den Leser auf den Weg des anthroposophischen »höheren Menschentums« führen will. Mit dieser Tendenz aber stiess Steffen vielerorts auf Unverständnis und Ablehnung, und man versteifte sich, um seine »poetische Mission« nicht ernst nehmen zu müssen, bald einmal auf das demonstrative Lob des vermeintlich noch nicht infizierten Erstlings und auf das Bedauern darüber, dass die Literatur mit Steffens Einzug in Dornach »einen unserer besten Schriftsteller« verloren habe – eine Formulierung, die Charly Clerc 1925 in der *Semaine littéraire* geprägt hatte und welche die Steffen-Rezeption um so nachhaltiger beeinflusste, als sie jahrzehntelang für eine Äusserung C. J. Burckhardts ausgegeben wurde. Wer dem Dichter Albert Steffen jedoch wirklich gerecht werden will, der darf das Literarische nicht vom Anthroposophischen abstrahieren wollen. Steffens Bedeutung liegt, selbst wenn sie sich darin letztlich erschöpfen sollte, wohl tatsächlich voll und ganz im Rahmen dieser gerade auch für die materialistisch orientierte Schweiz so bedeutsamen geistig-idealistischen Bewegung.

Albert Steffen
(1884–1963) um 1914

Ott, Alois und Werelsche ist, kommentiert von Heinz Matile, im Verlag für schöne Wissenschaften, Dornach, greifbar.

Regina Ullmann

Schon in den ersten drei Prosastücken, mit denen die damals Dreiundzwanzigjährige im Sommer 1907 von München aus im *St. Galler Tagblatt* debütierte, ist Regina Ullmanns schriftstellerische Physiognomie unverwechselbar enthalten: die altertümelnde, stark bildhafte Sprache, die umständlich-eigenwillige Syntax, der bäuerlich-ländliche Schauplatz, der Hang zum Orakelhaft-Geheimnisvollen sowie die Tendenz, Tiere, Pflanzen und Gegenstände als beseelte Wesen zu beschreiben. Später, als sie vom Judentum zum Katholizismus konvertiert war, kamen noch die Vorliebe für das Religiöse und der moralische Rigorismus hinzu – Eigenschaften, die mit den obgenannten zusammen ihre Erzählkunst in den Augen vieler Leser der dreissiger und vierziger Jahre zum Inbegriff heimat- und traditionsverbundener christlicher Dichtung machten.

Nur wenige ahnten etwas vom tragischen Schicksal, das hinter alldem verborgen lag. Früh vaterlos, stand Regina Ullmann, ehe sie sich für die letzten zwanzig Jahre in ein katholisches Hospiz ihrer Geburtsstadt St. Gallen zurückzog, 54 Jahre lang unter der sorgenden, aber auch eingrenzenden Obhut ihrer Mutter, die von der Genialität ihrer Tochter ebenso überzeugt war wie von deren Lebensuntüchtigkeit. Letztere war zumindest nach den zwei unehelichen Geburten der Jahre 1906 und 1908 so gut wie aktenkundig, und kein Mensch wunderte sich, dass die Töchter der Dichterin bei fremden Leuten aufwachsen mussten. Die intellektuellen Wiener und Münchner Kreise, denen die Väter ihrer Kinder angehörten, verhalfen aber auch ihrem dichterischen Talent zu Anerkennung. Neben Ludwig Derleth, Karl Wolfskehl und Hans Carossa nahm sich bis 1926 vor allem Rainer Maria Rilke der jungen Dichterin an, korrigierte ihre Manuskripte, machte Propaganda für sie und brachte seine Schweizer Mäzene dazu, ihr lebenslang eine Rente auszuzahlen.

Regina Ullmann ihrerseits tat ihr möglichstes, um den erlesenen Freundeskreis und ihre Mäzene nicht zu enttäuschen. Seite für Seite quälte sie sich damit ab, mit ihren im Grunde naiven, mehr der spontanen Intuition als einem kontrollierten Kunstverstand gehorchenden Mitteln die Stilhöhe jenes neoromantischen Ästhetentums zu erreichen. Und ohne Zweifel kommt den besten ihrer rund 70 Erzählungen auch tatsächlich das Verdienst zu, die bayrisch-österreichisch-schweizerische Heimatdichtung – denn allen drei Ländern gehörte Regina Ullmann innerlich zu – sozusagen weltliterarisch salonfähig gemacht zu haben. Dennoch fühlt sich der heutige Leser noch am ehesten dann wirklich angesprochen, wenn durch ihre barocke Kunstfertigkeit das persönliche Engagement hervorschimmert: in den erstaunlich zahlreichen Texten etwa, die von blinden, buckligen, lahmen, irren oder sonstwie behinderten Menschen handeln – Geschöpfen, denen sich Regina Ullmann zeit ihres eigenen schweren Lebens ganz besonders verbunden fühlte.

Regina Ullmann
(1884–1961) um 1915

Eine Werkausgabe in 2 Bänden ist, herausgegeben von Friedhelm Kemp, bei Kösel, München, erschienen. Im Insel-Verlag hat Walter Simon 1987 den Briefwechsel zwischen Rilke und Regina Ullmann herausgegeben.

Bernhard Diebold

Als das Theater der Kaiser, Toller und Brecht in den zwanziger Jahren seine grosse Zeit erlebte, war dies zugleich auch die Sternstunde der deutschen Theaterkritik. Und einer der bedeutendsten Kritiker neben Julius Bab, Alfred Polgar und Alfred Kerr war damals der Berliner Redaktor der *Frankfurter Zeitung*, Dr. Bernhard Diebold. Der gebürtige Zürcher galt nicht bloss als unbestrittener Fachmann für das expressionistische Drama, er sprach auch in Sachen Film ein gewichtiges Wort mit, und seine Haltung war politisch ebenso kompromisslos wie künstlerisch unbestechlich. 1928 nahm er den *Fall Wagner* vor den nationalistischen und rassistischen »Verehrern« in Schutz, und noch 1932 wagte er es, ein *Buch der guten Werke* herauszugeben, das mit allem Nachdruck Völkerversöhnung statt Krieg forderte. Keine Frage, dass Diebold, der dazu noch jüdischer Konfession war, nach 1933 Deutschland verlassen musste. So kam er, halb Heimkehrer, halb Emigrant, nach Zürich zurück, und wer den imposanten Mann, der auf demütigende Weise das Romanische Café mit dem Odéon hatte vertauschen müssen, nach 1935 näher kannte, der wusste, dass er in seinem besten Streben innerlich gebrochen war.

Man begegnete ihm mit Misstrauen, und er fand in der Schweiz nie mehr eine ihm wirklich angemessene Position – was natürlich selbstverschuldet war! 1935 nämlich hatte er sich an einer Luzerner Theatertagung so schonungslos offen zum einheimischen Schaffen geäussert, dass er als Theaterkritiker auf der Stelle unmöglich wurde. Weltoffen müsse das Schweizer Theater werden, Gegenwartsfragen solle es anpacken, neue Formen müssten die Tradition ablösen, hatte er erklärt. Dann war die Tagung fortgesetzt worden mit Simon Gfellers *Hansjoggeli der Erbvetter* . . .

So verlegte der Kritiker sich aufs Romanschreiben, schuf das erstaunliche Buch *Das Reich ohne Mitte* und damit nichts weniger als eine grandiose erzählerische Erklärung für das Heraufdämmern des Nazitums in Deutschland. Aber wen interessierte das 1938 in der Schweiz schon? Carl Seelig machte sich in der *NZZ* lustig über den Wälzer, und er konnte dies dem entmachteten Kollegen gegenüber gefahrlos tun. Noch einen Anlauf nahm Diebold: mit dem Roman *Der letzte Grossvater* wollte er für die Schweiz leisten, was *Reich ohne Mitte* für Deutschland beabsichtigt hatte: kritisch aufklären über die Situation der Zeit, die er als Aufbruch ins Chaos begriff. Aber das Buch wurde 1939 von der Wirklichkeit eingeholt und fand keine Beachtung. Nur wenige, darunter Albin Zollinger, Hilde Ribi und Erwin Jaeckle, hatten verstanden, welch prophetische Grösse hinter dem Manne stand, der nichts galt in seinem Vaterland. Als er am 9. August 1945 mit 59 Jahren starb, war er eben daran, sich als Theaterreferent der *Tat* mit der helvetischen Enge abzufinden.

Bernhard Diebold
(1886–1945)

Cuno Hofer

»Ich wüsste über den Tod kein einziges Wort zu sprechen. Er schlägt uns, reisst nieder und verwundet die Lebenden. Sein möchte ich, sein dürfen, nichts anderes; existieren, von Gewalttätigen verschont.« – Der diese Worte gegen den Tod spricht, heisst Cleve und ist einer der Protagonisten in Cuno Hofers Bildungsroman *Meine Geschichte und die meiner Gäste*. Das Buch erschien 1930 im Amalthea-Verlag und weckte grosse Erwartungen. Die Kritik stellte den Roman des vierundvierzigjährigen Schweizers unbedenklich neben Goethes *Wilhelm Meister* und Kellers *Grünen Heinrich* – was angesichts unverkennbarer Mängel entschieden zu hoch gegriffen war, immerhin aber gewisse verwandte Züge kennzeichnete. Es geht um die innere Biographie dreier charakterlich sehr verschiedener Jugendfreunde, die auf Anregung eines Weisen nach langen Jahren wieder zusammenkommen, um Lebensbilanz zu ziehen. Nach den Erfahrungen des grossen Krieges und vielerlei individuellen Schicksalsstürmen kommen sie zur Erkenntnis, dass das eigentliche Ziel des Menschen ein geistiges, ideales sein müsse. Erstmals war es Hofer mit diesem Roman gelungen, das Trauma des Weltkrieges, das sein Schaffen bis dahin fast monomanisch bestimmt hatte, in glaubwürdige dichterische Bilder umzusetzen.

Als Auslandschweizer in Genua geboren, hatte Hofer in Zürich Jus studiert, war einige Jahre Diplomat gewesen und hatte 1914–1919 als Privatdozent für Völkerrecht in Genf gelebt. Dass Cilette Ofaire, die er in jenen Jahren als Sekretärin beschäftigte, ihn an schriftstellerischem Ruhm eines Tages übertreffen würde, hat er wohl kaum vorausgeahnt. Damals war er auch Herausgeber der patriotisch orientierten Zeitschrift *Schweizerland*, die Felix Moeschlin redigierte. Während und kurz nach dem Krieg erschienen Hofers Abhandlungen *Die Keime des grossen Krieges* bzw. *Der Ausbruch des grossen Krie-*

ges, denen er 1922/23 mit *Spiel der Hölle* und *Nachspiel der Hölle* je eine legendenhaft-dichterische Bearbeitung des Themas folgen liess: leidenschaftliche schriftstellerische Versuche, durch Analyse und Infragestellung des letzten einen nächsten Krieg zu verunmöglichen. Nach 1919 lebte Hofer als Schriftsteller und Gelehrter in der Nähe von Tokaj in Ungarn, wo er nebenbei die Güter seiner Frau, einer Gräfin Dessewffy, verwaltete und Zeuge der ungarischen Revolutionswirren wurde, wie sie auch in *Meine Geschichte und die meiner Gäste* eingegangen sind.

Cuno Hofer
(1886–1931) im Jahre 1930

Nach diesem Roman durfte man zu Recht noch viel von Cuno Hofer erwarten. Aber unversehens holte ihn die Gewalttätigkeit, gegen die er sich lebenslang gewehrt hatte, doch noch ein und riss ihn aus seiner mondänen Welt heraus. Am 9. Januar 1931 wurde er im Carlton-Hotel St. Moritz von der Engländerin Simone Boulter mit vier Pistolenschüssen ermordet und erlangte so, als Opfer eines Eifersuchtsdramas, einen Moment lang traurige Berühmtheit. Als Autor jedoch besass Hofer trotz des lesenswerten späten Roman-Erstlings noch keinen bleibenden Namen. Immerhin aber hat er so etwas wie Weite, Internationalität und nicht zuletzt tätiges Mitbetroffensein durch den Krieg in die damalige Schweizer Literatur hineingebracht.

Albert Ehrenstein

Wem Kafka noch zuwenig trostlos ist, der lese die Gedichte und Texte seines Freundes Albert Ehrenstein. Was man dort an Hoffnungslosigkeit und Lebensverneinung hineininterpretieren kann, schlägt dem Leser hier schonungslos mitten ins Gesicht. Als hätte er Sartre oder Beckett vorwegnehmen wollen, findet er im Prosastück *Tubutsch* schon 1911 Bilder und Worte für den Lebensekel, das Verworfensein und die Orientierungslosigkeit des modernen Menschen, wie sie in ihrer Radikalität und Lapidarität kaum mehr überboten werden können. Die frühe bittere Erfahrung des Ausgestossenseins hat dem aus ärmlichen Verhältnissen stammenden Wiener Juden eine Spielart von Literatur aufgedrängt, die sich, damals wie heute, in keiner Weise »vermarkten« lässt, weil sie sich allen Strukturen und allen Gewalten unbedingt widersetzt. So war es nur konsequent, dass Ehrenstein auch den Nazis, lange bevor sie an die Macht kamen, Verse ins Stammbuch schrieb, die ihnen die Weissglut ins Gesicht treiben mussten.

Zum Glück gab es die Schweiz, wo er schon 1916/17 Zuflucht gefunden hatte, und so siedelte er sich bereits 1932 in Brissago an, um hier ganz dem Dichten zu leben. Aber von Ruhe konnte keine Rede sein. Schon im Herbst 1933 hatte er den Ausweisungsbefehl als »unerwünschter Ausländer« in Händen, und nur dank Hermann Hesse erlangte er einen Aufschub. »Wie unsere Behörden sich zu Schnüfflern und Bluthunden im Dienst der Diktatoren hergeben, ist bald nicht mehr erträglich«, schrieb Hesse damals an Carl Seelig. Weil Ehrenstein zu den »Berühmten« gehörte und damit als »Bereicherung« für die Schweiz angesehen werden konnte, unterstützte auch der Schriftsteller-Verein den Rekurs, sah in der Drohung aber eine sinnvolle psychologische Massnahme. »Der Wegweisungsbefehl«, schrieb SSV-Sekretär Naef am 10. September 1933 an den Bundesrat, »wird Ehrenstein gezeigt haben, dass äusserste Zurückhaltung am Platz ist. Vielleicht darf deshalb verantwortet werden, ihn nunmehr zurückzuziehen.«

Albert Ehrenstein (1886–1950) um 1927

Nach Kriegsbeginn, als man ihn erneut bedrohte und ihm jegliche literarische Tätigkeit untersagte, verliess Ehrenstein, der zuletzt in Zürich-Hottingen gelebt hatte, die Schweiz freiwillig und erreichte im Herbst 1941 nach fürchterlichen Strapazen New York. Aber auch dort, dazu noch im fremden Sprachgebiet, konnte sein Leiden an der Zeit und an sich selbst keine Heilung finden. Krank, völlig mittellos und als Autor längst vergessen, kehrte er 1949 nach Zürich zurück und soll beim Anblick der Bahnhofstrasse vor Wiedersehensfreude geweint haben. Doch die Schweiz brachte ihm auch diesmal kein Glück. Weil er sich den Lebensunterhalt nicht mehr selbst verdienen konnte und im kalten Krieg von seinen nihilistischen Dichtungen niemand etwas wissen wollte, musste er die Wohlfahrt dort in Anspruch nehmen, wo sie ihm noch gewährt wurde. So kehrte er, nunmehr völlig gebrochen, in die USA zurück und starb am 8. April 1950 in einem New Yorker Armenhospital. Eine seiner letzten Tagebuch-Eintragungen hatte gelautet: »Zion: mit dem Kopf durch die Klagemauer.«

Seit 1988 gibt Hanni Mittelmann im Münchner Klaus-Boer-Verlag eine auf 5 Bände berechnete Ehrenstein-Werkausgabe heraus.

Cécile Lauber

»Für andere Menschen habe ich nur Bücher, kein Privatleben. Erfahrung lehrt, dass ein vielgestaltetes Dasein von Aussenstehenden nur in kleinen, einzelnen Teilen erfasst werden kann und darum falschen Deutungen ausgesetzt ist.«

Wer Leser und Interpreten so resolut auf sein Werk und dessen Eigengesetzlichkeit verweist, muss seiner Sache sicher sein. Und tatsächlich konnte die Luzerner Dichterin Cécile Lauber am Ende ihres langen Lebens ein imposantes literarisches Œuvre vorzeigen, das sie schon 1970/72 in einer sechsbändigen Ausgabe letzter Hand der Nachwelt übergeben hatte: Romane, Erzählungen, Dramen, Aphorismen sowie die monumentale, der geistigen Landesverteidigung verpflichtete Jugendroman-Serie *Land deiner Mutter.*

Cécile Lauber ist nicht, wie so viele in diesem Jahrhundert, durch selbsterlittene existentielle Not zum Schreiben gedrängt worden. Aus begüterten Kreisen stammend, hatte sie ihren Kunstsinn bei berühmten Lehrern in Musik und Malerei geschult, ehe sie sich nach standesgemässer Heirat und als Mutter zweier Kinder mit ganzer Leidenschaft der Dichtung zuwandte. So erstaunt es nicht, dass ihr Schaffen stets abseits der literarischen Avantgarde stand und einer klassisch-romantischen Ästhetik verpflichtet war. Was sie schrieb, hat auch im dunkelsten Bereich noch immer etwas mit Schönheit zu tun, ihre Sprache wirkt kultiviert, gehoben, gelegentlich etwas pedantisch. Überraschend ist dann allerdings die rigorose ethisch-moralische Zielsetzung, die sie von Anfang an mit ihrem Schreiben verknüpfte und die z. B. im Motto des Romans *Die Wandlung* von 1930 fassbar wird: »Solange der Schrei des Viehes, das zur Schlachtbank getrieben wird, ungehört verhallt, so lange werden unsere Kinder zu weinen fortfahren, wird unserer Not kein Ende sein und die Ewigkeit uns ausstossen.«

Cécile Lauber hätte bloss akademische Tierschutzdichtung produziert, wäre zum klassischen Formwillen und zum sittlichen Eifer nicht jene Fähigkeit hinzugekommen, die sie selbst »befruchtendes Entzücken« nannte: die Gabe, eine einfache Geschichte unter Zuhilfenahme von Traum und Vision zum Mythos zu verdichten und diesen dann in Bildern von starker Leuchtkraft und in eindringlicher, rhapsodischer Sprache lebendig werden zu lassen. Am schönsten ist ihr dies im Roman *Stumme Natur* von 1939 gelungen. Die Natur lässt es da geschehen, dass ein Bauer, seine Frau, ihr buckliges Kind, eine verunstaltete Magd und ein stummer Knecht sich auf einer einsamen Insel niederlassen. Die gleiche Natur aber entwickelt nie erlebte Kräfte, als Industrie und Tourismus das Eiland erobern. In einer Katastrophe von apokalyptischem Ausmass stellt sie selbst ihren Urzustand wieder her und verschont dabei – sinniges Bild tief gefühlter Menschlichkeit – einzig die hässliche Magd und den stummen Knecht.

Cécile Lauber
(1887–1981) um 1924

Stumme Natur ist in Band 2 von Cécile Laubers Werken (1970/72 in 6 Bänden bei Benteli, Bern, erschienen) und in der Ex Libris-Edition »Frühling der Gegenwart« mit einem Nachwort von Rätus Luck greifbar.

Hans Mühlestein

Im Herbst 1935 spekulierte die Büchergilde Gutenberg auf den Spanischen Bürgerkrieg und erhoffte sich von Hans Mühlesteins Roman *Aurora – das Antlitz der kommenden Dinge* einen Grosserfolg. Aber die Rechnung ging nicht auf. Für die Gildenmitglieder war das Buch zu intellektuell, für die bürgerliche Presse zu linkslastig, und zudem schilderte es ja nicht, wie erwartet, den aktuellen Bürgerkrieg, sondern verknüpfte einen spektakulären Madrider Kriminalfall mit dem gegen die republikanische Regierung gerichteten Aufstand der asturischen Bergarbeiter vom Oktober 1934.

Für einen Krimi allerdings hätte die wahre Begebenheit, auf die Mühlestein sich stützen konnte, Material genug geboten: Im Juli 1933 erschoss die Madriderin Aurora Rodriguez ihre achtzehnjährige Tochter Hildegart – ein Wunderkind, das an vier Fakultäten studiert, eine studentische Agitationsgruppe gegründet und sensationelle Schriften zur Sexualfrage publiziert hatte. Hildegart selbst hatte, so Aurora vor Gericht, ihren Tod gewollt, um als »rote Jungfrau« in die Geschichte einzugehen. Was machte nun Mühlestein aus seiner Vorlage? Er unterschob dieser sehr spanischen Hildegart ein sehr unwahrscheinliches Tagebuch und machte Mutter wie Tochter zu kommunistischen Idealgestalten, zu Vorboten einer besseren zukünftigen Menschheit. Den ganzen Fall aber liess er durch den Schweizer Professor Thomas Ritter rapportieren, der sich zuletzt noch als Hildegarts verschollener Vater entpuppt. Ritter und sein Freund, der deutsche Staatsrechtler Haller, begeistern die spanischen Studenten für deutsche Philosophie und erleben hautnah, wie der studentische Protest langsam in offene Revolte übergeht, bis der Funke zündet und es in Asturien im Beisein der befreiten Aurora zum Arbeiteraufstand kommt.

Kein Zweifel: der Roman, der auch sprachlich nicht befriedigt, will zuviel auf einmal. Revolutionäres Pamphlet, philosophisches Lehrbuch, Krimi und Frauenroman lassen sich auf diese Weise nicht kombinieren. In seiner inneren Zerrissenheit widerspiegelt das missglückte Buch aber etwas vom Wesen des hochbegabten, idealistisch gesinnten Schriftstellers Hans Mühlestein. 1887 in Biel geboren, lebte und studierte er in Zürich, Jena und Frankfurt und machte sich als Lyriker einen Namen. Hatte er noch 1915 – u. a. in einer Hodler-Biographie! – offen für einen rassistischen deutschen Imperialismus plädiert, so entwickelte er sich später zu einem der beherztesten Kämpfer gegen den Faschismus und sass dafür sogar im Gefängnis. Ab 1932 lebte er in Celerina, wo er seine Werke meist im Selbstverlag herausgab. Der Dramatiker Mühlestein trat in eigenen Stücken als Stalin und Jürg Jenatsch auf, daneben übersetzte er Dante und Shakespeare in makelloses Deutsch. Bleibende Bedeutung aber erlangte er als Kunsthistoriker – seine zweite Hodler-Biographie von 1942 wirkte bahnbrechend –, als Deuter des schweizerischen Bauernkriegs sowie als Etruskologe der ersten Stunde. Seine wissenschaftlichen Leistungen begannen endlich international die ihnen gebührende Anerkennung zu finden, als Mühlestein im Mai 1969 in Zürich starb.

Hans Mühlestein
(1887–1969)

Im Limmat-Verlag, Zürich, sind Beiträge von Robert Kuster zu Hans Mühlesteins Biographie und zum Roman *Aurora* greifbar.
Die Abbildung zeigt Mühlestein am 16. Mai 1935, dem Tag der Vollendung des Romans *Aurora,* in Celerina.

Blaise Cendrars

Im Frühling 1908 immatrikuliert sich an der medizinischen Fakultät der Universität Bern ein gewisser Friedrich Ludwig Sauser, einundzwanzig, Bürger von Sigriswil. Er ist kein unbeschriebenes Blatt mehr, dieser zweisprachige Student aus Neuenburg. Kaum fünfzehn, ist er von zu Hause ausgerissen, hat Persien, China und Russland gesehen, ist dort Zeuge der Revolution von 1905 geworden und steht noch ganz unter dem Trauma des mysteriösen Verbrennungstods seiner russischen Verlobten Helena. Dass Krankheit ein »normaler, absoluter, unverrückbarer Zustand« sei, steht für ihn nach soviel praktischer Weltkunde bereits fest, und es verwundert nicht, dass er bald einmal von der Medizin zur Literatur überwechselt. Kollegien besucht er aber auch da keine, um so mehr, als er inzwischen zwei Studentinnen aus Russisch-Polen kennengelernt hat. Er liebt die blonde Féla und macht die schwarze Bella damit derart eifersüchtig, dass sie die Freundin zum gemeinsamen Selbstmord zwingen will. Doch diesmal kann Sauser ein Drama noch rechtzeitig verhindern und mit Féla nach Spiez verreisen, wo er auf Pump einen verliebten Sommer verbringt und seine ersten Liebesgedichte verbricht.

1914 ist Féla Poznanska dann tatsächlich seine Frau geworden, aber da hat er bereits *Les Pâques à New York* und *Prose du Transsibérien* publiziert und ist unter dem Pseudonym Blaise Cendrars zu jenem Dichter geworden, von dem André Malraux sagen wird, er habe für die Franzosen »die Poesie wiederentdeckt«. Bis 1925 als Lyriker und dann als Romancier lebte Cendrars sein Leben so weiter, dass es sich in seiner Intensität, Abenteuerlichkeit und Fülle nicht von dem zuletzt 40 Titel umfassenden dichterischen Œuvre abstrahieren lässt. Mit *L'Or,* dem Lebensroman General Suters, löste er 1925 in Amerika einen förmlichen Skandal aus, mit *Moravagine* und der Entdeckung des destruktiven Urrhythmus zog er 1926 in Stil und Aussage die literarische Quintessenz aus den Kriegen unserer Zeit. In *Bourlinguer* wiederum gab er 1948 ganz sich selbst in seiner unstillbaren Gier nach Leben und immer phantastischeren Improvisationen. *Emmène-moi au bout du monde* brachte 1956 die Gestalt der Madame Thérèse zutage: den fleischgewordenen Mythos von Paris, das Sinnbild abgründigster menschlicher Sehnsüchte. Überhaupt: jede Seite in Cendrars' Büchern ruft im Leser Reaktionen wach, und nicht selten sind es Ausrufe spontanen Entzückens! Wie hinreissend lesen sich z. B. all die Bücher mit lateinamerikanischem Hintergrund! Wer sie kennt, wundert sich kaum noch, dass der Brasilianer Gilberto Freyre behaupten konnte, Cendrars habe »die Brasilianer brasilianisiert«.

Blaise Cendrars (1887–1961)

Und die Schweiz? 1987, als es seinen hundertsten Geburtstag zu feiern galt, schien der bis anhin in seiner Heimat sträflich Verkannte plötzlich zu Ehren zu kommen, ja, es brach eine eigentliche Cendrars-Welle über die Schweizer Verlagsszene herein! Eine Euphorie, die aber bald wieder in sich zusammensank – offenbar, weil das ungebärdige, normensprengende, recht eigentlich unschweizerische Werk dieses phänomenalen Autors für eine Vermarktung als helvetische Spezialität denkbar ungeeignet ist.

Cendrars' Werke sind bei Denoël, Paris, 1960–1965 gesammelt herausgekommen. Deutsch liegen die wichtigsten Romane und Gedichte bei Arche, Zürich, vor.

Urs Liechti

Im Sommer 1935 reist ein Berner Kaufmann ins Deutsche Reich. Er will sein nicht transferierbares Mark-Guthaben fröhlich im Lande selbst verjubeln und zugleich, Hobby-Mythologe, der er ist, die Mär überprüfen, wonach die Nazis der germanischen Mythologie zu neuer Blüte verholfen hätten. Was den naiven Schweizer im »neuen Deutschland« erwartet, spottet dann allerdings jeder Beschreibung! Er wird Zeuge, wie Karl der Grosse vom Volksgerichtshof symbolisch als Verräter abgeurteilt wird, erlebt in geliehener SA-Uniform hautnah eine NS-Frühlingsfeier mit, nimmt im Beisein von Goebbels und Rosenberg an der Walpurgisnachtfeier auf dem Hesselberg teil, gerät in die liebesdurstigen Arme einer mythologisch geschulten NS-Walküre und lernt schliesslich im Hause des Rassenzuchtwarts Ginkerl auch noch die Auswirkungen des Germanenkults auf das kleinbürgerliche Familienleben kennen. Hatte der Eidgenosse zunächst noch mit frontistischem »Harus!« in die Begeisterung der Nazis eingestimmt, so machen ihn seine Erfahrungen je länger, desto stutziger. Ohnehin entkommt er den Fäusten der SA-Leute jeweils nur, wenn er sich mittels einer vom Zwerg Alberich erhaltenen Tarnkappe unsichtbar macht. Längst ist sein Chrysler als »Volksgut« konfisziert worden, und am Ende muss er nur schon froh sein, rechtzeitig noch heil und gesund über die Schweizer Grenze zu entkommen.

Beschrieben ist all dies und weiteres mehr im satirischen Roman *Wodans Wiederkunft* von Urs Liechti. Der *lustige Reisebericht aus einer traurigen Zeit* erschien 1936 im Zürcher Jean-Christophe-Verlag und vermittelte trotz humoristischer Verfremdung ein ziemlich ungeschminktes Bild vom damaligen Deutschland. Liechti gab nicht nur den Germanenkult in seiner ganzen verlogenen Demagogie der Lächerlichkeit preis, er stellte auch den Rassenwahn, die Parteijustiz und den Polizeiterror in ihrer unmenschlichen Brutalität satirisch an den Pranger.

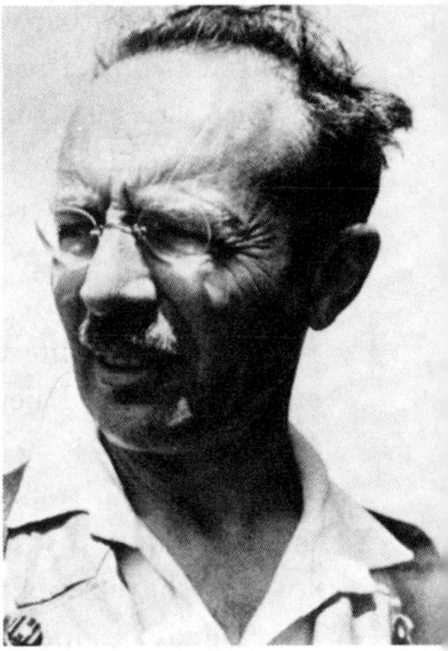

Urs Liechti (1887–1980) um 1936 in Zürich

Dieser Urs Liechti, der so unzweideutig gegen die Nazis Stellung bezog, war nun allerdings – soll man sagen: leider? – kein Schweizer. Immerhin war das Pseudonym aber so gut gewählt, dass Ernst Alker noch um 1960 einen Schweizer Autor dieses Namens – mit »nicht eruierbaren Lebensdaten« freilich – in seine Literaturgeschichte aufnahm. Heute jedoch steht zweifelsfrei fest, dass es sich bei Urs Liechti um den deutschen Emigranten Wilhelm Hoegner handelte. Der bayrische Sozialdemokrat lebte von 1934 bis 1945 in Zürich, kehrte dann in seine Heimat zurück und war mehrfach bayrischer Ministerpräsident. In der Schweiz war ihm damals als Politiker, Jurist und Journalist jede Tätigkeit untersagt. Einzig als »belletristischen Schriftsteller« liess die Fremdenpolizei den ehemaligen Münchner Staatsanwalt und Reichstagsabgeordneten arbeiten. Und so blieb dem erklärten Nazi-Gegner, wollte er etwas gegen Hitler tun, tatsächlich nur die Möglichkeit, mit dem Entsetzen Scherz zu treiben und unter dem unverdächtig schweizerisch klingenden Namen Urs Liechti eine Satire zu schreiben ...

Kaspar Freuler

Er sei »fruchtbar wie ein Kaninchen«, soll ein Kritiker von Kaspar Freuler gesagt haben, und tatsächlich ist es erstaunlich, wieviel dieser Mann, der innerhalb der Schweizer Volksliteratur jahrzehntelang das Land Glarus und dessen Dialekt verkörperte, neben seinem Beruf als Primarlehrer produziert hat. Zumeist in Zusammenarbeit mit H. Jenny-Fehr veröffentlichte er seit 1924 an die 60 Dialektstücke, die auf Laienbühnen und in dramatischen Vereinen bis zu 3000 Aufführungen erlebten und teilweise sogar auf französisch gespielt wurden: leichte, unterhaltsame Kost mit einem Hang zum Pädagogischen, nicht für die Ewigkeit, sondern für den »Bunten Abend« des Jodlerklubs oder des Turnvereins geschrieben. Ähnlich verhält es sich, von einzelnen Glanzstücken abgesehen, auch mit Freulers unzähligen hochdeutsch geschriebenen Geschichten und Skizzen, die in Kalendern, Sonntagsblättern oder im *Nebelspalter* erschienen, bevor er sie unter Titeln wie *Veilchensalat und Besseres* zu Sammelbändchen bündelte.

Vor solchem Hintergrund überrascht es nun aber nicht wenig, dass der gleiche Kaspar Freuler auch der Verfasser jenes Buches ist, mit dem die am 18. Juni 1782 zu Glarus enthauptete letzte Hexe Europas ihren Einzug in die ernsthafte deutsche Literatur nahm. Kaspar Freulers Roman *Anna Göldi. Die Geschichte der letzten Hexe,* der erstmals 1945 bei der Büchergilde Gutenberg erschien und bis heute neun Auflagen erlebte, entwirft auf 384 engbedruckten Seiten ein vielschichtiges, breitgefächertes Gemälde jenes für die Obrigkeit blamablen, höchst parteiisch geführten »Hexenprozesses«. Nicht nur die Gestalt Anna Göldis ist dabei mit feiner psychologischer Einfühlungskraft erfasst, auch die Kontrahenten werden jenseits aller Schwarzweissmalerei so dargestellt, dass Punkt für Punkt des spannend erzählten Geschehens glaubwürdig und plausibel wirkt.

Wer aber meinte, mit diesem, seinem mit Abstand besten Werk habe Kaspar Freuler seinen Namen unauflöslich mit Anna Göldis Lebensgeschichte verknüpft, die er 1948 auch dramatisierte und von der das Radio noch 1975 eine nach seinem Roman gestaltete Hörspielserie ausstrahlte, der hatte nicht mit Eveline Hasler gerechnet, die den Stoff 1982 nach den Quellen neu aufnahm und von spezifisch fraulicher Warte aus zu einer eindringlichen Literaturcollage verdichtete. Überflüssig machte *Anna Göldin. Letzte Hexe* Freulers Leistung jedoch keineswegs. Die Besonderheiten von Eveline Haslers Version – ihre sprachliche Expressivität sowie die dezidierte emanzipatorische Parteinahme zu Gunsten der Aussenseiterin von damals – weiss nämlich erst derjenige voll zu schätzen, der Freulers konventionellere, aber sehr viel weiter ausgreifende, nüchternere Fassung zum Vergleich und zur Ergänzung hinzuzieht.

Kaspar Freuler
(1887–1969) um 1950

Freulers *Anna Göldi* ist im Verlag Baeschlin, Glarus, Eveline Haslers *Anna Göldin. Letzte Hexe* bei Nagel & Kimche, Frauenfeld, greifbar.

Hedwig Anneler

Wer sich früher Ethnologe nannte, war auf Exotisches wie afrikanische Hochzeitsriten spezialisiert, während die sogenannte Volkskunde sich mit der Folklore von Trachten, Jodelliedern oder Fastnachtsbräuchen befasste. Um so spektakulärer mutet es darum an, dass bereits 1917 im Berner Verlag Max Drechsel unter dem Titel *Lötschen. Landes- und Volkskunde des Lötschentals* ein Buch erschien, das eine schweizerische Talschaft unter Berücksichtigung sämtlicher denkbarer historischer, geographischer, biologischer, zoologischer, ethnologischer, soziologischer, ökonomischer, linguistischer und literarischer Gesichtspunkte als einen klar abgegrenzten Lebensraum ganzheitlich darstellte und untersuchte.

Verfasserin des ebenso lesbar wie spannend geschriebenen Buches war die damals knapp dreissigjährige Berner Historikerin Dr. phil. Hedwig Anneler, die kurz zuvor auch als belletristische Autorin debütiert und sich mit dem Prosaband *Quatember in Lötschen* unter die Vorläufer des literarischen Expressionismus eingereiht hatte. Dass ihre Lötschen-Monographie nicht nur inhaltlich, sondern auch optisch zu einem wundervoll abgerundeten Gesamtkunstwerk werden konnte, dazu trug auch der Bruder der Verfasserin, der Kunstmaler Karl Anneler, bei. Er hatte das Prachtwerk mit über 200 Illustrationen ausgestattet – mit eingeschlossen die Bildnisse der Geschwister Anneler, des Verlegers und sogar der Männer, die das fertige Buch mit dem Pferdewagen zum Versand transportierten . . .

Eine Zeitlang schien es, als sei Hedwig Anneler, die ledig blieb und von ihrer Produktion leben musste, zur harmlosen Unterhaltungsliteratur abgewandert. Dann aber, 1940, gelang es ihr nach vieljähriger Vorarbeit, einem historischen Stoff eine erschütternde aktuelle Brisanz zu verleihen. In ihrem Roman *Blanche Gamond* stellte sie das Schicksal der verfolgten französischen Hugenotten auf derart packende

Weise dar, dass der Leser unwillkürlich an die Opfer des Nazi-Regimes denken musste. Dass sie genau dies beabsichtigte, hatte Hedwig Anneler schon 1936 bewiesen, als sie einen Berner Frauenkongress mit einem zündenden Vortrag über die Hugenottenflüchtlinge dazu brachte, den Bundesrat in einem offenen Brief zur Korrektur der Asylpraxis aufzufordern. Sie predigte aber nicht nur, sie handelte auch und gewährte in den Kriegsjahren auf ihrem kleinen waadtländischen Bauerngut, wo sie als Selbstversorgerin lebte, immer wieder bedrohten Menschen Unterschlupf.

Hedwig Anneler (1888–1969) um 1917

Obwohl Oprecht das Buch erst druckte, als die Autorin genügend Subskribenten gefunden hatte, wurde *Blanche Gamond* zu einem grossen Erfolg. Nach 1945 aber geriet Hedwig Anneler schon bald völlig ins literarische Abseits, fand für ihre Texte keinen Verleger mehr und musste 1967, zwei Jahre vor ihrem Tod, gar noch machtlos zusehen, wie der *Blanche-Gamond*-Stoff unter Verwendung ihrer Vorarbeiten zu einem frömmlerischen Jugendbuch kolportiert wurde.

Lötschen ist bei Haupt, Bern, als Faksimile-Edition greifbar.

William Wolfensberger

U*nsers Herrgotts Rebberg* – das verhiess religiöse Erbauungsliteratur, und tatsächlich war der Verfasser der 24 Kurzgeschichten, die 1916 bei Salzer, Heilbronn, unter diesem Titel herauskamen, Theologe von Beruf. William Wolfensberger, siebenundzwanzig, Pfarrer von Fuldera im Münstertal, lieferte mit seinem Erstling allerdings alles andere als erbauliche geistliche Kost. Die Menschen, die er beschreibt, sind an Gott irre geworden, sie zerbrechen an ihrer Sehnsucht nach Liebe und enden oftmals in Wahnsinn, Selbstmord oder frühem Tod. Wenn es in ihrer Verlassenheit noch eine Hoffnung gibt – von Gott jedenfalls kommt sie nicht. »Er sorgt nicht um uns. Um keinen«, sagt der Bauer Barba-Jon. »*Die* Liebe, die wir haben sollten und möchten, gibt der uns nicht!«

Nicht nur als Autor, auch als Pfarrer enttäuschte Wolfensberger die in ihn gesetzten Erwartungen. So schockierte er die evangelische Bündner Synode 1914 in Davos mit einer Probepredigt, die den weltfernen Himmelsgott resolut ins irdische Jammertal herabzitierte und an kirchenkritischer Schärfe sogar Leonhard Ragaz überbot. Bald darauf predigte er in Santa Maria vor Soldaten über den »Bankrott des Geschäftsinstituts Kirche«, das den Weltkrieg zwischen christlichen Ländern nicht verhindert habe. Und die Berggemeinde, die er zu betreuen hatte, versorgte Wolfensberger, ehe er das Wort Gottes verkündete, zunächst einmal mit Mehl, Reis und Petrol. Als er auch noch die Gemeindefinanzen sanieren und mit gebetteltem Geld den Friedhof erneuern wollte, wurde der tätige Idealist das Opfer einer Verleumdungskampagne und musste das Dorf, dessen Ehrenbürger er seit kurzem war, in Schimpf und Schande verlassen.

Diese äussere Schmach kam zu jenem inneren Leid hinzu, vor dem der sensible und mit dem Vater heillos zerstrittene Hottinger Fabrikantensohn aus seinem geliebten Zürich geflohen war: Eine hoffnungslose Liebe hatte ihn zum unglücklichen, schwer depressiven Menschen gemacht und nach langem Ringen dazu geführt, dass er die »unerfüllten Wünsche und Hoffnungen in Amt und Religion hineinlegen« wollte. 1916, nach dem Eklat in Fuldera, trug er sich mit Selbstmordgedanken, vermochte sich aber nochmals aufzufangen und im rheintalischen Rheineck neu zu beginnen. Und als er nun in Berta Reiser auch noch einer mütterlichen Freundin begegnete, kamen auf einmal frohe, helle Töne in seine Erzählungen und Gedichte hinein, ja er setzte Rheineck mit den *Liedern aus einer kleinen Stadt* sogar ein liebevolles poetisches Denkmal. 1918 aber, während der grossen Grippe-Epidemie, ging er so furchtlos von einem Krankenzimmer ins andere, dass es scheint, er habe den Tod, der ihn an jenem 6. Dezember mit 29 Jahren einholte, nach wie vor herbeigesehnt.

William Wolfensberger (1889–1918) um 1916

»Keiner denkt daran, wieviel Blut es gekostet hat«, lautete lapidar das Nachwort des letzten noch von ihm selbst geplanten Buches, *Köpfe und Herzen*. Ein Ausspruch, der für sein ganzes schmales Œuvre Geltung haben dürfte. Satz für Satz ist es dem Schicksal eines Menschen abgerungen, der es sich niemals leichtgemacht hat – weder mit sich selbst noch mit seiner Zeit.

Aline Valangin

»Eine Frau, die erzählte, und so unterhaltend erzählte wie diese, fand er beruhigend; er hätte stundenlang zuhören können.« Das Kompliment ist auf Gania, die ebenso kluge wie schöne, psychoanalytisch und musikalisch geschulte Zürcher Rechtsanwaltsgattin welsch-bernischer Herkunft gemünzt, die Carolin Muhr, den Protagonisten von R.J. Humms Roman *Carolin* (1944), eine Zeitlang in ihren Bann schlägt. In ihrem Palazzo in einem abgelegenen Tessiner Dorf bekehrt sie den verknorzten schriftstellernden Intellektuellen mit lebensvollen Geschichten aus dem Alltag der Dorfbewohner zu einer realistisch-einfachen, bildhaften Erzählweise.

All dies hat sich im Sommer 1933 tatsächlich so zugetragen, wie es im Roman geschildert ist, und der Einfluss der genuinen Erzählerin, die in Wirklichkeit Aline Rosenbaum-Ducommun hiess und von 1889 bis 1986 lebte, wird in Humms Schaffen nur allzu deutlich spürbar, wenn man das spröde *Linsengericht* von 1928 mit den betörend sinnlichen *Inseln* von 1936 vergleicht.

Ein Jahr später schon lagen unter dem bescheidenen Titel *Geschichten vom Tal* und unter dem Verfassernamen Aline Valangin auch erste Kostproben jener Tessiner Fabulierkunst im Druck vor, die Humm so sehr begeistert hatte: kleine, virtuose Kabinettstücke der Erzählkunst, konventionell geschrieben, aber echt und unsentimental empfunden, voller leuchtender Bilder, unvergesslicher Gestalten und Charaktere. »Diese Bernerin hat Format«, beendete R. J. Humm mit gut gespielter Ahnungslosigkeit seine Rezension, »hoffentlich hört man bald wieder von ihr.« Und wirklich: der Erfolg des Erstlings gab Aline Valangin, die mit ihrem zweiten Mann, Wladimir Vogel, bald einmal definitiv ins Tessin zog, den Mut, sich parallel zu ihrer französischsprachigen Lyrik auch weiterhin als deutsche Erzählerin zu versuchen. Und je mehr sie schrieb, um so weiter entfernte sie sich von der zunächst eingenommenen Perspektive der aussenstehenden vornehmen Schlossherrin, bis sie schliesslich mit Romanen wie *Die Bargada* und *Casa Conti* ohne Zögern das Paradox für sich beanspruchen durfte, eine legitime, glaubwürdige, regional verwurzelte und sozial engagierte Vertreterin der Tessiner Literatur in deutscher Sprache zu sein.

Aline Valangin (1889–1986) um 1950

Die Schriftstellerin, die im Zürcher Baumwollhof ebenso wie im Castello La Barca in Comologno zahlreichen Verfolgten des Nazi-Regimes rettenden Unterschlupf gewährt hatte, scheute sich auch nicht, schon kurz nach 1945 das heisse Eisen der verfehlten Schweizer Asylpolitik aufzugreifen und unter dem Titel *Dorf an der Grenze* romanhaft darzustellen. Grund genug, dass dieses Buch, eines ihrer besten, zu jener Zeit nicht einmal bei der linken Büchergilde Gnade fand und erst 30 Jahre später im Zürcher Limmat-Verlag veröffentlicht werden konnte!

Die *Geschichten vom Tal* sind zuletzt bei San Pietro, Ascona, als Reprint erschienen. 1990 bringt der Limmat-Verlag, Zürich, einen Bericht von Peter Kamber über das Ehepaar Rosenbaum-Ducommun heraus.

Max Pulver

»Vergnügungsreisenden empfehle ich dieses Land nicht. Rausch werden sie nicht finden. An Stelle von Klarheit nur Wirrung. Sie verstricken sich, ohne sich zu lösen, und kommen ärmer zurück, als sie auszogen – wenn sie wiederkommen.«

So steht es in *Himmelpfortgasse,* dem einzigen Roman des Berners Max Pulver, zu lesen. Und das Land, vor dem der fiktive Erzähler Moenboom den Leser warnt, ist die Abhängigkeit vom Kokain, das um 1927, als der Roman erschien, ähnlich wie heute die Modedroge der städtischen Schickeria war.

Wer aber meint, *Himmelpfortgasse* sei eine Kampfschrift gegen Drogenabhängigkeit, befindet sich ebenso im Irrtum wie der Verleger von 1927, der das Buch in schreierischer Aufmachung als »Roman des Lasters unserer Zeit« glaubte vermarkten zu müssen. Zwar bietet Pulvers Roman innerhalb der Schweizer Literatur die wohl hellsichtigste und kompetenteste literarische Darstellung des Kokainismus und steht künstlerisch auch einiges über Pitigrillis *Kokain,* dem Kultbuch der damaligen Drogenszene. Zudem scheint *Himmelpfortgasse* einen guten Teil seiner Sprachgewalt und vor allem seinen fiebrigen Rhythmus aus Erfahrungen mit dieser visionären Droge bezogen zu haben. Und dennoch ist es – so gelegen es der Kritik von 1927 auch kommen mochte – unzulässig, Pulvers Buch einfach als Kokain-Roman abzustempeln. *Himmelpfortgasse* ist vielmehr eine für damalige schweizerische Verhältnisse äusserst provokante unbürgerliche Liebesgeschichte, ein freizügiger erotischer Roman, der die Liebe als elementare sinnliche Gewalt der Institution Ehe gegenüberstellt. Die Begegnung mit Mariquita, der jungen Malerin aus der Wiener Himmelpfortgasse, stürzt Alexander Moenboom in eine Lebenskrise, die vom höchsten sinnlichen Taumel bis zur tiefsten Depression alle denkbaren Abstufungen durchläuft und von Max Pulver mit der dem Psychologen eigenen Einfühlsamkeit nicht einfach beschrieben, sondern in Syntax und Sprachduktus regelrecht seismographisch nachgezeichnet wurde.

Max Pulver (1889–1952) um 1940

Dieser Expressionismus des Stils war an einem Schweizer Roman von damals ebenso unerwünscht wie der fremde Schauplatz und die brisante Thematik. Immerhin aber war die zeitgenössische Kritik wenigstens bereit, das Ganze als einmaligen Ausrutscher eines hochbegabten Lyrikers der Rilke-Nachfolge gnädig zu übersehen, und auch Pulver selbst, der hernach als Dichter praktisch verstummte, wollte schon bald nichts mehr von der peinlichen, unverkennbar autobiographisch motivierten Literaturtat wissen. So war es nämlich dazu gekommen: Fasziniert von der Begegnung mit einer jungen Frau, hatte er seine ganze ungeheure Gebildetheit von sich geworfen und sich – fiebernd, rasend, dann wieder stockend, verzweifelt, sein eigener Interpret und Therapeut zugleich – all das Aufwühlende, Problematische, aber auch Ekstatische, Bezaubernde dieses kurzen Liebesrauschs von der Seele geschrieben. Dass er damit sein literarisches Meisterwerk schuf, wusste Pulver nicht einmal, so heillos hatte ihn die kleinmütige literarische Kritik verwirrt.

Himmelpfortgasse ist, kommentiert von Charles Linsmayer, seit 1981 in der Ex Libris-Edition »Frühling der Gegenwart« greifbar.

Hans Ganz

»Auf ihr Jünglinge, ihr Mädchen! Legt eure Körper ab, die euch lästig sind im endlosen Hoffen eurer Seelen ... Wer Kraft hat für das Ewige, für das von Menschen Ungeschaute, folge mir nach über das brausende Meer des Todes hinaus in das glitzernde Weltall!«

Dieser an Hölderlins *Empedokles* erinnernde hymnische Aufruf an die Jugend der Welt entstammt dem 1915 bei Rascher in Zürich erschienenen Roman *Peter das Kind* von Hans Ganz. Er ist enthalten im Abschiedsbrief, den der Protagonist Peter Sineysen seinem Freund Franz schreibt, bevor er sich in Leutnantsuniform zu Pferde in die Via-Mala-Schlucht hinunterstürzt. Hans Ganz hat sich nicht nur als Schriftsteller versucht – neben *Peter das Kind* haben sich zehn dramatische Werke, Gedichte, Reiseberichte und eine Pestalozzi-Biographie erhalten –, er betätigte sich mit gleicher Hingabe auch als Maler und Komponist. Im literarischen Bereich aber ist der in der Nähe des Expressionismus angesiedelte Entwicklungsroman *Peter das Kind* seine gewichtigste Leistung geblieben. Zwar sind die Schwächen des Buches – z. B. die Unterteilung in drei nur schwer zusammenpassende ungleichgewichtige Teile, der bisweilen etwas schwülstige Stil u. a. – unverkennbar, und doch liest man *Peter das Kind* auch heute noch nicht ohne Betroffenheit. Denn eines ist gewiss: obwohl diese seltsame literarische Orgie der Todessehnsucht in privaten Erlebnissen wurzelt, hat sie ihre Bedeutung doch auch in einem grösseren zeitgeschichtlichen Zusammenhang. Ein gutes Stück Fin-de-siècle-Lebensgefühl ist in dem Buch lebendig erhalten geblieben, dann aber hat dieser Jüngling Peter Sineysen ja auch so seine Verwandten, unter die gestellt er als Repräsentant eines bestimmten Typus nicht eimal schlecht abschneidet: Thomas Manns Tonio Kröger, Hesses Demian, Walsers Jakob von Gunten, Alain-Fourniers Grand Meaulnes. Mit Blick auf die Schweiz jedoch stellt *Peter das Kind* einen frühen Fall jener Verweigerungsliteratur dar, wie sie später etwa in Lore Bergers *Barmherzigem Hügel,* in Frischs *Stiller* oder in Fritz Zorns *Mars* wiederersteht.

Hans Ganz (1890–1957)

Peter Sineysen findet in der Heimat keinerlei Entfaltungsmöglichkeit. »Mein Ruf nach Taten verhallt in einer nüchtern beschäftigten Menschenwelt«, klagt er und kommt zur fragwürdigen, aber kompromisslosen Erkenntnis: »Die einzige grosse Veränderung ist der Tod.« Zwar erscheint Sineysen zunächst auch der Krieg als möglicher Ausbruch aus der Enge. Dennoch aber musste 1915 die Geschichte vom Leutnant, der sich in die touristisch weltberühmte Via Mala hinunter zu Tode stürzt, als Protest gegen das ringsum tobende sinnlose Morden, als Protest gegen den Militarismus ganz allgemein, empfunden werden. Hans Ganz selbst protestierte noch auf andere Weise dagegen. 1917, beim Ausbruch der Revolution in Russland, liess der Zürcher Millionärssohn und Oberleutnant der Schweizer Armee seine Einheit antreten und ein Hoch auf den politischen Umsturz ausbringen. Worauf er, wie es so schön heisst, zur Disposition gestellt wurde.

Karl Stamm

Er wollte hoch hinaus, der 165 cm lange und 125 Pfund leichte Karli Stamm, dreiundzwanzig, Lehrer der Achtklassenschule Lipperschwendi im hintersten Winkel des Zürcher Oberlands. *Das Hohelied* war sein literarischer Erstling von 1913 betitelt, und das grossformatige, von Eduard Gubler bibliophil gestaltete Buch wollte nichts weniger als die ganze Welt mit all ihren Kreaturen und Geschöpfen in einen lyrischen Taumel hineinreissen und als mystische Totalität sichtbar machen.

Der Ruhm, den ihm das bemerkenswerte, noch ganz der Tradition des 19. Jahrhunderts verpflichtete Debut einbrachte, zerschlug sich wie so vieles im allgemeinen Desaster, das mit dem Ausbruch des Ersten Weltkrieges um sich griff. Stamm, inzwischen nach Zürich gewählt, wurde als Grenzsoldat mobilisiert und aus all seinen Bindungen und dichterischen Plänen herausgerissen. Die erste patriotische Begeisterung, der er unter dem Titel *Aus dem Tornister* lyrischen Ausdruck gab, war bald verflogen, und dem zermürbenden Hin und Her zwischen Schule, Militärdienst und dichterischer Berufung war der sensible, gesundheitlich angeschlagene junge Mann nicht lange gewachsen. Als er auch noch in der Liebe scheiterte, brach er seelisch und körperlich zusammen und wurde nach langem Spitalaufenthalt zunächst für ein Jahr und ab 1917 dann definitiv als »nerven- und herzkrank« aus der Armee entlassen. Gerade die Krankheit aber machte den Dichter Karl Stamm empfindsam und hellhörig für das ungeheure Leid, das rings um die verschonte Schweiz herum über Millionen Menschen hereingebrochen war. So kam es, dass er mit seinem Gedichtband *Der Aufbruch des Herzens,* der zu seinem ästhetisierenden Erstling einen aufwühlenden, fast expressionistisch schrillen Kontrapunkt setzte, quasi das Stichwort liefern konnte für jene Richtung innerhalb der Schweizer Literatur, die im Nachgang zum Kriege der helvetischen Enge entfliehen und sich mit der leidenden Menschheit verbrüdern wollte. Stamm selbst aber überlebte das Erscheinen seines eindringlichsten Buches nur um wenige Wochen. Am 21. März 1919 erlag er mit 29 Jahren der Grippe.

Karl Stamm (1890–1919) im Jahre 1913

Wer 70 Jahre danach in seinen Werken liest – Eduard Gubler hat sie 1920 in zwei Bänden ediert –, der wird, auch wenn das leidenschaftliche Engagement dieses Dichters noch immer betroffen macht, neben Glanzstücken wie den erschütternden Gedichten *Spital* und *An mein ungeborenes Kind* vieles als epigonal und allzu zeitgebunden empfinden. Am nächsten kommt einem Stamm noch in seinen zeitgeschichtlich aufschlussreichen, menschlich ergreifenden Briefen, die Gubler 1931 gesammelt hat. Am lebendigsten aber ist er in einem Werklein geblieben, das weder in der Gesamtausgabe noch bei irgendeinem Biographen Erwähnung findet, das jedoch im Winterthurer Gemsberg-Verlag in sechster Auflage noch immer greifbar ist. Es heisst *Das Schlaraffenland* und erzählt zu wundervollen Aquarellen von Hans Witzig eine Geschichte, die jeder Kindergeneration wieder neu Freude machen wird.

Hans Morgenthaler

»Ihr Berge! Wisst ihr es, was ihr vielen Menschen von heute bedeutet? Dass allein euer Sein schon ihr Leben inhaltsreich macht! Dass Scharen der besten Männer nichts Höheres, Edleres kennen, als euch, äonenlang trotzende, starke Berge zu lieben. Euch zeit ihres Lebens zu dienen, bis zum letzten Atemstoss. Ihr seid ihnen Gott.«

Obwohl 1916, in der Hochblüte der Schweizer Bergliteratur erschienen, hatte das Buch, dem diese Zeilen entstammen, mit Heer und Zahn nichts gemeinsam. Für seinen Verfasser, Dr. Hans Morgenthaler, Geologe ETH, waren Berge nichts weniger als eine Art Droge, war Bergsteigen ein unaufhörlicher rauschhafter Trance-Zustand, der ihn sein übriges, unbefriedigendes Dasein vergessen liess. Häppchenweise, mehr verbergend als enthüllend, gibt er in seinem Buch Momentaufnahmen aus diesem alpinen Herumtaumeln preis. So beschreibt er beispielsweise eine Tödi-Besteigung vom 12./13. März 1911, deutet aber nur ansatzweise an, dass ihm dabei fast alle vorderen Fingerglieder abfroren – bis auf den für das Schreiben unerlässlichen Zeigefinger der rechten Hand. Bloss angedeutet ist auch jene qualvolle unerfüllte Sehnsucht nach einer Lebensgefährtin, wie sie später im Roman *Woly, Sommer im Süden* (1924) deutlich, aber poetisch gemildert zum Ausdruck kommen sollte. Ganz am Schluss von *Ihr Berge* berichtet Morgenthaler von einer Gipfelrast. Diesmal ist er nicht allein, sondern er teilt »die hohe Stunde« mit seinem besten Freund und dessen Braut. »Ich bin nicht wenig stolz«, heisst es dann, »Gritli zu dem hellen Sitz mitverholfen zu haben! Und was ich sonst noch denke? ›Wie mag das sein, mit seinem Mädel auf dem Weisshorn oben?‹ «

Nein, mit den Frauen hatte er kein Glück, der ruhelose Sucher Hans Morgenthaler. 1920 krank aus jenen Tropen zurückgekehrt, denen er danach in *Matahari* (1921) und *Gadscha puti* (1929) genauso eigenwillige »Stimmungsbilder« wie 1916 den Schweizer Bergen widmete, trieb ihn die Sehnsucht an viele Ufer, lernte er die Verzweiflung bis an die Pforten des Wahnsinns kennen, um dann schlussendlich doch noch eine kurze Liebeserfüllung bei ebenjener Frau zu finden, die er auf den letzten Seiten seines Bergbuches liebevoll angesprochen hatte. Auf das Weisshorn führen konnte der unheilbar kranke Dichter seine mütterlich besorgte Vertraute Marguerite Schmid nun allerdings nicht mehr – ohnehin hatte er ja 1920 aus Wut über den Massentourismus seine Bergausrüstung in eine Gletscherspalte geworfen. Aber bei ihr fand er zu sich selbst, und in ihren Armen starb Hans Morgenthaler am 16. März 1928 mit 38 Jahren in Bern. Sein letztes Gedicht war ein Gebet und lautete:

Hans Morgenthaler (1890–1928) im Jahre 1926

»Lieber Gott,
schlag mich tot.
Nimm von mir dies wüste Leben.
Dann werd ich Dir ein Müntschi geben.«

Kommentiert von Kurt Marti, ist in der Ex Libris-Edition »Frühling der Gegenwart« der Roman *Woly, Sommer im Süden* greifbar. Roger Perret hat bei Lenos, Basel, ein Morgenthaler-Lesebuch sowie einen Briefband herausgebracht.

Adrien Turel

Er nannte sich selbst »enfant terrible einer kommenden Welt« und war wohl der originellste, wenn auch schwierigste Denker unter den Schweizer Schriftstellern der ersten Jahrhunderthälfte: Adrien Turel, 1890 als Waadtländer in Russland geboren, von Kind auf halbseitig gelähmt, Literat und Psychoanalytiker im Berlin der ersten Nachkriegszeit, ab 1934 als Philosoph und »Sozialphysiker« in Zürich ansässig, wo er am 27. Juni 1957 gestorben ist.

Was Turel vorschwebte, war der »vierdimensionale Mensch«, eine Art demokratischer »Übermensch«, welcher mit den Mitteln des atomaren »Ultratechnoikums« ein paradiesisches Kapitel der Menschheitsgeschichte heraufführt. 30 000 Manuskriptblätter füllte Turel mit Thesen und Entwürfen dazu: Pamphlete, Gedichte und Abhandlungen, die mit ihren verblüffenden Formulierungen den oftmals widersprüchlichen Gehalt an Bedeutung bei weitem übersteigen. In der Weimarer Republik fand er eine gewisse Beachtung, in der Schweiz wurde der Heimkehrer als verqueres Genie und Alkoholprophet belächelt; als niemand ihn mehr drucken wollte, produzierte er im Selbstverlag weiter. Lucie Turel-Welti, die vermögende zweite Ehefrau, unterstützte ihn dabei und führte das Unternehmen nach seinem Tod als »Stiftung Adrien Turel« unverdrossen weiter.

Turel deutete die Erfolglosigkeit seines Welterneuerungsversuchs sarkastisch als Resultat eines »Erfolgsstreiks« und nannte seine Memoiren 1956 keck *Bilanz eines erfolglosen Lebens.* Insgeheim aber kannte er die Wunden, die ihn zum Ketzer machten. »Nun habe ich mich«, steht in einem Brief von 1939, »wie fast jede Nacht, durch das Schreiben aus den Angstvorstellungen, verrückt zu werden, herausgearbeitet...« Und auf einem Blatt des Nachlasses fand sich folgende Groteske: »Ein grosser Mann hat es schwer! Erst muss ich die grossen Gedanken haben, dann muss ich Alkohol trinken, um den Mut zu bekommen, sie niederzuschreiben. Dann muss ich meine Frau betäuben, ihr das Geld stehlen, um die Bücher drucken zu lassen. Und dann muss ich meine Freunde mit vorgehaltenem Revolver zwingen, die Bücher zu lesen.«

Adrien Turel (1890–1957)

Spätestens hier aber wird der nachgeborene Leser Turel in den Arm fallen. Mit Lyrik und Philosophie dürfte zwar auch er Mühe haben, dafür aber wird er Turels Romane, gleichsam das Nebenprodukt seines Theoretisierens, um so höher einschätzen. Den Sciencefiction-Krimi *Die Greiselwerke,* welcher die Möglichkeiten der von Turel selbst für segensreich gehaltenen modernen Technik glanzvoll ad absurdum führt, die köstlich satirische *Reise einer Termite zu den Menschen* oder den verräterisch autobiographischen Roman *Die zwölf Monate des Dr. Stulter* jedenfalls liest man auch heute noch mit grossem Vergnügen zu Ende, ohne dass einem der Verfasser mit dem Revolver zu drohen braucht!

Die Greiselwerke sind in der Ex Libris-Edition »Frühling der Gegenwart« mit einem Nachwort von Martin Kraft, *Dr. Stulter* und *Die Reise* bei der Edition Moderne, Zürich, greifbar.

Arnold Kübler

Selbst wenn man den fünften, bisher unveröffentlichten Band nicht mitzählt: den Ruhm, zumindest quantitativ eines der grössten Roman-Epen der Schweizer Literaturgeschichte geschrieben zu haben, macht Arnold Kübler und seiner 2100seitigen *Öppi*-Tetralogie niemand streitig. Qualitativ sieht die Sache allerdings anders aus, denn Kübler, dieser humorvolle, vielseitig begabte, unerhört wandlungsfähige Künstler, Kabarettist und Schriftsteller, war im Grunde alles andere als ein geborener Epiker. Die Leser jedenfalls goutierten, nachdem die drei ersten längst verramscht worden waren, erst den vierten Band, *Öppi der Narr,* einigermassen, und auch das vielleicht nur, weil Kübler auf Betreiben seines Verlegers 1963 mit dem Literaturpreis der Stadt Zürich geehrt und die konsequente Abstinenz der Leser von höchster Warte aus gerügt worden war.

Wer die Tetralogie heute liest, findet Verständnis für die Leser von damals, denn das Riesenwerk, das die ersten vierzig Jahre von Küblers Leben gestaltet und Öppis Weg von der Geburt in Wasenwachs (sprich Wiesendangen) über mancherlei künstlerische Umwege bis hin zur Verheiratung mit Eva, der Schwedin, ja bis zum Beginn der erfolgreichen Tätigkeit als Redaktor der *Cheudraer* alias *Zürcher Illustrierten* zeichnet, leidet, von einzelnen stilistischen und geschmacklichen Mängeln einmal abgesehen, als Ganzes entschieden unter der Diskrepanz zwischen angestrebter grosser epischer Form und persönlich-intimem, teilweise auch belanglosem Gehalt.

Überzeugendes, Bleibendes gelang Kübler dagegen, wenn er sich vom Anspruch der grossen Form löste und ganz schlicht erzählte, was er erlebt hatte. In jenen Spätwerken z. B., die ihren unverwechselbaren Charakter zusätzlich noch durch Küblers Illustrationen erhielten: fein differenzierte, oftmals mit bloss angedeuteten Konturen auskommende, aber immer gegenständliche Bleistift- oder gar Kugelschreiber-Zeichnungen. Die Serie begann 1960 mit einem Buch über Zürich, weitete sich 1963 über *Stätten und Städte* der ganzen Welt aus, brachte 1966 das faszinierende Werkbuch *Zeichne, Antonio!* zutage, wandte sich 1970 Israel zu und endete 1974 mit dem wehmütigen *Verweile doch* des nunmehr Vierundachtzigjährigen. Am kostbarsten aber ist ohne Zweifel der Band *Paris–Bâle à pied* von 1967, wo Text und Zeichnungen sich nahtlos zu einem homogenen Ganzen von ausserordentlichem künstlerischem Charme zusammenfinden. Waren die *Öppi*-Romane eine monumentale Liebeserklärung an Eva, so ist der unprätentiöse Bericht des Fünfundsiebzigjährigen über die 500km-Fussreise von Paris nach Basel nun bloss noch eine bescheidene, aber dennoch erschütternde Hommage an die kurz zuvor Verstorbene. Wieder gelesen nach einem Vierteljahrhundert, hat das Buch nichts von seiner Leuchtkraft eingebüsst. Ja, vielleicht ist sie inzwischen eher noch bedeutsamer geworden, die Geschichte von dem alten Mann, der dem motorisierten Verkehr mit trotziger Gebärde das gemächliche Schreiten und Wandern als einzig humane Bewegungsart gegenüberstellt.

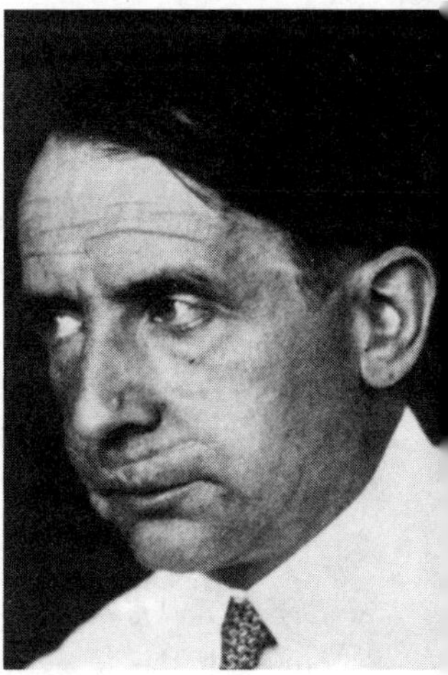

Arnold Kübler
(1890–1983) im Jahre 1935

Alfred Fankhauser

»Ich bin krank von dem Gedanken, wie die Erde sein sollte und wie sie nicht ist.« Hauptmann Freudiger bekennt dies dem Gericht, das ihn wegen Desertion verhören soll. Es ist die Zeit um 1917, und Freudiger hat Truppe und Vaterland verlassen wollen, um unter dem Namen Jan Landa ein neues Leben zu beginnen. Das Eingeständnis kommt dem Gericht nur gelegen, hofft es doch, »den Fall bald als Krankheit aus den Händen geben« zu können – was sich allerdings dann infolge plötzlichen Ablebens des Angeklagten erübrigt.

Der Fall gehört in den 1921 erschienenen Roman *Der Gotteskranke* von Alfred Fankhauser. Es ist dies ein Buch, das so ziemlich alles Lügen straft, was während und nach dem Ersten Weltkrieg im Gefolge von Faesis *Füsilier Wipf* an schweizerischer Grenzbesetzungsliteratur produziert worden ist. Nachdem schon sein Drama *Der Chrützwäg* (1917) mit dem hemdsärmlig-lustigen, aber oberflächlichen Heimatschutztheater gebrochen und eine erschütternde Bauerntragödie auf die Bühne gebracht hatte, befand sich Fankhauser 1921 mit dem *Gotteskranken* stilistisch und thematisch im Einklang mit der europäischen literarischen Avantgarde der Zeit. Seine Figuren sind ergriffen und gequält von göttlichen und dämonischen Mächten, die Gestaltung geht vom linearen Erzählen über in Visionen von expressiver Bildkraft. Keine Frage auch, dass der Autor Begriffe wie Kirche, Vaterland, Landesverteidigung, Ehe usw. radikal in Frage stellt und nach dem Absoluten einer höheren, alle menschliche Sehnsucht befriedigenden Wahrheit sucht. Anders ausgedrückt: dieses nach ausländischem Vorbild expressionistische Buch stellte, falls es Schule machen sollte, unbedingt eine Gefahr für jene »Schweizerliteratur« dar, die z. B. Otto von Greyerz als unverdrossener Gralshüter in eine ferne Zukunft hinüberretten wollte. Im Unterschied zu Fankhausers Erstling *Peter der Tor,* den er den Lesern »so warm man nur kann« empfohlen hatte, verriss Otto von Greyerz darum den *Gotteskranken* im *Bund* vom 14. 8. 1921 gnadenlos. »Einsiedlerisch, grüblerisch, unmitteilsam und ungesellig« nannte er den ihm bestens bekannten Autor, sprach ihm schlicht das Können ab, mass seine »traumhaft flüchtigen, oft fratzenhaft verzerrten, oft unfassbar symbolhaften Gestalten« an Mörikes »sonnigem Behagen« und diagnostizierte insgesamt »mehr Krankheitsanalyse als Dichtung«.

Alfred Fankhauser (1890–1973) im Jahre 1928

Nicht alle Opfer des Berner Literaturpapstes waren so widerstandsfähig wie Alfred Fankhauser, der wenige Jahre später sein – vom bewussten Kritiker allerdings ignoriertes – expressionistisches Meisterwerk *Die Brüder der Flamme* vorlegte und überhaupt ein bedeutendes episches Gesamtwerk schuf, wenn es auch von der Schweizer Kritik noch immer nicht wirklich rezipiert worden ist. Herrn von Greyerz aber wischte Fankhauser sogar noch eins aus, indem er ihn 1922 in der köstlichen Satire *Tobias Moor* als Wolf von Hering karikierte und zu ewigem Wiederkäuen in der Hölle verurteilen liess, weil er sich als Kritiker »zu richten vorgenommen, / ahnungslos, worauf es angekommen ...«

Von Fankhauser sind einzig *Die Brüder der Flamme* greifbar: mit Holzschnitten von Werner Neuhaus und einem Nachwort von Charles Linsmayer in der Ex Libris-Edition »Frühling der Gegenwart«.

Albert Bächtold

»Gestern feierten wir bei uns den Bächtold, der den Preis der Büchergilde bekommen hat, wozu ich mächtig geschoben hatte. Ich sass im Preisgericht und musste mir vierzig Romane durch den Schädel jagen ...« So schrieb R. J. Humm am 6. November 1941 an Hermann Hesse. Prämiert worden war ein Heimkehrerroman, der zunächst Dürrenmatts *Alte Dame* vorwegzunehmen scheint: Als steinreicher Ölmagnat kehrt John R. Smith aus den USA in seine Klettgauer Heimat zurück, um sich für die miese Behandlung zu rächen, die er einst als Verdingknabe erfuhr. Aber sein Zorn erkaltet bald, und statt mit Racheakten überschüttet der Schlossherr und Grossbauer die Landsleute mit Wohltaten, bis er selber Bankrott macht und ins Armenhaus kommt. Nach einem schweren Unfall könnte er wieder aufsteigen und zu Amt und Würden kommen. Doch er verschmäht all dies und kehrt ins Armenasyl zurück, um den Ärmsten der Armen zu dienen.

Unter dem Titel *Der Ausgestossene* hatte Albert Bächtold den Stoff bereits 1936 bearbeitet und erfolglos beim Wettbewerb des Schriftsteller-Vereins eingereicht. Jetzt, 1941, hiess der Roman *De goldig Schmid,* und das Spektakuläre daran war, dass er diesmal vollständig in Klettgauer Mundart daherkam. »Schomächerli, Schomächerli, wa choschted miini Schue? Zwaa Bätzili, zwaa Bätzili, und d Negili derzue«, singen die Kinder, als der »Amerikaner« kommt. »Mäi das ischt e Gfüel«, meint dieser einem früheren Schulkameraden gegenüber, »siine ehmoolige Päinigere gegenüberschtoo und wüsse, das me alli Trümpf in Hände hät!«

Gewiss, geistige Landesverteidigung und Rückbesinnung auf Heimatliches standen Bächtolds Erfolg von 1941 Pate, und doch hat *De goldig Schmid* seine Frische bis heute nicht eingebüsst. Ein Dutzend Seiten lang macht die Sprache zwar Mühe, doch dann bereitet die Lektüre auch Nichtschaffhausern ein köstliches Vergnügen. Und wer sich weiter informiert, erfährt, dass dieser Bächtold, der ein erfolgreicher Kaufmann war, ehe er nach dem Bankrott zur Schriftstellerei und auf Anregung Humms zur Mundartepik überging, sein ganzes Leben zu einem monumentalen, vielbändigen Roman-Epos in Klettgauer Mundart verarbeitet hat. *De Tischtelfink, Hannilipeter, Studänt Räbme* und *Pjotr Iwanowitsch* heissen die wichtigsten dieser Bücher, in denen der vielgereiste Dichter alle handelnden Figuren, sogar Russen und Amerikaner, den Dialekt seiner Kinderheimat Wilchingen sprechen lässt.

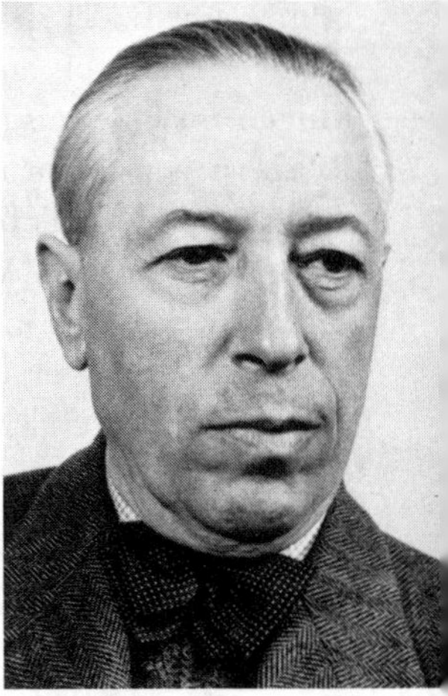

Albert Bächtold (1891–1981) im Jahre 1945

Als Bächtold 1981 mit 90 Jahren im zürcherischen Grüningen starb, stellte sich heraus, dass der konservative »Klettgauer Homer« in Erlenbach Bauland in Millionenwert besessen und das Geld testamentarisch dazu bestimmt hatte, »die Neuauflage vergriffener Werke und das Entstehen einschlägiger Sekundärliteratur zu finanzieren«. Ein Zweck, wozu die vorhandene Summe, ob man die kapitalistische Nachruhm-Versicherung nun für glücklich hält oder nicht, mindestens bis ins Jahr 2500 ausreichen sollte! So kommt es, dass im Verlag Meili, Schaffhausen, heute nicht nur sämtliche Werke Albert Bächtolds, sondern auch eine einfühlsame Bächtold-Biographie aus der Feder Kurt Bächtolds lieferbar ist.

Cilette Ofaire

Ihr Name findet sich in keinem Lexikon, und noch vor kurzem, bis zum Erscheinen der deutschsprachigen *Ismé*-Neuausgabe (1988), rief die Frage nach Büchern von ihr in den Buchhandlungen bloss ein bedauerndes Kopfschütteln hervor. Und doch gehört sie mit ihrem Werk, das in seiner Weite und Abenteuerlichkeit eine einzige Auflehnung gegen die helvetische Enge und Spiessbürgerlichkeit bedeutet, ohne Zweifel zu den bemerkenswertesten Schriftstellerinnen der modernen Schweiz: Cécile Hofer-Houriet, geboren 1891 in Couvet (NE), gestorben 1964 im französischen Sanary-sur-mer, Verfasserin von sieben Romanen, die sie unter dem französisierten Autorennamen Cilette Ofaire publiziert hat.

Malerin und Zeichnerin von originaler Kraft, lebte sie seit 1912 mit ihrem Ehemann Charles Hofer unentwegt ihrer Kunst, war aber, wenn es am Nötigsten fehlte, auch bereit, als Sekretärin und bisweilen gar als Aktmodell zu arbeiten. Ab 1923 befuhren die zwei Künstler in ihrem Hausboot San Luca die Kanäle und Flüsse ganz Europas, malten, zeichneten und stellten das Geschaffene an Bord aus. 1934, in ihrem Erstling *Le San Luca,* hat Cilette Ofaire die Maler-Odyssee auf lebendige Weise literarisch dargestellt. Zu schreiben begonnen hatte sie, als ein Augenleiden ihr das Malen verbot. Das war 1933, und sie stand damals eben im Begriff, die San Luca gegen ein seetüchtiges Schiff, die Ismé, einzutauschen und als ihr eigener Kapitän – die Ehe war inzwischen in Brüche gegangen – in See zu stechen. Die Fahrt endete 1936 in den Wirren des Spanischen Bürgerkriegs mit dem Verlust des Schiffes. Im Roman *Ismé* jedoch, der 1940 erschien, ist es wieder flottgekommen: als seltsam verwunderliches Bild und Symbol für die unstillbare Sehnsucht einer Frau nach grenzenloser, unbürgerlicher Freiheit.

Über dem Heck der Ismé wehte die Schweizer Flagge, und auch als Autorin verlor Cilette Ofaire ihre Heimat trotz aller Vorbehalte nie ganz aus den Augen. Schon im Erzähl-Zyklus *Sylvie Velsey* von 1938 finden sich wehmütige Erinnerungen an die jurassische Kindheit, und ihr wohl dichtestes Buch, der Roman *Chemins* von 1945, gestaltet die Rückkehr der vierundvierzigjährigen Sylvie ins Land ihrer Herkunft. Doch die literarische Flaschenpost kam nie ans Ziel. Ein reicher Verwandter aus Couvet sah in dem Buch nämlich eine Nestbeschmutzung, kaufte die für die Schweiz bestimmten Exemplare auf und vernichtete sie . . .

Cilette Ofaire (1891–1964) um 1942

In den fünfziger Jahren, als ihre Kräfte nachliessen und sie durch private Konflikte zermürbt war, traf auch aus der Schweiz mehrfach Hilfe bei Cilette Ofaire in Sanary ein, ja die Guilde du Livre, die zwei Titel von ihr im Programm hatte, führte sogar eine Kollekte für sie durch. Schon für ihr letztes Buch, *La Place,* aber fand sie 1961 nur noch mit Mühe einen Verlag, und nach ihrem Tod am 11. Dezember 1964 geriet Cilette Ofaire rasch gänzlich in Vergessenheit. Bis 1987, als die Neuenburger Kantons- und Universitätsbibliothek sich ihrer mit einer umfassenden Werkausstellung erinnerte und im Katalog ankündigen konnte, dass zwar nicht die Romandie, aber immerhin wenigstens die deutsche Schweiz das Werk der Neuenburgerin für lebensfähig halte und eine Neuausgabe von Cilette Ofaires bemerkenswertem Hauptwerk *Ismé* vorbereite . . .

Ismé ist, kommentiert von Charles Linsmayer, zur Zeit deutsch als Band 3 der Edition »Reprinted by Huber«, Frauenfeld, wieder greifbar.

John Knittel

John Knittels Theaterstück *Protektorat* ist eine Dramatisierung des 1931 erschienenen Romans *Abd-el-Kader*. Der französische General de Sonloup gerät zusammen mit seiner zwanzigjährigen Tochter Renée in einen Hinterhalt der marokkanischen Berber, gegen die ein erbarmungsloser Kolonialkrieg im Gange ist. Während der General stur bei seiner Erorberermoral bleibt, lernt die Tochter in der langen Gefangenschaft die eingeborenen Berber als liebenswerte und den Europäern ebenbürtige Menschen kennen, ja, sie verliebt sich sogar in den Anführer des Widerstands, Pascha Abd-el-Kader, und reist als seine Unterhändlerin ins französische Lager. Doch die Eloquenz der Französin, die sich als Vertreterin eines jungen, besseren Frankreich versteht, bleibt wirkungslos. Die Generäle beantworten das Friedensangebot mit Bombenraids und machen alle Hoffnung auf Versöhnung zunichte. General de Sonloup, von Abd-el-Kader aus Grossmut freigelassen, erschiesst den Rebell mit den Worten: »So tötet Frankreich!«

Die Uraufführung des Stücks am 14. Oktober 1935 im Berner Stadttheater wurde, nicht so sehr des Dramas als der politischen Situation wegen, zu einem sensationellen Erfolg. Eine Woche vorher waren nämlich die Armeen Mussolinis ohne Kriegserklärung in Abessinien eingefallen, und nur drei Tage zuvor hatte der Völkerbund – letztlich wirkungslose – Sanktionen gegen Italien beschlossen. So hörte jedermann »Italien«, wenn auf der Bühne »Frankreich« gesagt wurde, und jene Szene in der Mitte des Stücks, wo Renée zu einer Verurteilung des Kolonialkriegs ausholt, wurde mit nicht enden wollendem, tosendem Beifall bedacht. »Glück hat der Dramatiker Knittel«, musste Hugo Marti im *Bund*, wo die Romanvorlage arg zerzaust worden war, nun gestehen. »Schreibt ein Stück und lässt es durch die Wirklichkeit bestätigen. Aktueller war kein Drama als dieses ...« Sogar Zollingers linke *Zeit* sah in dem Stück des rechten Bestseller-Autors »eine Anklage gegen europäische Kolonialgrausamkeiten« und erkannte ihm eine Aktualität zu, »die die Zuschauer förmlich von den Sitzen aufschnellen liess«. Noch ein Jahr später löste ein Gastspiel des Zürcher Schauspielhauses im Basler Stadttheater mit dem gleichen Stück und in der Glanzbesetzung Langhoff/Kalser/Horwitz/Ginsberg/Parker »eine«, so die *Nationalzeitung,* »spontane und anhaltende Kundgebung des Publikums« aus.

John Knittel (1891–1970)

Protektorat ist gewiss nicht das berühmteste Werk des 1970 mit 79 Jahren in Maienfeld verstorbenen John Knittel geblieben. Aber im Unterschied zu den meisten der dickleibigen und vielfach eher fragwürdigen Romane, die bisweilen deutlich jene faschistische Gesinnung zum Ausdruck bringen, mit welcher der im Dritten Reich bis zuletzt hochgeschätzte Autor ab 1937 unübersehbar liebäugelte, muss diesem Drama, dem einen Moment lang höchste politische Brisanz zukam, ein echtes humanes Engagement bescheinigt werden.

Guido Looser

Als Guido Looser, sechsunddreissig, Zürcher Mittelschullehrer mit Kilchberger Wohnsitz, am 21. Juni 1928 dem Huber-Verlag seinen ersten Roman, *Josuas Hingabe,* nach Frauenfeld schickte, charakterisierte er das Werk folgendermassen: »Es behandelt das Todesmotiv im Leben eines Menschen von der Kindheit bis zur freiwilligen Selbsthingabe des Erwachsenen an die Natur.«

Der Roman, der noch im Winter 1928/29 herauskam, ist weitgehend autobiographisch bestimmt und gestaltet auf zurückhaltend-diskrete Weise das Schicksal eines Menschen an der Grenze zwischen Genie und Wahnsinn, Lebensfreude und depressiver Verzweiflung. Nach Klinikaufenthalt und Italienerlebnis findet Josua Bleiker zwar Trost und Befriedigung in der aufopfernden Hingabe an die Mitmenschen, endgültige Heilung bringt ihm aber erst der Tod, den er, berauscht vom wehmütigen Zauber eines Herbstnachmittags, in den Fluten des Zürichsees sucht.

Was in *Josuas Hingabe* erst am Rande virulent war, rückte 1934, im Künstlerroman *Die Würde,* auch thematisch in den Mittelpunkt: Loosers durch nichts aufzuhellender, zutiefst im persönlichen Erleben verwurzelter Kulturpessimismus. Was der moderne Künstler und Dichter auch schaffen mag – niemals erreicht er all das wieder, was die früheren Jahrhunderte und speziell Italien an Kostbarkeiten hinterlassen haben. Moderne Kunst im besten Sinne kann für Looser nur noch *Nachglanz* – so der Titel seines einzigen Gedichtbandes von 1924 – sein: demütiges, bescheidenes Epigonentum angesichts einer grossen, für die Nachgeborenen übermächtigen Vergangenheit.

So problematisch diese Kunstauffassung gerade im Zeitalter des fatalen Schlagworts von der »entarteten Kunst« auch war – in ihrem Geiste hat Guido Looser, sieht man von den zwei eher schwierigen

Romanen einmal ab, eine ganze Reihe kleinerer Texte geschrieben, die in ihrer melancholischen Verhaltenheit und feinsinnigen Kultiviertheit schlicht meisterhaft sind – Reiseskizzen, Kunstbetrachtungen, Landschafts- und Naturbeschreibungen, knappe, persönlich gehaltene Stimmungsbilder. Am eindringlichsten ist wohl der bereits 1927 entstandene *Brief aus dem Zürichsee,* eine poetische Hommage an jene Landschaft, der sich Looser ganz besonders verbunden fühlte und die für seine unstillbare Todessehnsucht wundervolle Bilder zu liefern vermochte.

Guido Looser
(1892–1937) im Jahre 1934

Weniger poetisch erscheint einem dagegen die unbeschönigte Wahrheit seines vorzeitigen Endes. Der häufigen Absenzen wegen reichte nämlich Loosers Gehalt, von dem auch noch Mutter und Schwester leben mussten, eines Tages nicht mehr, um sich weiterhin die teure Binswanger-Klinik in Kreuzlingen leisten zu können. Die menschenunwürdige Behandlung aber, die ihm im Herbst 1937 im billigeren Oetwiler »Schlössli« widerfuhr, ertrug der sensible Literat nur gerade drei Monate. Dann erhängte er sich.

Meinrad Inglin

Babett, Moritz, Lämp, Waldi, Hudi, Fratz, Schilt und Stürm heissen die Jagdhunde in Inglins *Grauer March,* und zunächst könnte der Leser meinen, er habe es überhaupt mit Tiergeschichten nach Art von Kiplings *Dschungelbüchern* zu tun, so einfühlsam sind nicht nur die Hunde, sondern auch die von ihnen gejagten Hasen, Füchse und Rehe in ihrem Werben, Zeugen und Kämpfen auf Leben und Tod beschrieben. Bald aber merkt man, dass auch Menschen in diese Welt hineingehören, Bauern und Jäger, Einheimische und Zigeuner, und dass ihr Leben um nichts weniger mühsam und hart, ihre Existenz nicht weniger bedroht ist als diejenige der Waldtiere.

Da ist z. B. das Feckermädchen Berta, das von den Seinen misshandelt wird und in die Wildnis hinaus flieht, wo es wie eine scheue Waldnymphe lebt und die Tiere vor den Jägern zu retten sucht. Berta müsste wohl zugrunde gehen, wenn nicht Inderhalten, der »unerfassliche, von Gerüchten umschwirrte, von Jägern gemiedene Herr«, schützende Vorkehrungen für sie treffen würde. Daneben dieser Josef Scheckli von der Lauimatt, der zu Unrecht eines Wildfrevels bezichtigt wird und sich nach Auflösung seiner Verlobung mit der reichen Agatha dem Trunke ergibt, bis man ihn schliesslich irgendwo erfroren auffindet. Ergreifend auch das Verhalten seiner Schwester Anna, die in der höchsten Not ihrer unehelichen Schwangerschaft aufbricht, um den ungetreuen Liebhaber als Bauern auf das verwaiste armselige Berggütchen heraufzuholen. Weil ihr dies wider Erwarten gelingt und auch Lehensherr Inderhalten dem Neuanfang seine Hilfe nicht versagt, kann der Roman, der ansonsten ganz in Moll gestimmt ist, mit einem etwas optimistischeren Akkord ausklingen.

Man schrieb das Jahr 1935, als Meinrad Inglin mit *Die graue March,* dem Roman, der während der jahrelangen Vorarbeiten zu seinem Hauptwerk *Schweizerspiegel* entstanden war, der Durchbruch zur Anerkennung gelang. Nach sechs Absagen von Schweizer Verlegern hatte er das Buch durch den Leipziger Staackmann-Verlag herausbringen lassen und damit vor allem auch in Deutschland viel Interesse gefunden. Mag sein, dass man im Dritten Reich, wo Inglin bis zur Götterdämmerung von 1945 viel gelesen und gerühmt wurde, einen gewissen Blut-und-Boden-Geruch aus dem Jäger-und Bauern-Epos herauslesen wollte. Genau besehen aber verherrlicht *Die graue March* das archaische Bauernleben nicht, sondern zeigt es in seiner ganzen düsteren Not und Erbärmlichkeit, wirkt so also eher abschreckend auf Anhänger des Blut-und-Boden-Kults. Inglin selbst hielt 1955, als er eine harmlosere Neufassung des Romans schrieb, zu Recht die Tatsache für wesentlich, dass in dem Buch »Menschliches und Naturhaft-Kreatürliches zusammengeschweisst und in ihrer Verwandtschaft dargestellt sind«. Ein Anliegen, das, ohne mythische Verbrämung ernst genommen, von zeitloser Aktualität ist.

Meinrad Inglin
(1893–1971) um 1945

Inglins Werke, darunter auch *Die graue March,* erscheinen seit 1986 neu in einer Werkausgabe bei Ammann, Zürich. Dort ist auch Beatrice von Matts Inglin-Biographie greifbar.

Hermann Hiltbrunner

Dreitausend Gedichte etwa muss er geschrieben haben, tausendsechshundert davon brachten zwölf verschiedene Verlage zwischen 1920 und 1962 in 23 Bänden gedruckt auf den Markt: Natur- und Landschaftslyrik, dem Vorbild Rilkes und Georges verpflichtet zuerst, dann, formal immer monotoner werdend, in der Art des Matthias Claudius gereimt. Eine imposante, nach Opuszahlen gegliederte Vielzahl vierzeiliger Strophengedichte zu allem, was sich in der Natur und im Menschenleben in 40 Jahren beobachten lässt. Dem Tenor der Lyrik entsprach die oftmals hymnische Naturbeschreibung in Prosafeuilletons und Tagebuchblättern, die in den zwanziger Jahren im Banne Knut Hamsuns vorwiegend nordisch orientiert war, um dann nach 1939 rechtzeitig heimzufinden zum *Antlitz der Heimat* und zum *Lob der Berge*.

Die Rede ist von Hermann Hiltbrunner, dem Basellandschäftler Lehrerssohn, den die unerwiderte Liebe zu einer Bernerin 1917 vom Studium weg- und dem Dichterberufe zutrieb. In Zürich und Uerikon schrieb er seit 1920, sofern er nicht auf Reisen war, Gedicht um Gedicht, begeisterte Zeitungsleser und Radiohörer für die Natur, avancierte zum Nestor eines eng mit der *NZZ* liierten Dichterkreises, erhielt 1941 den Literaturpreis der Stadt Zürich – und doch: bis auf einige wenige Strophen aus den *Geistlichen Liedern* von 1944 löst von all seinen tadellos gebauten Gedichten nur ganz selten eines etwas wie Betroffenheit im heutigen Leser aus. Und Bernd Jentzsch liess, als er 1977 seine *Schweizer Lyrik des 20. Jahrhunderts* herausgab, Hermann Hiltbrunner überhaupt nicht mehr zu Wort kommen. Was ist da geschehen?

Hiltbrunner selbst hat 1946–1952 seinen lyrischen Ruhm als fragwürdig hingestellt, als er in seinem Tagebuch *Alles Gelingen ist Gnade* (publiziert 1958 bei Artemis) mitten in den schönsten Naturbeschreibungen drin seine eigene literarische Position nicht weniger gnadenlos in Frage stellte als diejenige seiner vielfach sehr ungehaltenen schreibenden Kollegen. »Ich kann nur das schön finden, was die vorexpressionistische Menschheit schön fand«, bekannte er da und sprach damit nicht wenigen Schweizer Autoren seiner Denk- und Kunstrichtung aus dem Herzen. Und nirgends so deutlich wie im zornigen Umgang mit den »Nachexpressionisten« Frisch und Dürrenmatt liess Hiltbrunner spüren, wie sehr er die von ihm vertretene reine und zeitlose Dichtung bereits als überlebt empfunden haben muss.

Hermann Hiltbrunner (1893–1961) um 1947

Dass Frischs *Tagebuch 1946/49* gleichzeitig mit demjenigen Hiltbrunners entstand, ist kein Zufall. Einen Moment lang stand so die durch die Mangel der geistigen Landesverteidigung gegangene ästhetisierend-idealistische Schweizer Literatur der Zwischenkriegszeit abrupt dem Neuen gegenüber, das sich mit Frisch ankündigte und den Ausbruch aus der nationalen Isolation verhiess. Vor diesem neuen Zeitgeist hat Hiltbrunner mit seinem 1300-Seiten-Opus kapituliert – wenn auch auf eine Weise, der man seine Sympathie nicht ganz versagen kann.

John F. Vuilleumier

»Das Zuchthaus tötet und vernichtet Gutes und Schlechtes. Es lässt von der Menschenseele nichts mehr übrig als eine Ruine, als ein Wrack...« So steht es in der Broschüre mit dem Titel *Wir alle* zu lesen, die 1921 in Basel erschien. Wir alle, so die Quintessenz des kämpferischen Pamphlets gegen die skandalösen Zustände im damaligen Gefängniswesen, tragen Keime dessen in uns, was den Verbrecher zum Verbrecher macht. Darum steht es uns nicht zu, Vergeltung zu üben, sondern es ist im Gegenteil solidarische Hilfe und Unterstützung gefordert, wenn die Gesellschaft vom Verbrechertum befreit werden soll.

Der Verfasser, der promovierte Jurist John F. Vuilleumier, wusste, wovon er sprach, hatte er sich doch in der Schweiz und in Amerika mehrfach freiwillig ins Zuchthaus sperren lassen, um das Leben und die Seelenverfassung der Gefangenen kennenzulernen. Die Eindrücke, die er dabei empfing – er hat sie 1956 unter dem Titel *Sträfling Nummer 9669* ausführlich protokolliert –, waren so stark, dass Vuilleumier nie wieder davon loskam und seine Beschäftigung mit dem Problem des Verbrechens und den Kampf für eine vorurteilslose, wirklich humane Gesellschaft auch dann noch weiterführte, als er längst nicht mehr Jurist, sondern nur noch Schriftsteller war. Dass seine Erzählungen und Romane nicht etwa verkappte politische oder juristische Kampfschriften wurden, sondern das Dasein in seiner ganzen Fülle und in ungewöhnlicher räumlicher Weite spiegelten, dafür sorgte allein schon das abenteuerliche Leben dieses Schriftstellers, der nur im Krieg ein paar Jahre in seiner jurassischen Heimat lebte, sonst aber seinen Wohnsitz in Paris hatte, von wo aus er die ganze Welt bereiste.

Bereits im Erstling *Carl Christophs grüne Fassade* (1927), aber auch im erstaunlichen autobiographischen Roman *Hilli, Hildebrand und Er* (1932), vor allem jedoch in *Muramur* (1951), seinem wohl gelungensten Werk, wird zudem eine Komponente sichtbar, die man bei Vuilleumier zunächst nicht erwarten würde: diejenige des Mystischen, Surrealen, mit der er das Erzählte um eine geheimnisvolle zusätzliche Dimension zu bereichern versteht. Was jedoch am meisten zur Attraktivität seiner Romane beiträgt, ist die freie und befreiende Rolle, die er der Erotik zuweist. Das wird wiederum in *Muramur* sehr schön sichtbar, entfaltet sich aber am glaubwürdigsten in den beiden jurassischen Romanen *Die vom Berg* (1946) und *Die dreizehn Liebhaber der Jeannette Jobert* von 1943. Diese Jeannette Jobert ist eine bezaubernde, lebensfrohe junge Frau, die eine Art Lehrjahre des Herzens durchlebt und dabei ein ganzes Jura-Dorf durcheinanderbringt, bis sie schliesslich doch noch beim »Richtigen« unter die Haube kommt. Kein vollkommenes Kunstwerk vielleicht, aber der amüsante Beweis dafür, dass man, um einen geniessbaren Schweizer Dorfroman zu schreiben, am besten zuerst Paris und die Südsee kennenlernt!

John F. Vuilleumier (1893–1976) um 1965

Hugo Marti

»Wir sind wohl einige in der Schweiz, die Hugo Marti nicht vergessen werden, denn er war unser Bruder, und wir sind ihm dankbar.« Von Friedrich Glauser stammen diese Zeilen, und sie waren im Namen jener zahlreichen Schweizer Autoren gesprochen, für die sich Hugo Marti in den 15 Jahren seiner Tätigkeit als *Bund*-Redaktor in seiner vornehm-diskreten, aber menschlich anteilnehmenden Art eingesetzt hatte. Sein Tod im Alter von erst 43 Jahren hatte die Schweizer Literatur am 20. April 1937 eines Vermittlers beraubt, wie er als mässigende, weltoffene Instanz gerade in der damals beginnenden Zeit der geistigen Landesverteidigung dringend nötig gewesen wäre. »Er war das Ohr, zu dem wir sprachen, er war der Mund, der für uns sprach. Nun er ging, bleibt vieles ungehört«, notierte Kurt Guggenheim bei der Nachricht von seinem Tode ahnungsvoll in sein Tagebuch.

So verdienstvoll und unersetzlich es war: Hugo Martis redaktionelles Wirken als Korrelativ zu Otto von Greyerz und dem elitären »Zürcher Olymp« ist heute nur noch von historischem Belang. Was der Zeit dagegen standgehalten hat und auch nach fünfzig Jahren noch unverstaubt lebendig wirkt, ist sein schmales schriftstellerisches Œuvre, insbesondere die Romane *Das Haus am Haff* (1922) und *Ein Jahresring* (1925), das *Davoser Stundenbuch* von 1935 und ein paar meisterliche kürzere Erzählungen. Im Unterschied zu vielen seiner schreibenden Kollegen hat Marti seine Stellung als Redaktor und Rezensent niemals dazu benützt, um für sein eigenes Werk zu werben – mit dem Effekt, dass jedermann den Zeitungsmann rühmte und niemand den Dichter las. Dabei zählen die beiden Romane *Das Haus am Haff* und *Ein Jahresring* in ihrer verhalten-poetischen, mehr bloss andeutenden als explizit darstellenden Schreibweise mit Sicherheit zu den gelungensten und ergreifendsten Liebesgeschichten der Schweizer Literatur. Dass ihre Schauplätze nicht hierzulande, sondern in den grossräumigen Landschaften Ostpreussens bzw. Norwegens angesiedelt sind, sichert diesen Romanen, die jeder für sich auch in Sachen Sprache und Stil weit über die vielgelesenen Produkte der damaligen Schweizer Heimatkunst hinausragen, jene ganz besondere Atmosphäre von Weite, Offenheit und sehnsüchtiger Melancholie, die für ihren Verfasser so charakteristisch ist.

Hugo Marti
(1893–1937) im Jahre 1934

Übrigens: die versteckte Quintessenz des Romans *Ein Jahresring,* der Umstand nämlich, dass die merkwürdige Liebeskrankheit des Protagonisten Rolf von Anfang an einem Mädchen gilt, das in der Geschichte erst ganz zuletzt und auch dann namenlos und nur andeutungsweise vorkommt, obwohl es eigentlich die Hauptrolle spielt – dieses literarische Geheimnis enthüllt einem seinen Zauber erst, wenn man weiss, dass Marti damit seiner norwegischen Frau, der Osloer Pfarrerstochter Elsa Lexow-Breck, eine poetische Liebeserklärung gemacht hat.

In der Ex Libris-Edition »Frühling der Gegenwart« sind seit 1981, versehen mit einem ausführlichen biographischen Nachwort, *Das Haus am Haff* und *Davoser Stundenbuch* neu greifbar.

Jakob Flach

»Ich bin kein Schreiber von Beruf«, lässt Jakob Flach sein Alter ego Gottfried Ruchti, den Ich-Erzähler der wehmütigen Liebesgeschichte *Nordischer Sommer* von 1946, sagen, »das wäre mir zu langweilig. Es ist mir immer, ich hätte meine Hände noch zu etwas anderem als zum Halten von Bleistift und Feder, es muss auch einmal ein Axtstiel oder eine Maurerkelle sein. Ach, ich kann vieles, aber es treibt mich von Ort zu Ort . . .«

Nein, um dickleibige Romane zu schreiben, fehlte Jakob Flach, diesem poetischen Schweizer Wandervogel mit den Lebensdaten 1894 bis 1985, entschieden das Sitzleder. Was er jedoch meisterhaft beherrschte, das war die kleine Skizze, die erzählerische Improvisation, die Kurzgeschichte, wie er sie gewissermassen »vor Ort«, irgendwo in Europa, auf einer Hafenmauer sitzend oder am Tisch einer russigen Kneipe, seinen Erlebnissen nacherzählte, um sie dann, mit der Adresse irgendeiner Schweizer Redaktion versehen, in den nächsten Briefkasten zu werfen. Eine Ahnung von Welt und Weite ist eingefangen in diesen Geschichten, die Atmosphäre fremder Städte, das Rauschen des Meeres, der Duft ferner Pflanzen und Landschaften. Und fast immer ist auch von der Liebe die Rede, aber auch vom Abschiednehmen und Weiterziehen. *Vita vagorum* heisst beziehungsvoll eine Sammlung, die 1945, als das freie Wanderleben längst nur mehr Erinnerung war, eine Handvoll dieser kleinen Texte in Buchform vereinigte; *Brautfahrt ohne Ende* eine andere, 1959 erschienene. Das mit Abstand sinnenfreudigste Buch von Jakob Flach aber ist unter dem seltsamen Titel *Minestra, Dank für Rebhuhn, Schwein und Spargel* bereits 1937 veröffentlicht worden und verherrlicht auf heiter-südliche Weise nicht die Liebe, sondern die Freude am Essen und Trinken.

Als es erschien, war Flach als Gründer und Leiter des Asconeser Marionettentheaters zu einiger

Berühmtheit gelangt und wohnte sozusagen ganzjährlich in einer alten Mühle bei Arcegno sopra Ascona. Darum sind es, obwohl Abstecher nach Spanien oder ins Burgundische nicht fehlen, vorwiegend Tessiner bzw. italienische Menüs, die er seinen Lesern serviert und mit spannenden Geschichten und fröhlichen Anekdoten würzt. Natürlich will das Buch niemanden zum Meisterkoch ausbilden. Sein erklärter Zweck ist es vielmehr, das natürliche Vergnügen am Essen wiederherzustellen und die Nahrungsaufnahme zu einem »kleinen heidnischen Gottesdienst« zu machen. Es soll z. B. auch wieder vermehrt »mit den Augen« gegessen werden, »um die Seele nicht mager werden zu lassen«.

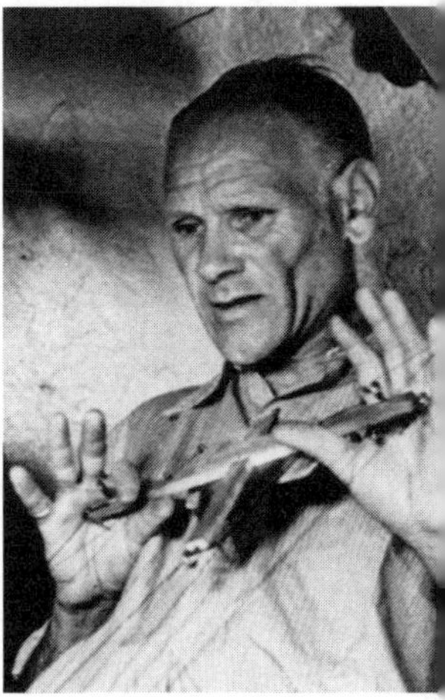

Jakob Flach
(1894–1985)

Dass das Buch tatsächlich benützt worden ist und Flachs einfache, niemals überzüchtet-raffinierte Rezepte ebenso angekommen sind wie seine Geschichten, das beweist mir augenfällig mein antiquarisch erstandenes Exemplar der Erstausgabe. Ich fand darin nämlich an mehreren Stellen Flecken von Tomatensauce sowie zwei vertrocknete Salbeiblätter . . .

Minestra, Dank für Rebhuhn, Schwein und Spargel ist als Insel-Taschenbuch 552 erhältlich. Bei der Edition Hans Erpf erscheint ab Herbst 1989 eine Werkausgabe Jakob Flach, herausgegeben von André Imer.
Die Abbildung zeigt Jakob Flach im Jahre 1937 als Marionettenspieler in Ascona.

Albert Jakob Welti

Es ist heute, da sein Ruhm längst von demjenigen eines Hodler oder Amiet überstrahlt wird, nur noch schwer vorstellbar, was es um 1914 bedeutete, der Sohn des legendären Albert Welti zu sein und selbst als Maler reüssieren zu wollen. Albert Jakob Welti versuchte zunächst, im Stil des 1912 verstorbenen Vaters fortzufahren, dann rebellierte er gegen ihn und malte Bilder, die er später, als er doch wieder zur romantisierenden Gegenständlichkeit zurückgekehrt war, selbst als »unerhörte Scheusslichkeiten« taxierte. 1922, auf Mallorca, als er einen Zyklus von Radierungen mit Legenden versehen wollte, geriet er unversehens ins Dramenschreiben hinein und schaffte es, mit *Maroto und sein König* auf die Bühne des Basler Stadttheaters zu gelangen. Fortan nannte er sich Maler und Schriftsteller, liess sich mit seiner Frau, der Biologin Eva Welti-Hug, als Privatier in Genf nieder und belieferte die Schweizer Bühnen unermüdlich mit Dramen und Festspielen, während er als Mitstreiter von Johann Baptist Rusch in den *Republikanischen Blättern* die aktuellen Kulturbestrebungen polemisch aufs Korn nahm. Der eigentliche Durchbruch aber liess auf sich warten. Für das grosse Publikum war und blieb er der dilettierende Sohn des genialen Welti. Da setzte er sich selber eine Frist. »Ich bin vierundvierzig«, notierte er am 15. 10. 1938 ins Tagebuch. »Mit fünfzig ist mein Vater gestorben. Da hätte ich noch sechs Jährchen, um die Sachen auszugleichen, des Vaters würdig zu werden.« Nicht ein Jahr verging, und Welti hatte sein Ziel in den Augen der Zeitgenossen tatsächlich erreicht. Am 9. Mai 1939 erlebte das Dialektstück *Steibruch* im Landi-Theater seine Uraufführung und eroberte sich, vielleicht gerade, weil es der patriotischen Hochstimmung jener Tage so diametral entgegengesetzt war, die Gunst der Zuschauer im Sturm. Es folgten über 150 weitere Inszenierungen und eine packende Verfilmung durch das Team Steiner/Gretler/Haufler.

Albert Jakob Welti
(1894–1965) um 1955

Der junge Max Frisch, der *Steibruch* als »ausserordentlich starkes Werk« empfand, setzte sich 1941 mit Nachdruck auch für den Romancier Welti ein, als dieser mit *Wenn Puritaner jung sind* debütierte. Das 642seitige Opus transponiert persönlich Erlebtes ins Allgemeingültige und stellt dar, wie die Generation der um 1890 geborenen Schweizer ihre Sturm-und-Drang-Zeit durchlebt, ehe sie, um das Gemeinwesen zu erhalten, quasi wieder verbürgerlicht. Es ist dies ein schmerzlicher Prozess, und der Autor ist an ihm ganz offensichtlich zum Zyniker geworden, dem Satire und Groteske am überzeugendsten gelingen. Zum Teil ist der Roman aber auch eine Abrechnung mit dem Vater, der erwartungsgemäss ziemlich schlecht wegkommt.

Endgültig beilegen konnte Welti den zentralen Konflikt seines Lebens und Schaffens erst 1962, in seinem letzten Werk, *Bild des Vaters*. In diesem einzigartigen Künstlerporträt, wo er dem Vater sowohl mit der Einfühlsamkeit des kongenialen Künstlers als auch mit der liebevollen Teilnahme des selbstbewusst gewordenen Sohnes gegenübertritt, steht er endlich für jedermann sichtbar auf gleicher Ebene mit ihm.

Rudolf Jakob Humm

Häuser mit Arkaden und verwunschenen Innenhöfen, enge Gassen voller Droschken und Fuhrwerke, Offiziere in längst vergessenen Uniformen, Frauen in wallenden Gewändern, Kinder in Matrosenkleidchen, flimmerndes Licht und südliche Wärme; dazu all die wunderlichen Gerüche, Farben, Klänge, Worte; das Französisch der Gouvernante, das Italienisch der Mägde – Modena, Italien, 1900: die Idylle einer Auslandschweizer-Kindheit, festgehalten auf winzigen Erinnerungs-Inseln, die der Vierzigjährige dann spielerisch zu einem Mosaik zusammenfügt. Wen kümmert's, dass der Erzähler damit den sozialistischen Freunden zerknirscht seine kapitalistische Kindheit beichten, dass er dem überaus geschäftstüchtigen Vater seine federleichte Poesie als Provokation und Vorwurf entgegenhalten will? Der Zauber seiner Kindheits-Inseln spricht für sich selbst und macht alle Erklärungen überflüssig.

Nach dem pfiffigen und vieldiskutierten *Linsengericht* von 1928 waren *Die Inseln* der zweite Roman von Rudolf Jakob Humm. Als er 1936 erschien, schrieb Hermann Hesse: »Dieser spröde Autor gehört, wie ich glaube, zu den besten Prosaisten deutscher Sprache.« Und Friedrich Glauser bekannte resigniert: »So etwas werd' ich nie schreiben können. Dazu langt es nicht.« Der einflussreiche Literaturprofessor Emil Ermatinger aber entschied für sich und seine Jünger: »Solche Bücher wollen wir nicht haben!« Was offenbar nicht ohne Folgen blieb, verkaufte der Verlag doch in elf Jahren ganze 650 Exemplare davon. Humm selbst aber hielt *Die Inseln* zeitlebens für sein gelungenstes Werk. Sogar dem *Carolin* von 1944 zog er das Leichtgewicht vor, obwohl er dort ebenfalls ein Stück bedeutsame Selbstbiographie eingearbeitet hatte: die Zeit, als er in Zürich zu den guten Geistern der Emigranten gehörte. 1953, mit *Vogel Greif*, wagte er sich, weil er dem Vater besser gerecht werden wollte, ein zweites Mal an seine italienische Kindheit, erreichte aber die poetische Dichte der ersten Darstellung nicht mehr. Als Fretz und Wasmuth 1968 eine Neuauflage der *Inseln* riskierten, geschah es auf Kosten des Autors. Aber er behielt recht, denn diesmal fand das Buch endlich die gebührende Beachtung und verhalf Humm zu einer ganzen Reihe von Bewunderern unter den jüngeren Schriftstellern. Vom begeisterten Echo angespornt, druckte er in der Zeitschrift *Unsere Meinung,* die er von 1948 bis 1977 mit seiner Frau zusammen herausgab, wiederholt Erinnerungen an seine Zeit in Modena ab, die sich als weitere *Inseln* dem Buch von 1936 leicht hinzufügen liessen. Noch in der allerletzten Nummer der blitzgescheiten Zeitschrift, im Januar 1977, befand sich unter dem Titel *Die Salzkärrner* eine solche poetische Reminiszenz. Wenige Tage nach der Auslieferung der Nummer wurde der unermüdliche Literat und Publizist das Opfer eines Verkehrsunfalls – mitten in Zürich, das er gerne seine »zänkische Gattin« nannte und wo er es dennoch fast 60 Jahre ausgehalten hatte.

Rudolf Jakob Humm (1895–1977)

Die Inseln sind als Nr. 680 der Edition Suhrkamp, die ergänzenden Texte im Zürcher GS-Band *Ich bin ein Humm* greifbar.

Albin Zollinger

»Wir haben nichts, nichts, Aaron, als dies: dass uns ein Gott zu sagen gab, was wir leiden.« Kaum je ist Albin Zollingers dichterische Physiognomie so präzis auf einen Nenner gebracht worden wie mit diesem *Tasso*-Zitat, das Kurt Guggenheim ihm gegen Ende von *Alles in Allem* in den Mund gelegt hat. Er litt ganz offenbar mehr und intensiver als andere, der feingliedrige, überaus zart wirkende Zürcher Oberländer, der zeitlebens alle möglichen Beschützerinstinkte wachrief und einer Geliebten noch mit 46 Jahren schreiben konnte, er mache ihr sein »Bubenkörperchen« zum Geschenk. Er litt an seiner verunglückten Kindheit, an den Eltern, an der besitzgierigen Liebe seiner Mutter vor allem. Er war unzufrieden mit dem erreichten Status eines Primarlehrers, quälte sich ab mit dem engstirnigen Klima seiner Heimat und mit der Borniertheit von Kritikern und Redaktoren, von denen er sich als Dichter verkannt und verraten fühlte. Am meisten aber litt er wohl an sich selbst, an der dunklen Schwermut seines Wesens, an seiner inneren Zerrissenheit und an jenem schöpferischen Ungenügen, das selbst in seinen besten Werken noch irgendwo spürbar ist.

Der gleiche Zollinger, der sich so wunderbar mutig für Ehrismann oder Mühlestein einsetzte und als *Zeit*-Redaktor gegen den Faschismus antrat, fand sich handkehrum zu politisch motivierten Änderungen bereit, damit *Die grosse Unruhe* 1939 im Dritten Reich keinerlei Anstoss erregte. Der gleiche Dichter, der aus Schwärmerei für eine seiner Schülerinnen einen dickleibigen Roman schreiben konnte, brüstete sich ein andermal damit, »zum Aufbau seiner Männlichkeit« gleichzeitig »nicht weniger als drei Frauen ›zum Gebrauch‹ zu haben . . .«

Ein ähnlicher Zwiespalt ist auch in Zollingers Dichtung vorhanden. Während seine Lyrik einem zeitlosen, überpersönlichen Ideal verpflichtet ist und gelegentlich höchste Vollkommenheit erreicht, gibt er als Romancier fast unverstellt und oftmals auf Kosten der literarischen Qualität sich selber preis: seine Freuden, Ängste und Verzweiflungen, vor allem aber seine nie gestillte Sehnsucht nach Liebe.

Albin Zollinger (1895–1941) um 1930

Und doch: wer als Nachgeborener Zollingers Werke studiert, dem geht es nicht anders als Max Frisch, der 1942 acht Seiten lang über den gescheiterten Epiker klagte, um acht Linien für seine Einzigartigkeit als Lyriker übrig zu haben! Der leidenschaftlich engagierte, enthusiastische, aber glücklose Romancier Zollinger macht betroffen, fordert einen heraus, während der Lyriker sich wenig aufregend in die Schar der bedeutenden Poeten einreiht.

Wer die Probe aufs Exempel nicht scheut, vertiefe sich in die sechsbändige Zollinger-Gesamtausgabe des Artemis-Verlags. Auf 3148 Seiten (davon 939 Seiten Kommentar) sieht man sich da weniger mit einem Klassiker als mit einem geistesgeschichtlich höchst ergiebigen, wahrhaft berührenden »Fall Zollinger« konfrontiert, dessen tiefere Hintergründe vor allem im umfänglichen, von Silvia Weimar enzyklopädisch kommentierten Briefband erkennbar werden.

Léon Savary

In der Bischofsstadt ist, angezettelt durch Kirchenrat Merdieusin, eine regelrechte Verschwörung im Gange. Weil der alternde Bischof Chenon sein Amt nur mit Mühe ausüben kann und das böse Wort von der »Herde ohne Hirt« die Runde macht, wenden sich die Chorherren heimlich an den Papst, damit dieser den amtierenden Stiftspropst zum Koadjutor mit dem Recht der Nachfolge ernenne. Noch ist die Bittschrift nicht verschickt, als durchsickert, Chenon seinerseits habe Rom bereits einen Nachfolger vorgeschlagen: den völlig ausserhalb des Pfarreilebens stehenden Kapuzinerpater Innocent!

Wie nun der Gymnasiast Lucien Maillotin in dieses Intrigenspiel eingreift und angesichts von soviel Korruptheit und Opportunismus an seiner Berufung zum Priestertum irre wird, wie der Kirchenherr Merdieusin über eine von niemandem für möglich gehaltene Liebschaft stolpert und wie das Bistum am Ende doch noch zu einem neuen Oberhirten kommt, auch wenn dabei einige Erwartungen enttäuscht werden – das ist, grob vereinfacht, der Inhalt des 1942 erschienenen Romans *Le Troupeau sans berger* von Léon Savary. Das Buch, das unter dem Titel *Die Herde ohne Hirt* von Werner Johannes Guggenheim 1943 auch meisterlich ins Deutsche übertragen wurde, stellt mit seiner liebenswürdigen Ironie, seiner kunstvollen Dialogführung und mit seiner lebendigen Figurenzeichnung die im Vergleich dazu geradezu naiven Priesterromane Heinrich Federers weit in den Schatten und bietet auch demjenigen eine anregende Lektüre, der an klerikalen Intrigen sonst nicht sonderlich interessiert ist. *Die Herde ohne Hirt* ist nämlich nicht bloss der Roman eines Berufsstandes, es ist auch ein Roman über die Stadt Freiburg, die für den genuinen Satiriker Savary beides zugleich ist: ein kleines Rom und ein grosses Romont!

Was dieses politische und klerikale Freiburg betrifft, so hatte Savary den Romanstoff quasi aus erster Hand, war der aus der Waadt stammende junge Konvertit doch nicht nur enger Vertrauter von André Bovet, dem Urbild seines Bischofs Chenon, sondern auch Sekretär von Georges Python gewesen, der jahrzehntelang die Freiburger Politik dominiert hatte. Obwohl ihn die Freiburger Justiz 1920 eines vom Redaktor mutwillig veränderten satirischen Artikels wegen ins Gefängnis steckte und er sein restliches Leben als Journalist in Genf, Bern, Paris, Vevey und Bulle zubrachte, war und blieb die Stadt an der Saane Savarys bevorzugter literarischer Schauplatz. Ihr sind seine anderen, ebenfalls um das Geheimnis des Religiösen und dessen unvollkommene irdische Verwirklichung kreisenden Romane *Au Seuil de la sacristie* und *Le Secret de Joachim Ascalles* verpflichtet, und ihr widmete er unter dem Titel *Fribourg* 1921 auch eine eindringliche essayistische Studie. Einmal nur geriet die ganze Schweiz ins Visier von Savarys Polemik: 1949, in den *Lettres à Suzanne,* der wohl bissigsten Abrechnung mit der Anpassungspolitik der Schweiz im Zweiten Weltkrieg.

Léon Savary (1895–1968) um 1915 in Freiburg

Le Troupeau sans berger ist in Band 5 der »Œuvres maîtresses« enthalten, die 1978 bei Slatkine, Genf, erschienen sind.

Cäsar von Arx

Wie bringt man ein Eremitendasein zu dramatischer Wirkung? Cäsar von Arx löst das Problem im Bruder-Klaus-Drama *Der heilige Held,* indem er das Heiligenleben mit einer politischen Intrige verknüpft. Klaus ist Schwiegervater Peter Amstaldens, des Haupts der Entlebucher Verschwörung gegen Luzern. Als Peter hingerichtet werden soll, könnte Klaus ihn retten, wenn er für Luzern Partei ergriffe – was er zurückweist. Amstalden wird – entgegen der historischen Wahrheit – just in jenem Moment geköpft, als Klaus durch seine Botschaft an die Stanser Tagsatzung den Landesfrieden rettet. Höhepunkt des Spiels ist aber nicht der verunglückte patriotische Schluss, sondern das ergreifende Ringen des Bauern von Flüe um seine Berufung und um die Zustimmung seiner Frau im dritten Akt.

Das Stück wurde am 5. März 1936 im Zürcher Schauspielhaus unter Leopold Lindtberg uraufgeführt, brachte es aber trotz guter Kritik nur gerade auf drei schlecht besuchte weitere Vorstellungen. Wollte das Publikum seine »Schweizerdichter«, die sich in jenen Jahren lieber mit fragwürdigen Aktivitäten hinter den Kulissen als mit Genialität auf der Bühne gegen ausländische Konkurrenten behaupteten, vielleicht gar nicht sehen? Immerhin war der Solothurner von Arx, Texter vieler patriotischer Festspiele, Autor der Cendrars-Adaption *General Suter* und des Bühnen-Bestsellers *Der Verrat von Novara,* mit Abstand der berühmteste Schweizer Dramatiker jener Zeit. Und doch geriet auch er in die Sackgasse des nationalen Alleingangs im Zeichen der geistigen Landesverteidigung. Von Schiller, Shakespeare und Arnold Ott herkommend, hatte er niemals Anschluss an die Avantgarde seiner Generation gefunden. Seine Domäne war das Historische und das Schweizerische. 1932, als *General Suter* in Berlin durchfiel, versteifte er sich mehr denn je darauf. »Für diese kaltschnäuzigen Grossstadtjuden soll ein anderer schreiben«, trotzte er in einem Brief an den Vater und nahm sich gleich drei weitere historische Schweizer Stoffe vor. 1945 aber kam das bittere Erwachen. »Warum fällt mir«, notierte er damals mit Blick auf Frischs *Nun singen sie wieder* in sein Tagebuch, »nie so etwas ein, so schlicht und ruhig und tief, so dichterisch. Mit meinem ewigen historischen Zeugs. Es ist bitter, zur Erkenntnis kommen zu müssen, dass man sich selber überlebt.« Tatsächlich fand von Arx, dessen letzte Werke ein Zwingli-Drama und ein weiteres patriotisches Festspiel waren, den Weg in die Gegenwart nicht mehr. »Ohne die wunderbare Zuversicht meiner Frau hätte ich den Kampf gegen mich selbst schon längst aufgegeben«, bekannte er 1947 Franz Beidler. Als Gertrud von Arx 1949 starb, folgte er ihr Stunden später in den Tod.

Cäsar von Arx
(1895–1949) um 1936

Und sein Werk? Wie Arnold Ott scheiterte im Grunde auch Cäsar von Arx an der Unmöglichkeit eines Schweizer Nationaldramas. Und wie im Falle Otts, dessen wirkungslose Gesamtausgabe von Arx 1944 einleitete, dürften auch seine eigenen Schauspiele, so gekonnt sie gebaut sind und so packende Szenen sie bisweilen aufweisen, insgesamt kaum je eine wirkliche Renaissance erleben.

Im Walter-Verlag, Olten, erschienen ab 1986, herausgegeben von Rolf Röthlisberger, Armin Arnold und Urs Viktor Kamber, Cäsar von Arx' *Gesammelte Werke* in 4 Bänden.

Elisabeth Gerter

Im Mai 1946, als wieder einmal ein Manuskript als unbrauchbar zurückgekommen war, schrieb sie an Jakob Bührer: »Ach, es ist so billig, sich ein literarisches Sujet auszuwählen und es ins Ewige zu abstrahieren ... Ich aber komme aus der Menschenwelt nicht heraus ... Solange noch ein Mensch leidet, gleich welches Leid es sei, so lange bin ich ihm verpflichtet.« – Nein, mit zeitloser Kunst hatte sie nichts im Sinn, die schreibende Krankenschwester Elisabeth Gerter – zu hautnah erlebte sie die Not der eigenen Zeit. Ein document humain ersten Ranges war schon ihr Erstling *Schwester Lisa* von 1934: ein erschütternder Bericht aus der Welt der Spitäler und über den Leidensweg einer couragierten jungen Frau. Noch weiter ging sie, eigene Erfahrungen ins Kollektive einer ganzen Dorfgemeinschaft umsetzend, mit ihrem Roman *Die Sticker.* Trotz Friedensabkommen und nationaler Verbrüderung nannte sie die sozialen Übelstände in der Ostschweizer Stickerei-Industrie beim Namen und formulierte virtuos, aber ohne billige Schwarzweissmalerei das, was Tausenden in der Seele brannte. Oprecht wollte drastisch kürzen, die Büchergilde lehnte ab, Mut zeigte einzig der winzige Aarauer Rengger-Verlag, der das Buch 1938 herausbrachte. *Die Sticker* wurden gegen die offizielle Literaturkritik zum Erfolg, die Autorin aber war abgestempelt und sollte zeitlebens nie Zugang zu einem wirklich potenten Verlag finden – weder mit dem erstaunlichen Bergwerksroman *Denn sie wissen vom Licht* noch mit anderen Werken, die grösstenteils ungedruckt blieben.

Aber Elisabeth Gerter, Tochter einer kinderreichen Gossauer Familie, liess sich nicht kleinkriegen, sie schrieb weiter, kämpfte weiter. Sie, die linke »Volksschriftstellerin«, befasste sich mit den Themen, welche von den gefeierten Koryphäen als tendenziös tabuisiert wurden: Arbeitslosigkeit, soziale Not, Emanzipation der Frau, Krieg. Sie publizierte, wo man sie eben druckte: in der Arbeiterpresse, in Heftchen und Zeitschriften. Was sie bei allem Verkanntsein jedoch nicht ertrug, war, dass man ihr das Künstlertum absprach. 1939 schrieb sie einer Kritikerin, die sie als reine »Tendenz-Autorin« disqualifiziert hatte: »Ich nenne mich sehr wohl Künstlerin, denn unsäglich viel hab' ich gerungen, den immensen Stoff, der mir am Herzen lag, in eine lebendige Form zu bringen. Ich glaube sogar, das Prädikat ›Künstlerin‹ eher beanspruchen zu können als jene, die nur abgedroschene Themen von Grossvaters Zeiten her ›behandeln‹.«

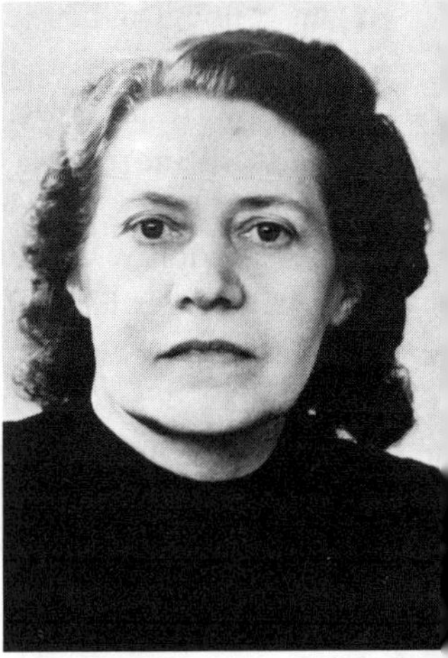

Elisabeth Gerter
(1895–1955)

Elisabeth Gerter starb kurz nach ihrem 60. Geburtstag am 28. August 1955 in Basel. Wer fünfunddreissig Jahre danach ihre Bücher unvoreingenommen liest, wird erkennen, dass ihr Grosses gelungen ist: politisches und soziales Engagement umzusetzen in eine überzeugende, aber niemals elitär wirkende literarische Form.

Elisabeth Gerters Werke sind im Unionsverlag, Zürich, greifbar.

Werner Johannes Guggenheim

»Unser Land ist klein, es hat keine andere Macht als eine geistige, eine sittliche, und keine stärkere Waffe als das Recht.« Wenn ein Schweizer Waffenfabrikant so etwas sagt, dann muss etwas schiefgelaufen sein. Und tatsächlich tun sich Verwandte und Aktionäre zusammen, um Georg Wächter, den Direktor der Flugzeugwerke Wächter und Nast, als geisteskrank zu entmündigen, weil er zum eigenen Nachteil dem kriegführenden Japan keine Bomber mehr verkaufen will. Georg sieht keinen anständigen Ausweg mehr und startet mit den Worten »Der Weg zur Freiheit führt oben hinaus« zu einem Alpenflug. Als der tödliche Absturz gemeldet wird, steigen an der Börse die Kurse der Bomber-Aktien . . .

Bomber für Japan heisst dieses hochdramatische, stilistisch seiner Entstehungszeit verpflichtete, von der Problematik her aber leider noch immer aktuelle Bühnenstück. Geschrieben wurde es vom Dramaturgen, Schriftsteller und Ramuz-Übersetzer Werner Johannes Guggenheim, und niemand, der 1938 in Biel die Uraufführung oder eine andere von den vielen Inszenierungen der Saison 38/39 sah, zweifelte daran, dass Deutschland gemeint war, wo auf der Bühne Japan gesagt wurde. Als Guggenheim kurz darauf den Stier bei den Hörnern packte und im Drama *Erziehung zum Menschen* den Nazi-Terror und die faschistische Rassenlehre offen und unmissverständlich anprangerte, hatte, obwohl vorher bereits fünf seiner Stücke erfolgreich gespielt worden waren, kein Schweizer Theater den Mut zu einer Inszenierung. Erst sechs Jahre später, 1945, wurde das Stück in St. Gallen uraufgeführt. Inzwischen aber hatte Guggenheim sich, wie so viele damals, »Unverfänglichem« zuwenden müssen: einer *Farinet*-Dramatisierung mit dem Titel *Frymann,* dem kleinstädtischen Lustspiel *Der Römerbrunnen* und der C.-F.-Meyer-Adaption *Angela Borgia.* Als er sich 1946 endlich wieder drängenderen Zeitfragen widmen und unter dem Titel *Stunde der Entscheidung* das heikle Problem der NS-Verbrechen aus helvetischer Perspektive auf der Bühne diskutieren lassen wollte, riss ihn mit 51 Jahren der Tod mitten aus der Arbeit.

W. J. Guggenheim (1895–1946) im Jahre 1927

Obwohl ein hervorragender Dramaturg, konnte Guggenheim ein Leben lang an keiner Schweizer Bühne ein existenzsicherndes Amt bekommen und war gezwungen, seine Arbeitskraft in pausenloser Zeilenschinderei als Übersetzer vorschnell zu verbrauchen. Auch sein gutgemeintes Wandertheater »Schweizer Volksbühne« scheiterte 1937 an den fehlenden finanziellen Mitteln, und nur dank der Mithilfe seiner einfallsreichen Frau, der Schriftstellerin Ursula von Wiese, gelang es ihm überhaupt, seine sechsköpfige Familie im damals noch billigen Tessin als freier Schriftsteller über Wasser zu halten. Aber trotz eigener Sorgen und Nöte stand der temperamentvolle, auch äusserlich imposante, unwillkürlich an Lessings *Nathan den Weisen* erinnernde St. Galler Jude in dunkelster Zeit vielen hilfesuchenden Emigranten selbstlos bei. Für einen von ihnen, Fritz Hochwälder, bedeutete sein Name jedenfalls bis zuletzt »den Inbegriff der Freundschaft«.

Monique Saint-Hélier

Wer im Kanton Neuenburg zur Welt kommt und es zu etwas bringen will, tut gut daran, ein Pseudonym anzunehmen und nach Frankreich auszuwandern. Den Beweis dafür hat neben Blaise Cendrars, Le Corbusier und Cilette Ofaire nicht zuletzt auch Monique Saint-Hélier erbracht, die aus La Chaux-de-Fonds stammte, eigentlich Berthe Briod-Eimann hiess und sich in den dreissiger Jahren in Paris als Romanautorin einen Namen machte. Obwohl sie nie mehr dahin zurückkehrte, spielte die engere Heimat für ihr Schaffen lebenslang eine wichtige Rolle als Quelle der Inspiration und imaginärer Handlungsraum. Das La Chaux-de-Fonds der Jahrhundertwende ist denn auch, nostalgisch verklärt und phantastisch verfremdet, der zentrale Schauplatz ihres Hauptwerks, der zwischen 1934 und 1955 erschienenen Roman-Tetralogie *Les Alérac*. Dass sie dennoch nicht zur Neuenburger Heimatdichterin wurde, dafür bürgten zwei Erfahrungen, die Monique Saint-Héliers Leben früh prägten: die Begegnung mit Rilke und die Konfrontation mit Krankheit und Tod.

Sie war dreiunddreissig, als ein mysteriöses Leiden sie für immer ans Bett fesselte und ihr, die sie zunächst Ärztin und später Malerin hatte werden wollen, einzig noch den Trost des Schreibens und des Sicherinnerns übrigliess. Bereits ihren Erstling, den autobiographischen Roman *La Cage aux rêves* (Traumkäfig, 1932), schrieb sie in der Gewissheit eines nahen Todes, und mit Ausnahme der frischfröhlichen Kindergeschichte *Quick* von 1954 sind alle ihre Bücher von jenem verhaltenen Ernst geprägt, den Krankheit und Todesnähe ihr aufzwangen. Ihre Romane wären aber kaum denkbar ohne die Seelenverwandtschaft mit Rilke, den sie noch persönlich kennengelernt hatte und dessen bildhaft-magisches Weltverständnis sie sich schreibend zu eigen machte. So entstand, dem Leiden mühsam abgerungen, ein

Werk, das Seite für Seite durch die Intensität der Vision, durch die Kraft des Erinnerns, des Träumens und des Fühlens bezaubert, wenngleich die Fäden der Handlung sich oft im Uferlosen verlieren.

Monique Saint-Hélier (1895–1955) 1930 in Paris

Dass die *Alérac*-Tetralogie insgesamt ein Torso geblieben ist, liegt allerdings nicht bloss an der mehr polyphonen als kontinuierlich-logischen Erzählweise der Dichterin, sondern auch an der Verständnislosigkeit, mit welcher der Verleger Grasset ihr begegnete. 1953, als sie die beiden ersten *Alérac*-Romane *Bois-mort* (*Morsches Holz,* 1934) und *Le Cavalier de Paille* (*Strohreiter,* 1936) mit *Le Martin-Pêcheur (Der Eisvogel)* fortsetzen wollte, zwang er sie, die 1600 Typoskriptseiten auf 400 zu kürzen, so dass zusammen mit dem feinen Bezugsnetz auch das Gesamtkonzept der Romanserie aufs schwerste kompromittiert wurde und die Autorin den folgenden Band, *L'Arrosoir rouge (Die rote Giesskanne),* in ihrer Verzweiflung zum Anfang einer neuen Romanfolge erklärte, obwohl auch er aus Bruchstücken des ursprünglichen Projekts bestand. 14 Tage nach Erscheinen dieses Buches, am 9. März 1955, starb Monique Saint-Hélier. Ihr letzter Brief an Lucien Schwob endet mit den Worten: »Ah, les éditeurs – les voilà nos ennemis.«

Die Editions de l'Aire, Lausanne, planen eine Saint-Hélier-Werkausgabe. Deutsch ist *Bois-mort* bei Suhrkamp greifbar. »Reprinted by Huber« bereitet die deutsche Erstausgabe von *La Cage aux rêves* in der Übersetzung von Hedi Wyss vor.

Rudolf Kuhn

»Durch die Fenster drang eine ungeheure Lichtflut, der Boden schwankte wie bei einem Erdbeben, und dann brach der Donner über sie herein.« Entsetzt starrten die Überlebenden auf den »Todesbaum« über der Linth-Ebene, auf den Atompilz, der bald als Aschenregen auf sie niederkommen würde. Der Kern der Explosion musste beim geheimnisvollen Rüstungswerk des Ingenieurs Christian Unger liegen. – Wie durch ein Wunder überlebte Unger das Inferno in einem unterirdischen Stollen. Seine Frau Gertrud, eine leibhaftige Verkörperung der vegetativen Naturkräfte, pflegte ihn gesund und vermochte ihn zu bestimmen, die Atomkraft in Zukunft nur noch friedlich zu nutzen.

Die Beschreibung einer Atombombenexplosion und ihrer Folgen entstammt dem 1941 bei Rentsch erschienenen Roman *Junge Kräfte grünen* des Glarner Architekten und Romanciers Rudolf Kuhn. Literarisch debütiert hatte Kuhn schon 1934 mit dem auch auf englisch erfolgreichen autobiographischen Roman *Die Jostensippe*. Das Buch, das einer Abkehr von Industrie und Technik das Wort redete und für eine Rückkehr zur sippen- und schollentreuen bäuerlichen Lebensweise plädierte, war 1935 von der »Reichsstelle zur Förderung des deutschen Schrifttums« als »beachtlich« eingestuft worden, obschon »das erotische Moment« den NS-Zensoren als »nicht immer ganz gesund, sondern in mancher Hinsicht angekränkelt« erscheinen wollte. Diesen Vorwurf nun verdiente *Junge Kräfte grünen,* Kuhns zweiter und letzter Roman, den er 1937 begann und nach einem Zwischenspiel als Mitgestalter der Landesausstellung 1939 auf einer Entlebucher Alp zu Ende schrieb, weiss Gott nicht mehr. Liebe im Kornlager und auf blosser Scholle, Mädchen mit »breitwürfigen Hüften«, die nackt durch die Wildnis reiten, Frauen, die Gebären als religiösen Akt begreifen – solches und ähnliches macht auch das wohlwollendste Verständnis für Heimatkunst und Landi-Geist nicht mehr goutierbar. Nein, da ist kein Zweifel möglich: wenn überhaupt je ein Schweizer Buch dieser Jahre in Sachen Naturmystik, Fruchtbarkeits- und Heroen-Kult dem Blut-und-Boden-Ideal des »Dritten Reiches« restlos entsprach, dann dieser mit Bundesmitteln geförderte Roman von Rudolf Kuhn!

Rudolf Kuhn
(1895–1958) um 1938

Allerdings zeigt das keineswegs etwa dilettantisch wirkende, atmosphärisch dichte Werk zugleich auch beispielhaft auf, welch seltsame Faszination trotz allem von dieser Art mystisch verbrämter, ins Monumentale gesteigerter Fruchtbarkeitsromantik ausgehen konnte. Eine Reaktion, in welcher sich der durch dieses Buch nur allzuleicht irritierte heutige Leser noch bestärkt sieht, weil Kuhn es geschickt verstanden hat, den gefeierten und zuletzt sieghaften mütterlichen Erd- und Naturkräften die moderne technische Zivilisation in der schrecklichsten ihrer denkbaren Konsequenz gegenüberzustellen. Die Explosion einer Atombombe über der Linth-Ebene, drei Jahre nach Otto Hahns erster Uranspaltung und fünf Jahre vor Hiroshima mit visionärer Kraft und souveränem technischem Wissen beschrieben, bildet denn auch das Erstaunlichste an diesem äusserst problematischen, wenn auch gefährlich faszinierenden Schweizer Roman aus der dunkelsten Zeit des Zweiten Weltkriegs.

Kurt Guggenheim

Ein junger Mann bricht auf zu neuen Ufern und ungewissen Zielen, nachdem er sich mit letzter Kraft aus den Verstrickungen von Schuld und Leidenschaft hat befreien können. So etwa lautet die Quintessenz des Romans, mit welchem 1935 der Zürcher Kaufmannssohn Kurt Guggenheim nach Versuchen in vielerlei Berufen unversehens in die Welt der Literatur eintrat. Das Buch trug den sprechenden Titel *Entfesselung* und basierte auf einer wahren Begebenheit, die Guggenheim, wie in *Salz des Meeres, Salz der Tränen* nachzulesen ist, 1919 in Le Havre von einer jungen Frau erzählt bekommen hatte: Die Modistin Maryse reist aus Le Havre nach Paris zum Begräbnis ihrer Mutter und wird in der darauffolgenden Nacht von deren Liebhaber vergewaltigt. Diese Dreiecksgeschichte, die im Roman nach Zürich verlegt ist, ohne Vergewaltigung auskommt und ganz aus der Perspektive des jungen Liebhabers erzählt ist, bildet aber nur oberflächlich die Fabel des Buches. In Wirklichkeit ist darin ein Stück Seelenbiographie des Autors Kurt Guggenheim dargestellt: der Versuch, sich aus den Fesseln der unbefriedigenden bürgerlichen Existenz zu lösen und zugleich ein lange nachwirkendes unglückliches Liebeserlebnis zu überwinden. Die Welt der Literatur soll das Ziel, die Sprache das Medium dieser Befreiung sein. Darum heisst es im Roman einmal: »Der Sinn der Sprache ist Befreiung, Entfesselung von der Einsamkeit.«

Obwohl sein Erstling in der Presse hohes Lob erntete, ist Kurt Guggenheim damit die angestrebte Befreiung noch nicht wirklich gelungen – ebensowenig wie mit dem 1936 publizierten Roman *Sieben Tage,* einer nach dem Modell der biblischen Schöpfungsgeschichte erzählten Heimkehrergeschichte. Erst 1938, nach der durch Eva Welti-Hug vermittelten Begegnung mit dem Werk des französischen Entomologen J.-H. Fabre (1823–1915), gelang dem unterdessen tatsächlich von allen bürgerlichen Fesseln Freigewordenen mit *Riedland* der endgültige Durchbruch zu schriftstellerischem Selbstvertrauen und eigenem Stil: weg von der übertriebenen Psychologisierung und hin zu naturwissenschaftlich genauen, sprachlich präzisen Schilderungen von Vorgängen in Natur und menschlicher Seele. So wurden dann Bücher möglich wie *Wir waren unser vier* (1949) oder *Alles in Allem* (1952–1955), die grossartige Zürcher Tetralogie, für die Guggenheim 1955 den Literaturpreis der Stadt Zürich erhielt.

Kurt Guggenheim (1896–1983) im Jahre 1948

Am überzeugendsten aber konnte er seine an Fabre geschulte Methode eines ebenso exakt beobachtenden wie visionär-innovativen Erzählens in jenen drei Romanen verwirklichen, die zwischen 1959 und 1964 seine ersten vierzig Lebensjahre zu poetischem Leben erweckten: *Die frühen Jahre; Salz des Meeres, Salz der Tränen* und *Sandkorn für Sandkorn*. Dass dabei *Die frühen Jahre* am beglückendsten ausgefallen sind, hängt mit der hinreissenden Darstellung jener Frau zusammen, die für die Gestalt der Esther Modell stand und die als heimliches Idol und versteckte Adressatin in fast allen Büchern von Kurt Guggenheim auftaucht. Als ob er sein ganzes umfangreiches Romanschaffen letztlich als eine einzige nie endende Liebesgeschichte verstanden wissen wollte.

In die Edition »Reprinted by Huber«, Frauenfeld, ist, herausgegeben von Charles Linsmayer, eine Kurt-Guggenheim-Werkausgabe integriert. 1989 ist Band I, *Die frühen Jahre/Salz des Meeres, Salz der Tränen,* erschienen.

Friedrich Glauser

Er kam am 4. Februar 1896 in Wien zur Welt und starb am 8. Dezember 1938 zweiundvierzigjährig in Nervi bei Genua: Friedrich Glauser, jener Schweizer Schriftsteller, den man sich – nicht nur der Lebensdaten wegen! – auch Jahrzehnte später noch nicht anders denn als jugendliche Erscheinung denken kann. Daran ist sicher seine unbekümmerte, frische Art zu schreiben schuld, aber auch seine Biographie, die ihn als einen ewig beunruhigten, gehetzten Menschen zeigt. »Ich komme mir«, schrieb er am 29. Januar 1937 Martha Ringier, »manchmal wie ein abgehetzter Hase vor, der sich in einer Ackerfurche vor den Hunden gerettet hat – die Hunde: Behörde, Amtsvormundschaft, Psychiater, Strafanstaltsdirektoren. Man hat ein wenig den Schnauf verloren; das muss sich alles zuerst beruhigen, bevor es ein wenig Frucht tragen kann – soweit ein Gejagtsein Früchte tragen kann.«

Die »Ackerfurche«, in die sich der Vierzigjährige aus dem Teufelskreis von Sucht und Verwahrung gerettet hatte, lag im französischen Dorf Angles: eine winzige Gemüsefarm, die Glauser mit der Lebensgefährtin Berthe Bendel zusammen bewirtschaften wollte. Und die »Früchte des Gejagtseins«? Kurzprosa des interessanten Morphinisten und Anstaltsinsassen war schon seit Jahren in den Zeitungen zu lesen gewesen, aber erst 1936 erschienen zwei Bücher von ihm: *Wachtmeister Studer* und *Matto regiert.* Es folgten – zumeist erst posthum – die andern Studer-Krimis *Die Fieberkurve, Krock & Co., Der Chinese, Der Tee der drei alten Damen* und der Legionsroman *Gourrama.*

In Angles aber fand Glauser die erhoffte Ruhe nicht. Das Klima war mörderisch, die Autorenhonorare reichten nirgends hin. In die Schweiz zurückkehren jedoch wollte Glauser um keinen Preis: »Ich weiss, wie die erstickende Luft in der Schweiz auf mich wirkt; die Schweiz ist nie meine Heimat gewesen, wenigstens kann ich sie nicht so empfinden.« So zog er, als Angles unzumutbar wurde, mit Berthe in die Bretagne, versuchte nach Tunis zu gelangen und landete zuletzt in Collioure bei Perpignan. Aber erst in Nervi, geplagt von Hunger, Kälte und den deprimierenden Folgen einer Basler Entziehungskur, sah sich Glauser Ende 1938 zur Kapitulation gezwungen. Plötzlich schien ihm nun, »als brauche ich die Schweiz, als sei sie meine Heimat – und wolle ich über sie schreiben, müsse ich in diesem Lande wohnen. Was willst Du, man wird alt und sucht nach einer festen Stelle, an der man hocken kann und Gemüse pflanzen.« Dem Verleger offerierte er nun einen »Schweizer Roman« für die Landesausstellung 1939, bat ihn jedoch, rasch »etwas für den Glauser zu tun, der nicht mehr weiter weiss«.

Friedrich Glauser (1896–1938) um 1917

Rein äusserlich bereitete sich ein Happy-End vor: Am 7. Dezember 1938 wollten Glauser und Berthe heiraten, dann würde man in die Schweiz zurückkehren. Aber am Vorabend der Trauung versank Glauser – vermutlich nach einer Überdosis Schlaftabletten – unversehens in jene tiefe Bewusstlosigkeit, aus der er nie mehr erwachen sollte. »Bitte teilen Sie mir doch mit«, bat Emmy Ball-Hennings den Verleger Witz, »warum dieser seltsame liebe Mensch eigentlich gestorben ist. Am Leben oder an einer bestimmten Krankheit?«

Gerhard Saners Glauser-Biographie ist bei Suhrkamp, die Krimis sind bei Diogenes und Arche greifbar. Arche bietet auch Glausers Briefe, herausgegeben von Manfred Papst und Bernhard Echte, an.

Heinrich Danioth

Am Weihnachtsabend 1945, als es noch Brauch war, sich vor dem Radio zu versammeln wie später vor dem Fernseher, brachte Beromünster nach den Nachrichten und Mozarts Jupiter-Symphonie die Hörspielfassung des *Urner Krippenspiels* von Heinrich Danioth zur Uraufführung. Der Künstler, der seit dem Skandal um die Fresken am Bundesbrief-Archiv Berühmtheit erlangt hatte und vielen als *Nebelspalter*-Karikaturist ein Begriff war, trat damit erstmals auch ausserhalb des Urnerlandes als Dichter in Erscheinung.

Danioths *Urner Krippenspiel* ist im Oktober 1944 während eines unfreiwilligen Aufenthalts in einer eingeschneiten Alphütte entstanden. Angesichts der unmittelbaren Bedrohung durch die Schneemassen und der ferneren durch den Krieg müssen Danioth damals die Menschen wie hilflose Marionetten vorgekommen sein. Darum wohl konzipierte er sein Stück als Marionettenspiel und liess es in dieser Form am 14. Januar 1945 in Altdorf durch die eigens dafür gegründete Gruppe »Gelb-Schwarz« uraufführen. Danioth verlegt das Weihnachtsgeschehen in die tief verschneiten Urner Berge seiner unmittelbaren Gegenwart. Maria und Josef sind Emigranten, die von den Häschern Bruno und Nero – Hitler und Mussolini! – in das einsame Bergtal gehetzt werden. In der Begegnung mit den Flüchtlingen kann sich der Wegknecht Joder, um dessen Seele Gott und Teufel eine Wette abgeschlossen haben, bewähren. Allerdings besteht der Urner die Probe nur ganz knapp: er schickt zwar die Emigranten nicht weiter, doch er weist ihnen nur seinen verlotterten Gaden zu, wo der »Scheibenhund« sie erschrecken wird. Wie es sich für die Gattung gehört, endet alles in Versöhnung. Bruno und Nero finden – dies ein Lob auf das Alpen-Réduit! – in einer Gotthard-Lawine den Tod, die drei Könige besuchen auf Skis das Jesuskind, der Welt wird der weihnachtliche Frieden verkündet, aber auch aufgetragen: »O öffnet eure Herzen weit / den vielen ungezählten / Verarmten und Gequälten!«

Das Stück zeichnet sich aus durch die meisterhafte Verwendung von Hochsprache *und* Dialekt. Mit deutlicher Anspielung auf den Missbrauch des Deutschen durch den Faschismus wendet es sich mittendrin demonstrativ dem Urner Dialekt zu und gewinnt in Passagen wie der Hass-Litanei des Teufels eine eindringliche Sprachgewalt. Sein zweites bedeutsames Stück übrigens, das Lawinen-Hörspiel *Der sechste von den sieben Tagen,* hat Danioth 1951 dann ausschliesslich hochdeutsch geschrieben, weil ihm »das Menschliche diesmal wirklich über das Urnerische« ging. Mit seinem *Urner Krippenspiel* von 1944/45 aber hat der in seiner Bedeutung noch immer unterschätzte Künstler Danioth einen wichtigen Beitrag zum Schweizer Mundarttheater geleistet und uns ein Stück hinterlassen, das auch heute noch auf unsentimentale Weise echte weihnachtliche Stimmung zu erzeugen vermöchte.

Heinrich Danioth
(1896–1953)

Das *Urner Krippenspiel* liegt gedruckt vor in Band 2 von Heinrich Danioth, *Werke in 3 Bänden,* NZN-Verlag, Zürich 1973.

Elena Bonzanigo

Die Casa Serodine, eines der schönsten Häuser von Ascona, ist nicht nur in die Kunst-, sondern auch in die Literaturgeschichte des Tessins eingegangen. In ihrem 1944 erschienenen Roman *Serena Serodine* hat Elena Bonzanigo die Geschichte jener Brüder Serodine erzählt, die zu Beginn des 17. Jahrhunderts in Rom als Maler und Bildhauer zu Ruhm gelangten und sich mit der prachtvollen Fassade ihres Asconeser Vaterhauses ein Denkmal setzten. Aber nicht die beiden historisch verbürgten Künstler Battista und Giovanni stehen im Zentrum des breit ausladenden Romangemäldes, sondern Serena Serodine, eine Tochter Battistas, die ganz Elena Bonzanigos eigene Erfindung ist. Serena wächst in Pisa und Rom heran, verliert früh die Mutter, dann auch den Vater, und schafft es, ins Tessin zurückgekehrt, trotz allem, ihrer ererbten künstlerischen Begabung Ausdruck zu geben. Die Kunst ist es denn auch, die sie mit Gualtiero, ihrem Lebenspartner, zusammenbringt. Wie der Fortsetzung *Oltre le mure* (1955) zu entnehmen ist, sucht Gualtiero sein Glück bald wieder in der Fremde, während Serena nach dem Pesttod ihres einzigen Kindes ins Kloster geht. Als der Mann nach Jahren zurückkommt, vermag er die sanfte Serena zu einem Neuanfang »jenseits der Mauern, in der Sonne«, zu bewegen.

Dass dieses Romangeschehen trotz des historischen Gewandes ungemein lebensnah und anschaulich wirkt, ist wohl damit zu erklären, dass die Autorin immer wieder auf Selbsterlebtes zurückgreifen konnte. Tochter eines weltweit tätigen Ingenieurs, verlebte sie ihre Jugend wie Serena Serodine in verschiedenen italienischen Städten. Wie ihre Romanfigur begann sie früh zu malen, verzichtete aber nach ihrer Heirat mit dem Arzt Paolo Hoppeler und ihrer Wohnsitznahme in Monti sopra Locarno gleich wie Serena auf eine eigentliche Künstlerkarriere. Dafür wandte sie sich um so ernsthafter der Schriftstellerei zu, in welcher sie 1931 mit dem Lyrikband *La Sorgente* (Die Quelle) debütiert hatte. 1938 machte sie mit den entzückend frischen Kindheitserinnerungen *Storie primaverili* (Frühlingsgeschichten) von sich reden. Auf die beiden Serodine-Bücher folgten 1958 die stimmungsvolle Erzählung *Viaggio di notte (Nächtliche Reise)* und 1965 der historische Roman *La Conchiglia* (Die Muschel): eine virtuose literarische Gegenüberstellung des glorreichen italienischen Risorgimento mit den kläglichen politischen Wirren, von denen das Tessin 1890 heimgesucht wurde.

Elena Bonzanigo
(1897– 1974)

Obwohl sie den Vergleich mit ihm nicht zu scheuen hatte, gelang es Elena Bonzanigo zeitlebens nicht, aus dem Schatten Francesco Chiesas herauszutreten. Eine Laune des Schicksals, die sie jedoch, frei von aller Verbitterung, würdevoll zu tragen wusste, indem sie den weisshaarigen Patriarchen bis zuletzt unverdrossen als ihr Vorbild und Idol verehrte.

Deutsch liegt von Elena Bonzanigo zur Zeit einzig *Nächtliche Reise*, übersetzt von Hanneliese Hinderberger, im GS-Verlag, Bern, vor. Die Abbildung zeigt Elena Bonzanigo im Jahre 1944, als ihr Roman *Serena Serodine* erschien.

Kurt Kläber

»Wenn du denkst, dass ich deinen Dreck unter meinen Namen nehme, dann irrst du dich!« So soll Lisa Tetzner, »die wohl beste Märchenerzählerin Deutschlands« (Hermann Hesse), reagiert haben, als Ehemann Kurt Kläber ihr 1937 sein erstes eigenes Jugendbuchmanuskript vorlegte. Kläber, deutscher Berufsrevolutionär und Arbeiterpoet (*Barrikaden an der Ruhr,* 1925), lebte seit 1933 als Bauer in Carona und hatte im Gegensatz zu seiner Frau, deren Arbeiten als unverdächtig galten, striktes fremdenpolizeiliches Schreibverbot.

Das Schicksal jener nach Mailand verkauften Tessiner Kaminfegerjungen, das Lisa Tetzner für die Jugend nachgestalten wollte, hatte ihn aber unversehens derart gepackt, dass er sich ihren Entwurf heimlich vornahm und zu einem dicken Roman verarbeitete. So ganz daneben konnte er dabei nicht gehauen haben, denn *Die schwarzen Brüder* wurden, als Lisa Tetzner ihnen nach massiver Kürzung und Veränderung dann doch ihren Verfassernamen lieh, ein grosser Erfolg.

Eine eigentliche Sternstunde aber erlebte die Jugendliteratur, als Kurt Kläber aus dem Schatten Lisa Tetzners heraustrat. In der Meinung, auf solch harmlosem Gebiet könne der argwöhnisch beobachtete Bolschewist ja nichts Dummes anrichten, hatten die Behörden Kläber 1940 gestattet, »ein Knabenbuch« zu schreiben. Der Roman *Die rote Zora*, den er 1941 unter dem Pseudonym Kurt Held veröffentlichte, war dann aber, obwohl er sämtliche Vorzüge eines spannenden, phantasievollen und glanzvoll geschriebenen Jugendbuches besass, alles andere als harmlos. In die Geschichte vom rothaarigen Albanermädchen Zora, das mit einer Bande verschupfter und verstossener Kinder in der kroatischen Stadt Senj gegen die wirtschaftliche und soziale Ungerechtigkeit kämpft und zuletzt sogar den Sieg über die Erwachsenenwelt davonträgt – in diese Geschichte hat

Kläber nämlich nichts weniger als sein ganzes revolutionäres Engagement, seinen Gerechtigkeitssinn und seine Hoffnung auf eine bessere Welt hineingepflanzt!

Kurt Kläber
(1897–1959) im Jahre 1920

Dass dies verstanden worden ist, zeigt der erstaunliche, noch immer anhaltende Erfolg dieses Romans, dessen Beliebtheit nicht zufällig in den Jahren der antiautoritären Erziehungsbewegung ihren Höhepunkt erlebte.

Kurt Kläber, der 1948 zusammen mit Lisa Tetzner Bürger von Carona wurde, hat nach dem Krieg unter dem Decknamen Kurt Held weitere meisterliche Jugendbücher geschrieben: *Der Trommler von Faido, Matthias und seine Freunde, Alles für zwanzig Rappen* und die neapolitanische Tetralogie *Giuseppe und Maria.* Und wenn er damit auch den Erfolg der *Roten Zora* nicht wieder erreichte, so dokumentieren diese Werke mit ihrem sozialkämpferischen Impetus insgesamt doch aufs schönste, wie es hier einem Autor gelungen ist, den hoffnungsvollen, aber von den Nazis abgewürgten gesellschaftlichen Aufbruch der zwanziger Jahre im Jugendbuch neu aufleben zu lassen und mit unverwüstlichem Optimismus an die Kinder neuer Generationen heranzutragen.

Die rote Zora ist bei Sauerländer, Aarau, greifbar.

Jakob Haringer

Seine Gedichte gab er so gut wie unbesehen in Druck, einerlei, ob es Volltreffer waren oder gänzlich missratene Gebilde. Er dichtete, wie ihm zumute war, und das artete fast immer aus in weinerliches Klagen über das eigene Schicksal und in wüste Schimpftiraden gegen Gott, die Welt und die verhassten bürgerlichen Institutionen. 1898 in Dresden als Kind einer ledigen Mutter geboren, war Jakob Haringer nach der vorzeitig abgebrochenen Schulzeit und einem kurzen Kriegseinsatz auf den Gedanken gekommen, sich als vagabundierender Dichter durchs Leben zu schlagen. Im Zeichen des Expressionismus fand er da und dort Anerkennung, ging jedoch bald dazu über, sich mit falschen Doktortiteln, erfundenen Literaturpreisen und vorgetäuschten Buchveröffentlichungen in die Position eines literarischen Hochstaplers hineinzumanövrieren. »Ich bin der grösste Dichter Europas«, pflegte er sich vorzustellen, und zu Geld kam der »Doktor h. c. der Académie française«, indem er an 400 »Dichterkollegen« mittels der im *Kürschner* gefundenen Adressen gedruckte Bettelbriefe versandte, die seine Lage auf drastische Weise schilderten und immerhin Leute wie Hermann Hesse und Alfred Döblin zu materiellen und moralischen Hilfeleistungen bewegten. Ab 1927 war Haringer wegen Zolldelikten und wegen Gotteslästerung steckbrieflich gesucht und lebte in Verstecken und bei Freunden quasi im Untergrund und ständig auf der Flucht.

Das änderte sich nicht wesentlich, als er 1938 vor dem Nationalsozialismus in der Schweiz Zuflucht suchte. Zwei Jahre lebte er auch hier praktisch im Untergrund, ehe die Polizei ihn erwischte und als »zwar intelligenten, aber völlig asozialen und bis zu einem gewissen Grad gefährlichen Menschen«, wie es in den Akten hiess, ins Internierungslager Bellechasse steckte, wo er wie ein Schwerverbrecher behandelt wurde. Als er fliehen konnte, erreichten einflussreiche Freunde, dass Haringer in der Oetwiler Klinik »Schlössli«, im Erholungslager Leysin und schliesslich als »Privatinternierter« in Burgdorf und Bern leben konnte. Als er 1948 in Zürich unverhofft mit 50 Jahren starb, hatte Dr. *von* Haringer, wie er sich zuletzt bezeichnete, noch zwei Jahre in Ruhe und Zurückgezogenheit in einer Dachkammer in Köniz gelebt und an seinen Gedichten gearbeitet.

Jakob Haringer (1898–1948) im Jahre 1946

Er passte nicht in unsere ordentliche Welt hinein, der seltsame Poet mit der Biographie eines halt- und heimatlosen kleinen Ganoven. Aber in der Fülle seiner vielfach total verunglückten Gedichte sind immer wieder Verse zu finden, die in ihrer schlichten Musikalität und in der Echtheit der Empfindung zu den besten unseres Jahrhunderts zählen. Der erschütternde Achtzeiler *Tot* aus dem Jahre 1930 z. B.:

Ist alles eins
Was liegt daran,
Der hat sein Glück,
Der seinen Wahn.
Was liegt daran!
Ist alles eins,
Der fand sein Glück!
Und ich fand keins.

Bei Residenz, Salzburg, erschien 1988, herausgegeben von H. Holl und W. Kirsten, der Band *Jakob Haringer: Aber des Herzens verbrannte Mühle tröstet ein Vers. Ausgewählte Lyrik, Prosa und Briefe.*

Werner Renfer

»Die Ovomaltine und die 7 Franken habe ich soeben erhalten. Was heisst: ›soeben‹! Um fünf ist Dein Päckchen angekommen, und schnurstracks bin ich in die ›Tanne‹ hinauf gerannt und habe etwas zu essen verlangt. Genau 48 Stunden, von Sonntag halb sieben bis Dienstag fünf Uhr, hatte ich nichts mehr im Magen, und die ganze Zeit über sass ich wie angeschraubt vor den Büchern.« Es war im Frühling 1925, als der angehende Agronom Werner Renfer Briefe wie diesen an seine Frau richtete – allerdings wie alles, was er schrieb, auf französisch, seiner Muttersprache. Germaine wohnte mit dem Kind in Corgémont/Jura, Werner wollte in Zürich das Diplom machen, um nie mehr hungern zu müssen und dennoch Gedichte schreiben zu können . . .

Kaum ein Jahr war es her, dass Renfer den Versuch, dieses Ziel auf direktem Wege zu erreichen, aufgeben musste. Nach dem Abbruch des ETH-Studiums hatte er seit 1921 als Literat in Paris gelebt, wo 1923 sein erster Gedichtband erschien. Im gleichen Jahr war ihm Germaine aus Corgémont auf die Ile du Levant gefolgt, wo die beiden ihrem Glück, der Natur und der Poesie leben wollten. Aber der Hunger trieb sie nach Paris zurück, wo die Arbeitslosigkeit und zuletzt die Geburt des Kindes alle Träume zunichte machte. Zerknirscht kehrte Renfer zum Vater zurück und willigte ein, das verhasste Agronomiestudium abzuschliessen. In sechs Monaten schaffte er das, dann zog er nach St-Imier, aber nicht als Agronom, sondern als Redaktor am *Jura Bernois.*

War das nun das Literatenleben, von dem er geträumt hatte? Die Zeitung beanspruchte ihn voll, Aufstiegsmöglichkeiten boten sich keine, und die Glossen, die er sich Tag für Tag abrang, waren viel zu geistreich für die ungebildeten Leser des Lokalblättchens. Als er 1933 seinen einzigen Roman, *Hannebarde,* publizierte, fand er im ganzen Jura nicht einmal 200 Subskribenten! Zehn Jahre hielt er durch, dann waren seine Kräfte erschöpft. Kaum achtunddreissig, starb er am 27. März 1936 in St-Imier.

»Die fehlende Unabhängigkeit als Journalist, die materielle Not, die intellektuelle Vereinsamung – all dies zermürbte ihn, zehrte an seinen Nerven und tötete ihn nach und nach.« So folgert Pierre-Olivier Walzer, der 1958 Renfers Werk gesammelt herausgab: drei schmale Bände, in denen wunderbare Dinge zu entdecken sind! Man findet da Landschafts- und Liebesgedichte von seltenem Zauber, Essays von eigenwilliger Brillanz, vor allem aber den Roman *Hannebarde,* Renfers Meisterwerk. *Hannebarde:* das ist eine zartpoetische Liebesgeschichte zwischen einem seltsamen alten Naturburschen dieses Namens und einem ganz jungen Mädchen namens Bridille vor dem Hintergrund eines Juradorfes mit pharisäischer Moral. Alles, was Renfers Existenz als Dichter und Mensch prägte, ist in diese nur knapp 70 Seiten mit eingeflossen: das Erlebnis der Liebe als schicksalbestimmende Kraft, der Konflikt des Künstlers mit der verständnislosen Umwelt, insbesondere aber die Faszination der Juralandschaft, die hier bei all ihrer Kargheit etwas geradezu Berauschendes bekommt.

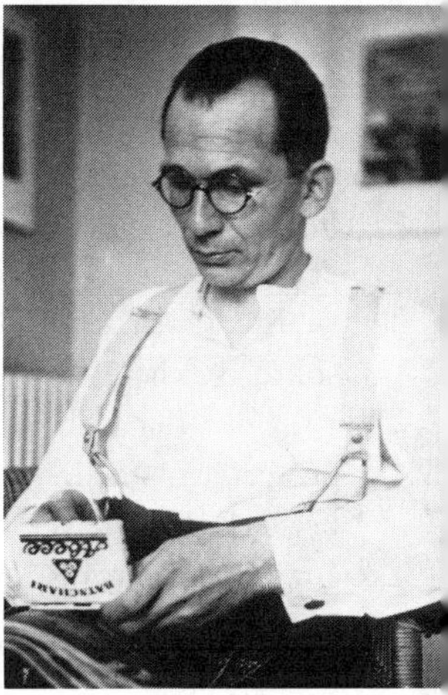
Werner Renfer (1898–1936)

Pierre-Olivier Walzers Renfer-Werkausgabe erschien 1958 im Verlag der Société jurassienne d'Emulation, Porrentruy.

Rudolf Graber

An zumindest zwei berühmte literarische Flussfahrten sieht sich der Leser von Rudolf Grabers Roman-Erstling erinnert: an J. K. Jeromes *Three men in a boat* (1889) und an Jochen Kleppers *Kahn der fröhlichen Leute* von 1933. Rudolf Grabers *Kahnfahrt durch das wunderschöne Land Frankreich* braucht, wenn man sie literarisch auch nicht auf die gleiche Stufe stellen sollte, solche Vergleiche nicht zu scheuen. 1941 bis 1945 auf der sicheren, aber isolierten Friedensinsel Schweiz entstanden, bringt der Roman, zu dem Graber sich durch zwei nautische Frankreichfahrten von 1925 und 1930 inspirieren liess, in stark bildhafter, imaginativer Weise die Sehnsucht nach Ferne, nach Weite und Freiheit zum Ausdruck. Frankreich wird dabei, ohne dass es zur Idylle verklärt würde, zu einem Paradigma sinnlicher Daseinsfreude und unkomplizierter, lockerer, bedürfnisloser, kurz: unschweizerischer Lebensart.

Drei Freunde, Basler Studenten, wollten in einem alten Fischerkahn von Besançon aus auf Doubs, Saône und Rhône zum Meer hinunterfahren, bis ihnen in ihrer Naivität die Begegnung mit einem verführerischen leichten Mädchen zum Verhängnis wird und man sie mitten aus ihrem Abenteuer heraus nach Basel heimspediert. Die Geschichte ist so munter erzählt, die Landschaft so lebensnah geschildert, die sinnlichen Genüsse – inklusive die bei Schweizern doch sonst so holprige Erotik! – werden so appetitlich aufgetischt, dass man das Buch für eine Übersetzung aus dem Französischen halten könnte. Kein Wunder denn, dass die Juroren des »Büchergilde«-Wettbewerbs 1946 dem Buch den ersten Preis zuerkannten – allerdings ex aequo mit dem die Aktivdienstzeit verherrlichenden FHD-Roman *Fahrerin Scherrer* von Max Werner Lenz, der schnell zum Bestseller wurde und Grabers *Kahnfahrt* in den Hintergrund drängte. Dafür gelangte der in Basel ansässige Aargauer bald einmal dank einem einheimischen

Fluss zu Berühmtheit: als Verfasser der *Basler Fährengeschichten*, wie er sie ab 1943, während der Arbeit an der *Kahnfahrt*, zu schreiben begonnen hatte. Der Fischer Graux, der die drei Schweizer in Besançon so köstlich unterhält, war das Urbild jenes Fährimannes, den Graber erzählend und als Zuhörer mit Geschichten versah, in denen sich die Basler aller Couleur vielfach gespiegelt und karikiert finden konnten. Ein weiterer Fluss, die Donau, spielt die tragische Rolle in Grabers Stifter-Roman *Die Pflegetochter* von 1950. Es war wohl damals die Zeit noch nicht reif, einen sakrosankten Dichter so rückhaltlos indiskret als Menschen darzustellen, wie es Graber im Hinblick auf Stifters Beziehung zur Pflegetochter Juliane tat – sonst hätte der Roman wohl eher positiv statt negativ aufhorchen lassen! 1957 beteiligte sich Graber mit dem Jugendroman *Blüten im Wind* erneut am »Gilden«-Wettbewerb. Als die Jury dem poetisch-verträumten Werk, das Grabers Kindheit in Säckingen gestaltete, am 5. Februar 1958 einstimmig den ersten Preis verlieh, ehrte sie einen Toten. Der feinsinnige und humorvolle Erzähler war am 26. Januar 1958 mit 59 Jahren einem Herzleiden erlegen.

Rudolf Graber
(1899–1958)

Von Rudolf Graber sind einzig die *Basler Fährengeschichten* greifbar, die der Basler Reinhardt-Verlag 1985 gesammelt herausgab.

Edwin Arnet

»Ruf uns, Fahne, ruf die Brüder, Fackel heilger Menschlichkeit! / Aber kommt ein Gessler wieder: ruf den alten Tell zum Streit! / Lodre, blutgetränkte Seide, flamme durch die Völkernacht! / Sieh, es ist zu Tod und Leide 's Volk, das ganze Volk erwacht!« – Als die 1000 Mitwirkenden das *Eidgenössische Wettspiel* erstmals zu diesem patriotischen Ende gebracht hatten – 150 000 Schweizer sollten das offizielle Festspiel der Landi 39 in 34 Aufführungen noch sehen! –, brandete tosender Beifall durch die riesige Festhalle. Bundespräsident Etter eilte nach vorn und schüttelte dem Dichter die Hand.

Kein Zweifel: dieser 6. Mai 1939 war ein Höhepunkt im Leben des *NZZ*-Redaktors und Schriftstellers Edwin Arnet. Das hausbackene *Wettspiel,* das Arnets Wiedikoner Sängerfestspiel von 1931 im Geiste des Friedensabkommens von 1937 aktualisierte, war zwar mehr für die geistige Landesverteidigung denn als Kunstwerk bedeutsam, bewahrte die Jury aber immerhin vor der Peinlichkeit, Julius Schmidhausers an nördlichen Vorbildern orientierte *Weihe der Jugend* zu Landi-Ehren zu verhelfen. Nein, ein genialer Festspieldichter war er nicht, dieser Edwin Arnet, der als Journalist einen warmen, menschlichen Ton in die *NZZ* hineingebracht hatte. Sein verträumtes, melancholisches Dichtertum, das er selbst einmal »eine Flucht aus der Zeit und der Zeitung« nannte, konnte er als Epiker weit besser entfalten – am besten in kurzen Erzählungen wie der *Kleinen Schweizernovelle* (1944) oder in *Am Saum des Herbstes* (1953). Unter seinen Romanen ist *Emanuel* von 1924 am schönsten gelungen. Es ist die autobiographisch gefärbte Geschichte eines Jünglings, der aus dem ärmlichen Milieu einer Portiersfamilie zum Redaktor aufsteigt und getötet wird, als er im Generalstreik vermitteln will.

Die Authentizität und Geschlossenheit dieses Erstlings hat Arnet in den späteren Romanen nicht mehr erreicht. *Die Scheuen* von 1935 wirken seltsam verworren, und *Elgele* (1948) zerfällt wie *Abschied von Hesperia* (1956) in viele Einzelepisoden, die durch Reisen der Protagonisten nur mühsam miteinander verbunden werden. Arnets literarisches Anliegen nach 1945 war es, einer schwermütigen Trauer über den Untergang Hesperiens, jener von Stifter besungenen Welt einer seelenvollen idyllischen Heimatlichkeit, Ausdruck zu geben.

Edwin Arnet (1901–1962) im Jahre 1938

»Was wollte ich anderes«, sagt Karl Moebius in *Abschied,* »als die Zeit zum Stillstand zwingen, das Haus mit patriarchalischem Geiste füllen, einem Frieden Einlass geben, der aus der Zeit der Mythen kam.« Dass allerdings, so Moebius andernorts, »das erzählte Leben herrlicher als das wirkliche« sei – das zu beweisen bleibt sein Verfasser, der in *Elgele* immerhin noch mit reicher poetischer Erfindungsgabe geglänzt hatte, dem Leser diesmal endgültig schuldig. Das Buch kommt in muffiger Postkutschenromantik und mit gestelzter Prüderie in Liebesdingen dahergeschmachtet und zeigt trotz einzelner gelungener Passagen nur allzu deutlich auf, dass Stifters Idyllik nach Auschwitz und Hiroshima nun einmal nicht mehr rekonstruierbar ist.

Im Handel greifbar sind einzig Arnets *Zürcher Impressionen,* die 1982 mit einem Nachwort Werner Webers im NZZ-Verlag erschienen.

Alice Rivaz

Am Anfang war Ramuz ihr Idol. Sein Bild hing über ihrem Schreibtisch, und nachts träumte ihr, der Dichter gehe in weiter Lodenpelerine mit ihr durch den Wald und küsse sie. Dass er der erste war, dem sie ihr Manuskript *Nuages dans la main* zum Lesen schickte, verstand sich von selbst. Überraschend war dann nur, dass Ramuz die »Guilde du livre« zur Herausgabe des Roman-Erstlings überredete. Dann, im Sommer 1940, sass sie ihm erstmals leibhaftig gegenüber. »Aber der wirkliche Ramuz«, vertraute sie ihrem Tagebuch später an, »hat mich nicht geküsst. Er machte sich ein wenig lustig über mich, wurde dann nach und nach ernst, kam auf meine Arbeit zu sprechen und erteilte mir beherzigenswerte väterliche Ratschläge.« Und dabei war Alice Rivaz, achtunddreissig, Tochter des kämpferischen Sozialisten Paul Golay und langjährige Angestellte des Internationalen Arbeitsamtes in Genf, ohne jeden Zweifel die hübscheste Schriftstellerin, welche die Romandie je hervorgebracht hat!

Aber gerade darum, weil sie selbst alles andere als ein Mauerblümchen war und ist, wirkt Alice Rivaz in jener Rolle, die sie mit ihren Texten nach und nach und erstaunlich frühzeitig schon übernahm, derart glaubwürdig und überzeugend: in der Rolle einer vehementen und kompromisslosen Verfechterin der weiblichen Emanzipation. *La Paix des ruches* von 1947 ist charakteristisch dafür. Dort stehen Sätze wie der von der »bestialischen Schädlichkeit des erwachsenen Mannes«, welche eines Tages »die ganze Erde in eine Ruinenwüste verwandeln« könne, sofern den Frauen nicht vorher die Augen aufgingen und eine Art »Bienenfriede« eintrete. Was nicht mehr und nicht weniger meint als »die wohlüberlegte Ausschaltung der männlichen Spielverderber«, wie sie vor Urzeiten im Bienenstaate vollzogen wurde.

Solchen Tönen zum Trotz predigt Alice Rivaz aber nicht etwa die Vermännlichung der Frau. Sie träumt im Gegenteil mit Rilke von jenem »weiblichen Menschen«, der nicht bloss das Gegenstück zum Manne, sondern »etwas für sich« ist und zum Manne in eine Liebesbeziehung tritt, »die darin besteht, dass zwei Einsamkeiten einander schützen, grenzen, grüssen«. In ihrem Meisterwerk *Jette ton pain* von 1979 hat Alice Rivaz diesen »weiblichen Menschen« am Beispiel einer Mutter-Tochter-Beziehung tiefer denn je hinterfragt, wobei, wie immer in ihrem Œuvre, auch die Trauer um Vergänglichkeit und Tod eine wesentliche Rolle spielt. Noch deutlicher tritt dieser dunkle Bereich in ihrem erschütternden Klagelied *Comptez vos jours* von 1966 zutage. Ihr hellstes, lebensfrohestes Werk sind demgegenüber die Waadtländer Kindheitserinnerungen *L'Alphabet du matin* (1969). Da ist der vergleichsweise idyllische Beginn eines Jahrhunderts beschrieben, das die nun bald neunzigjährige Schriftstellerin fast ganz miterlebt und literarisch mitprotokolliert hat: präzis, sparsam, zurückhaltend und aus spezifisch fraulicher Optik.

Alice Rivaz
(*1901) im Jahre 1940

Nuages dans la main ist bei den Editions de l'Aire, Lausanne, greifbar.

Wolfgang Langhoff

Zürich hat viele Berühmtheiten mit Gedenktafeln geehrt. An der Rütistrasse 42 aber vermisse ich eine. Es müsste darauf stehen: »Hier lebte 1934–1945 der Schauspieler und Schriftsteller Wolfgang Langhoff. Er verkörperte im Schauspielhaus die jugendlichen Helden und gab 1935 mit seinem Buch *Die Moorsoldaten* der Welt erstmals Kunde von den unmenschlichen Greueln in den nationalsozialistischen deutschen Konzentrationslagern.«

Langhoff sollte, wie er in seinem Buch berichtet, am 28. Februar 1933 den Franz Moor in Schillers *Räubern* spielen, als er verhaftet und ins Düsseldorfer Gefängnis gebracht wurde. Dass er Kommunist war und auch vor Arbeitern gespielt hatte, war ihm zum Verhängnis geworden und brachte es nun mit sich, dass er als einer der ersten die schreckliche Wahrheit über Hitlers Terrorstaat erfahren musste. Sein Buch zeigt anschaulich, wie er das Unglaubliche nur langsam für wahr zu halten beginnt, bis er sich angesichts blutüberströmter Mitgefangener und nachdem man ihm selbst sämtliche Zähne ausgeschlagen hat, resigniert sagen muss: »So ist das also!« Er gibt jede Hoffnung auf und versucht im KZ Börgermoor, wo man ihn ohne Urteil hinschleppt, das Beste aus der Situation zu machen. Er verhält sich solidarisch zu den Kameraden und sucht menschliche Würde zu wahren, solange es geht. Vor allem aber beobachtet er scharf und genau: die Häftlinge, aber auch ihre Peiniger. Gerade weil er auch als Erzähler nüchtern und sachlich bleibt, wirkt sein Buch auch heute noch erschütternd auf jeden, der es liest. Langhoff wurde an Ostern 1934 überraschend freigelassen und gelangte auf abenteuerlichem Wege nach Zürich, wo er bald ein gefeiertes Mitglied des Schauspielhaus-Ensembles war. Im Sommer 1935 diktierte er seinen Bericht einer Sekretärin des Schweizer Spiegel-Verlags. Huber und Guggenbühl druckten das Buch aber erst, nachdem sie in Paris einen weiteren ehemaligen Börgermoor-Häftling ausfindig gemacht hatten, der Langhoffs Aussagen bestätigte. Ausserdem fügten sie dem »unpolitischen Tatsachenbericht« faksimiliert eine handgeschriebene Erklärung Langhoffs bei, auf der dieser schwor, »die reine Wahrheit zu sagen«.

Wolfgang Langhoff (1901–1966) im Jahre 1940

Obwohl von dem Buch 30 000 Exemplare verkauft und zwölf Übersetzungen hergestellt wurden, ging man bald wieder zur Tagesordnung über. Was sie 1935 hätte tun müssen, tat die offizielle Schweiz sage und schreibe am 6. Februar 1945: sie protestierte in Berlin gegen KZs und Judenvernichtung! Als Langhoff 1935 mit seinem Buch auf Tournee gehen wollte, verbot ihm dies die Polizei, und 1936 entging er seiner Ausweisung nur, weil Schauspielhausdirektor Rieser ihn in seiner Villa versteckte. Nach dem Krieg verzichtete Langhoff auf eine sichere Schweizer Zukunft und versuchte seine humanen Vorstellungen in der DDR zu realisieren. Er scheiterte, und es mutet wie eine Ironie des Schicksals an, dass Ulbricht ihn u. a. deshalb aller seiner Ämter enthob, weil er damals in der Schweiz »zu einer mittelbaren Unterstützung des Klassenfeindes« beigetragen habe.

Die Moorsoldaten sind bei Röderberg, Köln, sowie im Verlag Neuer Weg, Düsseldorf, greifbar.

Karl Schölly

Sie finden eine Lerche wunderbarer als ein Flugzeug, sie werten den Menschen nach der Seele, nicht nach dem Geld. Sie wollen dem »guten Alten« wieder zu seinem Recht verhelfen, ziehen Goethe und Mörike allen modernen Lebensäusserungen vor und erwägen zuletzt, die profane Maschinenwelt Europas zu verlassen und im Urwald einen biedermeierlichen Idealstaat zu schaffen. Als sie jedoch – es ist 1937/38 – die Schweiz in Gefahr sehen, entschliessen sie sich, »das Ideal im Vaterlande selbst zu verwirklichen« und das entvölkerte Bergdorf St. Martin zu ihrem Utopia zu machen. Obwohl der kuriose Herzog von Leuchtenberg, Herrscher über die imaginäre Welt einer selbstgebastelten Modellstadt, davor warnt, »aus der Sehnsucht eine Wirklichkeit im materiellen Sinne zu machen«, ist die patriotische Begeisterung, machtvoll gesteigert durch das Erlebnis der Landesausstellung 1939, schliesslich gross genug, um auch die noch zögernden Bundesbrüder auf das alpine Siedlungsexperiment zu verpflichten.

Als Karl Schöllys Briefroman *Der Bund von St. Martin* 1941 erschien, war die patriotische Euphorie von 1939 allerdings im zermürbenden Alltag der Kriegszeit schon so stark abgeklungen, dass die Freunde von St. Martin dem unvorbereiteten Leser in ihrer hochgemuten Vaterlandsbegeisterung bereits befremdlich vorkommen mussten. Mit Verständnis rechnen konnte Schölly am ehesten noch bei jenen Eingeweihten, die schon 1938, anlässlich des Erstlings *Neuweimar,* das Besondere seiner an der deutschen Klassik orientierten Schreibweise erkannt hatten und ihm, wie dies heute etwa im Falle von Hermann Lenz ganz selbstverständlich ist, zubilligten, die Früchte eines überstarken Bildungserlebnisses literarisch zu verarbeiten.

Die patriotische Tendenz des *Bundes von St. Martin* scheint sich aber nach 1945 auch für Schölly selbst als Sackgasse entpuppt zu haben. Jedenfalls ist eine

Fortsetzung, in der er eine Zeitlang sein kommendes Hauptwerk erblickte, nie erschienen, und als er 1947, ganz bewusst an einen »engeren Freundeskreis« gewandt, nochmals auf jene Bundesbrüder zu sprechen kam, führte er die Leser nicht nach St. Martin, sondern ins imaginäre Herzogtum Leuchtenberg, wo dem Höhenflug der Phantasie keine materiellen Grenzen gesetzt sind. Dass *Besuch in Leuchtenberg* erst 1972 und als Privatdruck erschien, ist übrigens kennzeichnend für diesen Autor, der sein Werk – 14 Bände à 500 Manuskriptseiten sollen in der St. Galler Kantonsbibliothek eingelagert sein – ausserhalb des »Käfiggitters« seiner Berufsarbeit als Beamter in St. Gallen schrieb, und zwar, weil die Verleger ihn als unzeitgemäss ablehnten, fast ganz »für die Schublade«.

Karl Schölly (1902–1987) im Jahre 1940

Abgesehen von einigen meisterhaften Kurzgeschichten fand zwischen 1945 und dem Tod des Fünfundachtzigjährigen am 9. April 1987 nur noch ein einziges grösseres Buch den Weg zum Publikum: *Bildersäle,* die 1934 abgeschlossene *Geschichte einer Jugend in St. Gallen,* welche 1977, zu Schöllys 75. Geburtstag, publiziert wurde und längst wieder vergriffen ist. Die geistige Wahlverwandtschaft innerhalb eines Freundeskreises steht im übrigen so sehr im Zentrum von Schöllys Schaffen, dass ein Bestseller-Erfolg seinem Ruhm wohl weit abträglicher wäre als die bloss scheinbar erfolglose Existenz als hartnäckig sich haltender Geheimtip für Eingeweihte!

Ella Maillart

Winter im gutbürgerlichen städtischen Kaufmannshaus, Sommer in der Freiheit von Wind und Wasser am idyllischen Seeufer: Ella Maillarts Jugend erinnert unwillkürlich an Ida Bindschedlers *Turnachkinder*. Bloss dass die Fortsetzung im Falle der 1903 geborenen Genferin um einiges abenteuerlicher ausfiel als bei der Zürcherin des Jahrgangs 1854. Von Kind auf eine passionierte Seglerin, kreuzte Ella Maillart schon mit zwanzig viele Monate lang unentwegt im Mittelmeer und vertrat 1924 die Schweiz als einzige Frau der Kategorie Einmann-Jolle an der Pariser Olympiade. Jahre später, nachdem sie sich als Lehrerin in England genug gelangweilt hatte, liess sie sich auf ein richtiges Schiff anheuern und durchlief alle Chargen vom Kajütenjungen bis zum Steuermann. In Genf aber wirbelte sie als Coach des ersten Schweizer Damen-Hockey-Teams Staub auf und galt, besonders seit sie zur Nationalmannschaft gehörte, als beste Skiläuferin der Stadt.

Auf einmal entdeckte sie im Reisen eine besonders intensive Lebensform und wurde, während die Suche nach dem Sinn des Daseins sie in immer unbekanntere Gebiete hinauslockte, gleichsam so nebenbei eine der damals meistgelesenen Reiseschriftstellerinnen. Angefangen hatte es 1930, als sie das revolutionäre Russland mit eigenen Augen sehen wollte und bis in den Kaukasus verschlagen wurde. Dann reiste sie ganz allein durch Turkestan, gelangte auf verbotenen Wegen von Peking nach Kaschmir, ratterte als Autostopperin auf Lastwagen durch Afghanistan – Abenteuer, welche die sprachgewandte Bahnbrecherin in Büchern wie *Parmi la jeunesse russe – De Moscou au Caucase* (Paris 1932), *Des Monts célestes aux Sables rouges* (Paris 1934), *Oasis interdites – De Pékin au Cachemire* (Paris 1937) oder *Gipsy Afloat* (London 1942) protokollierte.

1938/39 lernte sie Annemarie Schwarzenbach kennen, die damals eben ihren Roman *Das glückliche Tal* beendete und es ihr ermöglichte, den holprigen Afghanistan-Trip zu zweit im bequemen Ford-Roadster zu wiederholen. Doch die vermeintliche Vergnügungsfahrt wurde zur grausamen Quälerei, denn die Freundin war hochgradig drogensüchtig, und die 8000 Kilometer lange Reise sollte zugleich dazu dienen, sie davon zu befreien. Obwohl Ella Maillart mit allen Mitteln um einen Erfolg kämpfte, scheiterte die Therapie, und die beiden Frauen trennten sich Ende 1939 in Kabul vorzeitig, ohne dass eine Heilung in Sicht war.

Ella Maillart
(*1903) um 1930 in Berlin

Da Annemarie Schwarzenbach 1942 starb und ihr Reisejournal vernichtet wurde, blieb es Ella Maillart überlassen, das Unternehmen literarisch festzuhalten. Sie tat dies in ihrem 1947 in London publizierten Reisebericht *The cruel Way* (deutsch 1948 in Zürich unter dem Titel *Auf abenteuerlicher Fahrt* erschienen), der dem Andenken der Freundin gewidmet ist und nebst einer klugen Bestandesaufnahme in Sachen Afghanistan ein eigenwillig-persönliches Seelengemälde der exzentrischen Gefährtin enthält. Auf Wunsch von Annemarie Schwarzenbachs Mutter wurde aber der wirkliche Name der Freundin hinter dem Pseudonym Christina versteckt, so dass 1947 nur wenige Eingeweihte wussten, wer die junge Frau überhaupt war, mit der zusammen Ella Maillart 1939 das Wagnis jener »grausamen Reise« auf sich genommen hatte.

The cruel Way ist französisch als *La Voie cruelle* bei 24 heures, Lausanne, und deutsch als *Flüchtige Idylle* beim eFeF-Verlag, Zürich, greifbar.

Walter Ackermann

Elisabeth Anwil, dreiundzwanzig, Deutschschweizerin mit Welschlandjahr und scheuem Charme, lernt bei Freunden am Genfersee einen Piloten kennen: Werner Rickenbach, dreiunddreissig, Flugkapitän der Swissair. Der Flieger entpuppt sich als ein wunderbarer Briefschreiber, und bald erhält Elisabeth zur Freude ihres flugbegeisterten Bruders Jürg Post von allen Flughäfen Europas. Unmerklich werden aus Erlebnisberichten Liebesbriefe, und eines Tages ist es soweit: Elisabeth gibt ihrem biederen Verlobten den Laufpass und lässt sich von Werner auf ihren ersten Flug mitnehmen. Nur dunkel ahnt sie, dass der welterfahrene Mann bei ihr gerade das zu finden hofft, was ihr oft nicht mehr genügt: Sesshaftigkeit, Heimat, bescheidenes Glück im kleinen Kreis.

Flug mit Elisabeth, dieser zarte Briefroman des Piloten Walter Ackermann, hat seinerzeit unzählige junge Menschen hell begeistert und ist auch im Computerzeitalter noch immer ein beglückendes Lesevergnügen. Zum einen ist eine Epoche der Luftfahrt in ihm lebendig geblieben, die uns heute mit ihrem Pioniergeist und ihrer Improvisationsfreude bereits sehr abenteuerlich und romantisch vorkommt. Zum andern aber ist Ackermann bei allem gelegentlichen Gefühlsüberschwang eine wirklich poetische Liebesgeschichte gelungen, die als virtuos komponierter Briefroman sein einstmals ebenso berühmtes *Bordbuch eines Verkehrsfliegers* und das Jugendbuch *Fliegt mit* unverwelkt überlebt hat.

Was den Roman zusätzlich denkwürdig macht, sind die Parallelen zu Ackermanns Biographie. Am Schluss des Buches befindet sich Werner auf dem Heimflug in die Schweiz, wo er bald Hochzeit halten wird: »Ich bin auf dem Heimweg – ich komme zu Dir – Elisabeth! Du bist die Erde und die Heimat und die Ewigkeit.« Dann folgen C. F. Meyers Verse vom Glockengeläut, das über den See schallt und nicht vom Tod, sondern vom Hochzeitmachen kündet.

Walter Ackermann (1903–1939)

Am 8. August 1939 wollte auch Ackermann selbst Hochzeit halten: mit der bildhübschen Erna Fisch, dem Urbild seiner Elisabeth. Und auch er befand sich am 20. Juli 1939, als er den Kursflug Wien–Zürich allen düsteren Wettervorhersagen zum Trotz riskierte, auf dem Heimweg zu seiner Braut – am Air-Terminal erwartete sie ihn mit Einkäufen für den neuen Hausstand. Da zwang ihn das Wetter, den Bodensee rechts zu umfliegen. Über Friedrichshafen setzte einer der beiden Motoren aus, und um 17 Uhr stürzte die Ju 86 beim Einkurven zu einer Notlandung kurz vor dem Flugfeld Konstanz aus 50 Metern Höhe senkrecht zu Boden – ein Aufprall, den niemand überlebte. Sie habe, darauf besteht Erna Fisch noch heute, der Swissair nie abgenommen, dass die Maschine in Ordnung war. Immerhin zählte Walter Ackermann mit 1 350 000 Flugkilometern zu den erfahrensten Piloten des damaligen Luftverkehrs.

Ob menschliches oder technisches Versagen: die Glocken jedenfalls, mit denen der schreibende Flugkapitän 1936 seinen Liebesroman hatte ausklingen lassen, kündigten ihm selbst den Tod, und nicht die Hochzeit, an.

Die Abbildung zeigt Walter Ackermann um 1936 in der Uniform eines Swissair-Flugkapitäns.

Konrad Farner

Er studierte an den Universitäten von Frankfurt, Köln und Basel, war befreundet mit Karl Barth, Bertolt Brecht und Georg Lukács, galt unbestritten als einer der besten Kenner der Werke von Marx, Lenin und Mao Tse-Tung. Aber wenn man ihn fragte, wer denn sein wichtigster Lehrmeister gewesen sei, so verwies der weltweit gefragte Kunstsoziologe auf einen einfachen Luzerner Arbeiter namens Ulrich, der den Gymnasiasten aus gutbürgerlichem Haus mit plausiblen Argumenten und vorgelebtem Beispiel davon überzeugt hatte, dass nur noch der Kommunismus die ungeheuren, durch den Ersten Weltkrieg drastisch verschärften sozialen Probleme lösen könne. Weil aber sein soziales Engagement von Anfang an parallel ging mit einem wachen Interesse für Metaphysik und Religion, so entwickelte sich Konrad Farner nicht einfach zu einem weiteren Theoretiker des Marxismus, sondern zu einem einzigartigen Vermittler zwischen dieser Lehre und dem Christentum.

Für Farner war der Kommunismus, wie er 1969 in seinem vielzitierten Schlüsselwerk *Theologie des Kommunismus?* formulierte, keineswegs bloss eine Angelegenheit des Marxismus, sondern etwas, was schon seit der Urkirche tief ins Christentum eingebettet sei. Nachdem sie »achtzehn Jahrhunderte lang alle revolutionären Chancen nicht nur verpasst, sondern unterdrückt, verfolgt und verfemt« hätten, sei den Christen angesichts des Kommunismus nun eine »letzte weltgeschichtliche Möglichkeit« geschenkt, »progressiver Teil der Zukunft zu werden«, während umgekehrt der Marxismus sich die »Freiheit des Christenmenschen« zu eigen machen müsse.

Obwohl er als Kunsthistoriker im Ausland bald einmal zur Kapazität avancierte und die protestantische Kirche ab 1949 den Dialog mit ihm suchte, fand Farner in unserem Land zeitlebens weder eine Stelle noch ein Amt, sondern wurde nach 1945 in zunehmendem Masse zur Zielscheibe des Antikommunismus. 1956, im Jahre des Ungarn-Aufstands, sah er sich, kurz nachdem er in Ost-Berlin die Abdankungsrede für Bert Brecht gehalten hatte, an seinem Wohnort Thalwil monatelang einer massiven Hetzkampagne ausgesetzt. Erst in den siebziger Jahren, als er aus der PdA ausgetreten war und sich dem Maoismus zugewandt hatte, brachte die studentische Linke Konrad Farner ins akademische Gespräch. Die Basler Studenten wollten ihm zu einem Lehrstuhl verhelfen, in Zürich gelang es schliesslich, für den Neunundsechzigjährigen einen befristeten kunstgeschichtlichen Lehrauftrag durchzubringen.

Konrad Farner
(1903–1974) um 1972

Als er 1974 nach einer missglückten Operation starb, war Farner noch weit davon entfernt, in seinem Vaterland rehabilitiert zu sein. Dafür hat aber die Provokation, die von seinen Schriften ausgeht, auch noch nichts von ihrer Brisanz verloren und ihn bis heute davor bewahrt, der verharmlosenden Vermarktungsstrategie lokalpatriotischer Denkmalpfleger ins Konzept zu passen.

Theologie des Kommunismus? ist als Diogenes-detebe 21275 greifbar.

Josef Maria Camenzind

Erstaunlicherweise hat sich die DDR bereits in den siebziger Jahren aktiv um die Aufarbeitung der Deutschschweizer Literatur der ersten Jahrhunderthälfte bemüht. Dass DDR-Verlage dabei Werke von Glauser und Bührer neu editierten, verwundert weit weniger als die Tatsache, dass ein Leipziger Verlag 1976 und 1979 in zwei Bänden die wichtigsten Erzählungen eines Autors kommentiert neu zugänglich machte, den man hierzulande längst als provinziellen Heimatschriftsteller abgeschrieben und schubladisiert hatte. Gemeint ist der aus Gersau stammende Josef Maria Camenzind, der nach einer entbehrungsreichen Jugend 1931 katholischer Geistlicher wurde, praktisch sein ganzes Leben im Hause der Missionsgesellschaft Bethlehem in Immensee (SZ) zubrachte und ab 1934 mit Erzählungen und Romanen an die Öffentlichkeit trat, die von der Kindheit im Dorf am See, vom Leben einfacher Menschen und vom Ringen um den Glauben handeln.

Provinziell ist Camenzinds Schaffen allerdings schon rein geographisch nicht, war doch sein mit Abstand meistverkauftes Buch ausgerechnet jener fast 600seitige Wälzer, der seine China-Reise von 1936/37 auf frisch-fröhliche Weise verarbeitet und den belebenden Gegensatz zwischen Heimat und Fremde schon im Titel andeutet: *Ein Stubenhocker fährt nach Asien* (1939). Zwanzig Jahre später überraschte Camenzind seine Leser mit dem Roman *Da-Kai,* der ausschliesslich in der Mandschurei spielt und das Problem der durch den Kommunismus gestoppten Christianisierung Chinas auf bildkräftige, behutsame, wenn auch keineswegs unparteiische Weise zur Darstellung bringt.

Camenzinds bedeutendste Leistungen sind und bleiben jedoch, Heimatkunst hin oder her, seine biographisch gefärbten, von der Wehmut der Erinnerung geprägten Gersauer Erzählungen in den Bänden *Mein Dorf am See* (1934), *Jugend am See* (1940) und

Europa im Dorf (1951). Wie bei seinem Vorbild Heinrich Federer beeindruckt in diesen lebensvollen Geschichten bei aller Idyllik immer wieder das sozialkritische Moment, das innige Mitgefühl mit den Benachteiligten und Zukurzgekommenen. Im heute beim Rex-Verlag wieder greifbaren Roman *Schiffmeister Balz* hat Camenzind 1941 übrigens Gersau auch historisch seinen Tribut gezollt. Auf anschauliche Weise schildert er darin das Ende des Freistaates Gersau und seinen Anschluss an die Eidgenossenschaft im Juli 1817.

Josef Maria Camenzind (1904–1984) im Jahre 1937

Wie weit der geistige Horizont trotz des beschränkten Gersauer Schauplatzes zuweilen bei Camenzind gespannt sein kann, belegt die Erzählung *Der verschwundene Schwede* aus dem Band *Europa im Dorf*. Es ist dies eine meisterhafte biographische und psychologische Studie über den schwedischen Dichter August Strindberg, ganz zwanglos eingebaut in einen spannenden Bericht über seinen Gersau-Aufenthalt im Jahre 1886.

Camenzinds Werke sind im Rex-Verlag, Luzern, greifbar.

Ludwig Hohl

Es mutet seltsam an, wenn ein Autor auf dem Vorsatzblatt des literarischen Erstlings auch gleich seine sämtlichen Werke aufzuzählen vermag. Und doch benötigte Ludwig Hohl dazu keinerlei hellseherische Fähigkeiten, hatte er doch 1942, beim Erscheinen des zweiten, abschliessenden Bandes von *Nuancen und Details,* bereits den Grossteil seines übrigen Œuvres fertiggeschrieben in der Schublade: *Die Notizen,* sein literarisches Hauptwerk, das von 1934 bis 1936 in Holland entstanden war und 1944 bzw. 1954 erscheinen sollte; den ersten, gut zwei Drittel des Ganzen enthaltenden Teil des Fortsetzungswerks *Nachnotizen,* wie es 1986 von Johannes Beringer und Hugo Sarbach aus dem Nachlass ediert worden ist; ferner den Erzählband *Nächtlicher Weg,* der 1943 erschien, und nicht zuletzt auch sein später berühmtestes Prosastück, die Erzählung *Bergfahrt,* die seit 1975 im Druck zugänglich ist.

Sieht man von den wenigen, aber bedeutsamen Erzählungen ab, so besteht Hohls Werk zur Hauptsache aus Texten, die sich der leichten Vermarktung unter irgendeiner Etikette widersetzen: pfiffig formulierte, geistreiche Aperçus und Überlegungen zu allen denkbaren Lebens-, Denk- und Erfahrungsbereichen, insbesondere aber über das schöpferische Arbeiten als solches und als Widerstand gegen den Tod: »Arbeiten ist nichts anderes als aus dem Sterblichen übersetzen in das, was weitergeht.« Die einzelnen Betrachtungen und Einfälle stehen wohl innerhalb der drei Sammlungen in einem geordneten Zusammenhang, verbinden sich aber nicht zum System. Von zentraler Bedeutung ist allerdings die Verweigerungshaltung, die Hohl dem Staat, der Gesellschaft und der modernen Zivilisation gegenüber einnahm und die er auch in seinem Leben, als Quasi-Emigrant in Holland und Genf, betont zur Schau trug. Während andere Aspekte – sein Goethe-Kult z. B.! – heute eher als zeitbedingt erscheinen, ist es gerade dieses kompromisslose Opponieren, das Hohls Denken derart aktuell und modern wirken lässt.

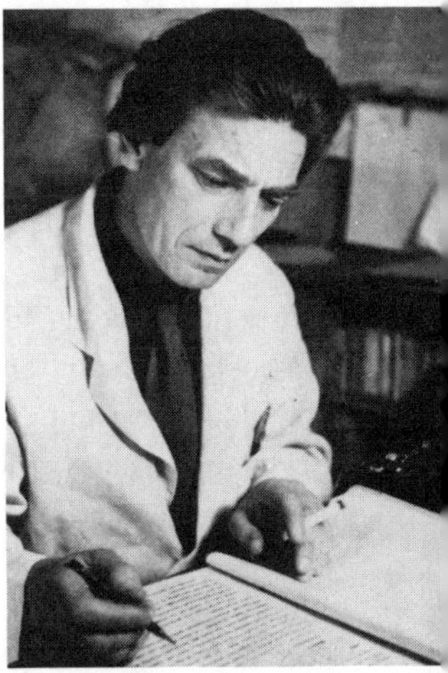
Ludwig Hohl (1904–1980) um 1942

Überhaupt hat sich, seit 1950 der Artemis-Verlag den vertraglich vereinbarten Druck von *Notizen II* u. a. mit dem Argument verweigern wollte, der Text enthalte »Gestotter und Expektorationen Hohls über sich selbst und seine rein persönliche Nichtigkeit«, in der Einschätzung dieses lebenslangen Outsiders Wesentliches geändert. Und allmählich hat sich, allerdings erst nachdem Deutschland wieder einmal verlegerische Entwicklungshilfe leistete, auch in der Schweiz der Verdacht erhärtet, dass dieser einst als Spinner belächelte oder gar als arbeitsscheuer Alkoholiker verachtete Ludwig Hohl vielleicht zu den Vordenkern der modernen Menschheit gehört. Und wer weiss, ob sich seine lebenslange Gedankenarbeit nicht nachträglich sogar noch für seine Landsleute nutzbar machen lässt: als scharfe, aber höchst wirksame Medizin gegen nationale Engstirnigkeit, Profitneurose und geistige Intoleranz!

Hohls Werke sind bei Suhrkamp greifbar, *Die Notizen* seit 1984 als Suhrkamp-Taschenbuch 1000.

Jenö Marton

Das Waldsterben als Thema der Schweizer Literatur? Da darf der Roman *Jürg Padrun* nicht vergessen gehen. Erschienen ist er 1944, sein Verfasser war Jenö Marton. Aber klingt der Name denn nicht ungarisch? Ja, sicher, und schon wären wir mittendrin in der Tragik dieses Schriftstellerlebens. Er wollte ja so wenig, dieser Marton Jenö, der 1917 als Zirkuskind in die Schweiz gekommen war und bis 1925 in der Anstalt Aarburg zu einem fügsamen Bürger gedrechselt wurde: ein Schweizer wie die andern hat er sein wollen, und dafür war er bereit, mehr als die andern zu leisten! Zu einem Schneider hatten sie ihn in Aarburg gemacht, aber er wollte mehr, wollte anderes. Er wurde Reklameberater, Filmregisseur, zuletzt Kaufmann und Direktor. Daneben aber engagierte er sich zunächst voll in der Zürcher Pfadfinderbewegung, und aus dieser Betätigung heraus sind dann seine schriftstellerischen Versuche gewachsen. Nach dem kühnen Anstaltsroman *Zelle 7 wieder frei!* (1935) schrieb er pädagogisch unaufdringliche, pfiffig komponierte Kinderbücher wie z. B. das sehr erfolgreiche, in städtischem Milieu angesiedelte Abenteuerbuch *Stop Heiri – da dure!* von 1936 oder das auf eigenen Erlebnissen basierende Zirkusbuch *Jimmy, Jacky & Jonny* von 1941.

Im selben Jahre 1941 errang Marton mit *Gunaria das Reich* einen Preis der Büchergilde Gutenberg. Es ist der Roman eines Ameisenstaates, der das soziale Leben über das individuelle stellt: eine virtuos verschlüsselte Hommage an die Schweizer Demokratie, die Marton 1940 endlich eingebürgert hatte – eine Namensänderung in Georg Martin allerdings wurde abgelehnt! Dann, 1943/44, der grosse Wurf: *Jürg Padrun,* ausgezeichnet mit dem Preis der Büchergilde. Es ist dieses Buch Höhepunkt und Abschluss der Schweizer Heimatliteratur unseres Jahrhunderts, geschrieben von einem Autor, dem die Sehnsucht, wirklich dazuzugehören, Kräfte gab, die andern fehlten.

Jürg Padrun, im 18. Jahrhundert Bannwart des Engadiner Dorfes Avrona und in etwa ein alpiner Verwandter von Storms Schimmelreiter, hat früh erkannt, dass der Bannwald über dem Dorf krank ist. Gegen die Vorurteile der Bevölkerung erkämpft er die Sanierung. Als die Katastrophe hereinbricht, kommt er ums Leben, der Bann aber hält. Mit seinem leicht altertümlichen, rhapsodischen Sprachduktus, seiner erstaunlichen Verschmelzung ladinischen und deutschen Vers- und Sprachguts und mit seiner spannungsgeladenen Handlung ist *Jürg Padrun* ein hinreissendes Epos von eigenartigem Zauber. Gelegentliches Pathos wird gemildert durch die wissenschaftliche Akribie, mit der Marton den alpwirtschaftlichen Techniken und Benennungen nachgegangen ist, die er wiederum in einem angehängten Lexikon weiter erklärt.

Jenö Marton
(1905–1958)

Auch diese fulminante Liebeserklärung an die Schweiz fand nicht das von Marton erhoffte Echo. Und zusätzlich noch durch persönliches Leid zermürbt, gab er das Schreiben schliesslich ganz auf. Als er 1958 mit 53 Jahren starb, war er als Schriftsteller bereits so gut wie vergessen.

Die Abbildung zeigt Jenö Marton im Jahre 1943, als sein Roman *Jürg Padrun* entstand.

Denis de Rougemont

»Sollte ich je diese Hefte veröffentlichen, so gewiss nicht zur Befriedigung des Erstaunens jener Leute, die ein anderes Leben erträumen als das ihre! Ich möchte viel eher den bescheidenen Anspruch erheben, einige Leute über die Mittel und Wege unterrichtet zu haben, wie man mit wenig Geld in Freiheit leben kann.« So steht es – zitiert nach der wenig befriedigenden Übersetzung R. J. Humms – in Denis de Rougemonts *Journal d'un intellectuel en chômage (Tagebuch eines arbeitslosen Intellektuellen)* von 1937 zu lesen. Und tatsächlich lässt sich den Aufzeichnungen des stellenlosen Verlagslektors da und dort etwas darüber entnehmen, wie er und seine Frau sich 1935/36 fast ohne Geld auf der Atlantik-Insel Ré bzw. in einem abgelegenen Cevennen-Dorf über Wasser hielten, nachdem der frühere Arbeitgeber, ein Pariser Verlag, pleite gegangen und ein Unterstützungsbegehren an die aristokratische Schweizer Verwandtschaft aus psychologischen Gründen undenkbar war.

Weit bedeutender sind die Tagebuchnotizen dieses Intellektuellen, der in Wirklichkeit ja keineswegs arbeits-, sondern »nur« mittellos war, durch die grundsätzlichen Überlegungen, die er über die Rolle des geistig schaffenden Menschen in der Gesellschaft anstellte. In hautnaher täglicher Berührung mit einfachen, ungebildeten Menschen aus dem Volk erkannte de Rougemont mit aller Klarheit das Hybride an der damaligen akademischen Intelligenz: »Es tut not, dass der Geist sich um einige Stufen herablasse. Dass er sich demütige, um nützlich zu sein. Dass er lerne, sich mit niedrigen, trüben Dingen einzulassen und mit ihnen fertig zu werden ...«

Als arbeitsloser Intellektueller, als ein bewusst Mitleidender am Schicksal von damals 30 Millionen Menschen, sah sich Denis de Rougemont endgültig in seinem Entschluss bestätigt, das Geistige nach besten Kräften nutzbar zu machen und somit der Karriere eines zeitfernen Dichters und Ästheten den mühsamen Weg eines praktischen Lebensphilosophen und Gesellschaftskritikers vorzuziehen. Darum schrieb er – bei aller literarischen Brillanz! – auch nicht einfach schöne Geschichten, als man ihn ein Jahr später nach Deutschland einlud, damit er als Neutraler darüber berichte. Sein *Journal d'Allemagne* wurde im Gegenteil zu der bis dahin schärfsten und intelligentesten Abrechnung mit dem Nationalsozialismus aus Schweizer Sicht. Als de Rougemont auch nach Kriegsbeginn nicht bereit war, das Opportune zu respektieren und das Unrecht zu verschweigen, wurde er von General Guisan persönlich gemassregelt, und es blieb schliesslich ihm, dem Schweizer, nichts anderes übrig, als ins amerikanische Exil zu gehen! 1946 kehrte er nach Genf zurück und kämpfte von da an bis zu seinem Tode im Jahre 1985 unermüdlich an vielen Fronten für einen europäischen Föderalismus, der es nicht nur den Schweizern, sondern den Menschen aller Nationen ermöglichen soll, sich ihrer individuellen Persönlichkeit gemäss in Freiheit zu entfalten.

Denis de Rougemont
(1906–1985)

Das *Journal d'un intellectuel en chômage* ist heute, integriert in de Rougemonts *Journal d'une époque*, bei Gallimard, Paris, greifbar.
Die Abbildung zeigt Denis de Rougemont im Jahre 1937, als er sein *Journal d'un intellectuel en chômage* publizierte.

Josef Vital Kopp

»Schon dass einer Bücher schreibe, sei ein Alibi. Erdhafte Naturen hätten das nicht nötig . . . Weil Dichter keine Welt besässen, müssten sie sich eine schaffen.« So steht es im Roman *Die Launen des Pegasus* von 1958 zu lesen, und dass sein Verfasser, der Luzerner Josef Vital Kopp, dies wörtlich gemeint hat, bestätigt ein Satz, den er am 8. 12. 1958 seinem späteren Biograph Karl Fehr schrieb: »Ein naturhafter, gesunder, sinnenhaft-vitaler Mensch schreibt keine Romane. Er lebt sie.« All das erinnert verdächtig an Heinrich Federers »Was ich umsonst ersehnte, das wollte ich wenigstens in der Phantasie haben«, und tatsächlich gibt es zwischen den zwei katholischen Erzählern eine ganze Menge Parallelen. Beide sind von der Mutter zum Priestertum gedrängt worden, ergriffen dann aber, obwohl geistlichen Standes, Berufe ausserhalb des klerikalen Machtbereichs: Federer als Journalist, Kopp als Mittelschullehrer. Und beide fanden schliesslich, während ihnen das Priestertum immer deutlicher auch zur Belastung wurde, in der Schriftstellerei ihre eigentliche Berufung.

1958 war Kopp, das haben die Zitate angedeutet, als Autor in die Krise geraten. Alles, was er bis dahin geschrieben hatte – *Sokrates träumt* (1946), *Brutus* (1950) und *Die schöne Damaris* (1954) –, war in antikes Gewand gehüllt, obwohl er damit seiner eigenen Zeit zu Leibe rücken und dem Chaos, das er heraufziehen sah, humanistische Bildung, christliche Ethik und eine oligarchische Form von Demokratie als Bollwerk gegenüberstellen wollte. *Die Launen des Pegasus* verliessen nun zwar den antiken Schauplatz, neue Inhalte aber kündigten sie nicht an.

Erst 1961, mit *Der sechste Tag,* schrieb Kopp dann ein wirklich zeitgenössisches, »modernes« Werk. Wie nirgends sonst erzählt er in diesem Roman frisch und ungekünstelt, setzt seine Kindheit in Beromünster aber dennoch so eindrucksvoll in Bezug zum Erwachsensein und zum Tod, dass aus der persönlichen Erfahrung etwas zeitlos Gültiges entsteht. Man spürt die Wandlung, die Kopp kurz zuvor durchmachte, als der Ausbruch einer unheilbaren Krankheit ihn ganz auf sich selbst zurückwarf. Auch erschütterte damals die Begegnung mit Teilhard de Chardin sein konservatives Weltbild schwer und machte ihn unversehens zum Befürworter der kirchlichen Erneuerung im Sinne des Zweiten Vaticanums. So erstaunt es nicht, dass der Priesterroman

Josef Vital Kopp (1906–1966)

Die Tochter Sions (1966) mit der Amtskirche hart ins Gericht geht und einem unorthodoxen Katholizismus das Wort redet. Kopps eigentliches Vermächtnis aber ist der erst posthum erschienene Roman *Der Forstmeister:* In einer immensen Verwaltungsbürokratie – es geht um Bäume, nicht um Seelen! – wird ein zunächst unbeirrt, ja fanatisch pflichtgetreuer Funktionär am starren überlieferten System allmählich irre, leitet schmerzliche, aber notwendige Reformen ein und findet, während das Beispiel Schule macht, in Erfüllung seiner Pflichten den Tod. Zu den bewegendsten Geheimnissen des Romans gehört dasjenige der Briefschreiberin »a«. Sie stellt der Diktatur der Theorien die Anarchie der Liebe entgegen und trägt wesentlich zur inneren Wandlung des Forstmeisters bei. Wenn man weiss, dass sich hinter dieser Figur die Wald-Künstlerin Annemarie von Matt (1905–1967) verbirgt, mit welcher Kopp lange Zeit eine heimliche Liebe verband, so macht einem das Buch auf schamhaft-diskrete Weise klar, dass sein Leiden am Priestertum keineswegs bloss theologisch, sondern durchaus auch menschlich-existentiell begründet war.

Wolfgang Graeser

1926 wurde die bereits 1900 vollendete Bach-Gesamtausgabe um einen 47. Band ergänzt: *Die Kunst der Fuge* in jener Neuordnung, wie sie der siebzehnjährige Auslandschweizer Wolfgang Graeser 1923 erstmals einer staunenden Öffentlichkeit präsentiert hatte. Stupende Musikalität, mathematisches Flair und grenzenlose Begeisterung hatten dem Gymnasiasten offenbart, was die Gelehrten vergeblich gesucht hatten: den inneren Zusammenhang des lange für unspielbar gehaltenen Alterswerks, das in Graesers Bearbeitung seither Gemeingut der Bach-Verehrer in aller Welt geworden ist.

Als das Werk 1927 in Leipzig erstmals erklang, hatte Graeser sich bereits wieder anderem zugewandt. In seinem Buch *Körpersinn* huldigte er mit hinreissender Beredsamkeit dem sinnenfrohen Lebensgefühl der Nachkriegsgeneration, wie es sich in Gymnastik, Tanz und Sport manifestierte. Gleichzeitig studierte er in Berlin Mathematik, Physik und Orientalistik, nicht aber Musik – und dies, obwohl er eine Bach-Biographie und weitere Partitur-Neuausgaben plante! Unbekümmert um seine schwer zerrütteten Nerven trieb er seine Studien voran und erlaubte sich erst kurz vor dem Examen ein paar Tage Erholung in den Bergen. Womit wir bei den wenigen Momenten in Graesers Leben angelangt wären, die literarisch dokumentiert sind. Als Zugereister gehörte er nämlich zu jenem Zürcher Freundeskreis, der den Jahreswechsel 1927/28 in einer Adelbodner Skihütte verbrachte und später in Rudolf Jakob Humms *Linsengericht* zu literarischen Ehren kam. Dort kann jedermann nachlesen, wie wenig Verständnis der berühmte Landsmann im Kreise dieser Schweizer Intellektuellen fand, wie er seines Berliner Idioms wegen gehänselt, als Gelehrten-Karikatur belächelt und als Mensch abgelehnt wurde. Nach Berlin zurückgekehrt, machte Graeser im Februar 1928 mit 21 Jahren seinen Doktor. Dann begeisterte er sich für Ägypten, wohin er im Frühling des gleichen Jahres einen Professor begleiten durfte. Schliesslich suchte er, als sein deutsches Stipendium auslief, verzweifelt nach Arbeit in der Schweiz. Aber nirgends, nicht einmal als Buchhändlergehilfe, fand das weltweit gerühmte Genie in seinem Heimatland eine Stelle. Dennoch war es wohl nicht primär dieses Berufsproblem, sondern ein tiefer sitzendes Unglücklichsein, welches Wolfgang Graeser am 13. Juni 1928 dazu trieb, sich in seinem Zimmer in Berlin-Nikolassee zu erhängen.

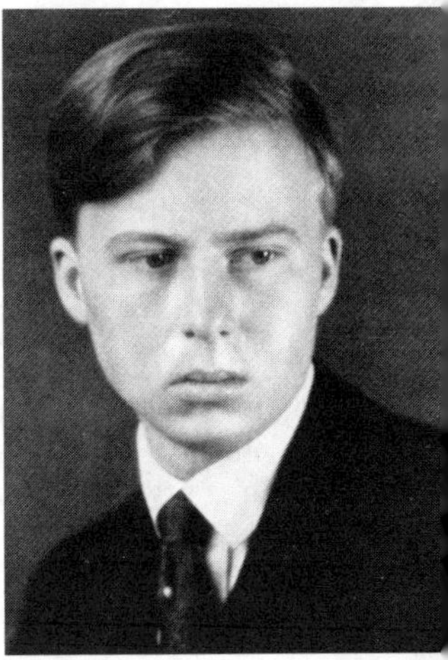

Wolfgang Graeser
(1906–1928) im Jahre 1927

Mit seltener Intensität fand sich in diesem strahlenden jungen Idealisten jener Neubeginn verkörpert, der nach der Katastrophe des Ersten Weltkriegs eine glücklichere Epoche anzukündigen schien. Von heute aus gesehen wirkt daher sein Tod, ein Jahr vor der Weltwirtschaftskrise und allem, was dann folgte, wie ein Fanal, das Hoffnungen dämpfte und selbst unter Wohlwollenden einen fatalistischen Zukunftspessimismus aufkommen liess. Möglich, dass Humm etwas wie dies gemeint hat, als er im Spätsommer 1928 seinem Romanmanuskript hinzufügte: »Mir ist dieser Tote auf den Rücken gebunden.«

Humms *Linsengericht* ist bei Classen, Zürich, und in der Ex Libris-Edition »Frühling der Gegenwart« (Nachwort: Eric Streiff) greifbar.

Annemarie Schwarzenbach

»Un beau visage d'ange inconsolable« soll sie laut Roger Martin du Gard gehabt haben. Und Thomas Mann sagte einmal zu ihr: »Merkwürdig, wenn Sie ein Junge wären, dann müssten Sie doch als ungewöhnlich hübsch gelten!« Wer ihr begegnete, verliebte sich in Annemarie Schwarzenbach, die pagenhaft anmutige, grazile, blitzgescheite Horgener Fabrikantentochter, die mit dreiundzwanzig ihren Doktor machte und die Strassen mit ihrem Sportwagen ebenso durcheinanderbrachte wie das elterliche Gut Bocken mit ihrem unkonventionellen Verhalten. Nichts weniger als »moralische Verworfenheit« attestierte ihr die Familie, denn statt Heiratskandidaten aus guten Häusern liebte General Willes Enkelin Freundinnen wie Erika Mann, Therese Giehse oder Carson McCullers! An männlichen Partnern kamen, wenn überhaupt, nur sehr feminine, ephebenhafte Typen in Frage: Klaus Mann etwa, den sie zärtlich verehrte, oder der Diplomat Clarac, den sie heiratete, um als Französin der familiären Obhut zu entkommen. Seit 1930 gehörte sie zum engeren Kreis um die Mann-Kinder Klaus und Erika, mit denen sie nicht nur die literarischen Ambitionen, sondern bald auch die Vorliebe für Alkohol, Morphium, schnell wechselnde Freundschaften und pausenloses Reisen teilte. 1931, in ihrem Erstling *Freunde um Bernhard,* und 1933, in der *Lyrischen Novelle,* hat sie diese Künstlerbohème mit mehr Charme als literarischem Können darzustellen versucht. Zu ihrer Spezialität aber wurde das anspruchsvolle, persönlich gefärbte Reisefeuilleton – Resultat von tollkühnen Autofahrten in fast alle Teile der Welt.

Das exzentrische Gehabe war jedoch nur äussere Hülle über einer früh verletzten empfindsamen Seele. Der Zerfall ihrer Persönlichkeit sei bereits »bis zu einem Punkt getrieben, wo er produktiv werden könne«, hatte Max Pulver schon 1931 diagnostiziert. Eine Begabung also, aber eine, die auf intimer Ebene erkauft werden musste mit einer unabsehbaren Kette von Nervenzusammenbrüchen, Suizidversuchen, Drogenvergiftungen, Internierungen und Entziehungskuren in Kliniken aller Art.

Annemarie Schwarzenbach (1908–1942) im Jahre 1933

Bis sie 1940, nachdem sie der deutschen Literatur ins Exil gefolgt und sogar zur englischen Sprache übergegangen war, in die Fänge der amerikanischen Zwangspsychiatrie geriet und innerlich gebrochen wurde. Über die Zwischenstation Belgisch-Kongo auf abenteuerlichem Wege nach Sils-Baselgia heimgekehrt, starb sie am 15. November 1942 mit 34 Jahren an den Folgen eines Fahrradunfalls.

Klaus Mann hat sein »Schweizerkind« in zwei Romanen verewigt: als Johanna in *Flucht in den Norden* (1934) und als Engel der Heimatlosen in *Vulkan* (1939). Annemarie Schwarzenbach selbst aber hat sich ein wundervolles Denkmal gesetzt mit jenem Buch, das alle ihre früheren Versuche vergessen lässt: *Das glückliche Tal* von 1939. In dieser tagebuchartigen lyrischen Rhapsodie, Frucht eines Persien-Aufenthalts von 1935, ist auf dichterisch vollendete Weise festgehalten, was diese Frau an Ausserordentlichem auszeichnete: die Fähigkeit zu trauern, die Bereitschaft zum Tode und der unbedingte Wille, zwischen Welt und Nation, Mann und Frau, Zeit und Ewigkeit alle Grenzen niederzureissen.

Das glückliche Tal ist, mit biographischem Nachwort von Charles Linsmayer, seit 1987 als Band 1 von »Reprinted by Huber«, Frauenfeld, greifbar. Roger Perret ediert seit 1988 bei Lenos, Basel, weitere Werke der Autorin.

Albert Ehrismann

1930 bereits, mit seinem Erstling *Lächeln auf dem Asphalt,* stand Albert Ehrismann in deutlichem Gegensatz zur ästhetisierenden Naturlyrik der Schweizer Zeitgenossen. Nicht der pflügende Bauer oder die Farben des Herbstwaldes hatten es dem arbeitslosen jungen Buchhalter angetan, sondern der selbsterlebte, bis anhin als unpoetisch geltende Alltag der Stadtbewohner, die Sorgen und Nöte der durch die Krise besonders hart getroffenen Arbeiter und Angestellten. Dass sein politisches Engagement nicht blutleere Theorie, sondern eine Sache des Mutes war, zeigte sich zwei Jahre später, als Ehrismann eine Gefängnisstrafe wegen Dienstverweigerung auf sich nahm. *Schiffern und Kapitänen* widmete er die wenigen, aber ebenso ergreifenden wie formvollendeten Gedichte, die auf Anregung Albin Zollingers damals entstanden, denn in der Zelle des Meilener Bezirksgefängnisses hatte er einen Spaltbreit Zürichsee vor Augen!

1934 gehörte Ehrismann, was gerne unterschlagen wird, zu den Mitbegründern und ersten Textern des »Cabaret Cornichon«, und zur Landesausstellung 1939 steuerte er mit Kurt Früh zusammen das lyrische Oratorium vom *neuen Kolumbus* bei: ein leidenschaftliches Plädoyer für eine neue, sozial gerechtere menschliche Gesellschaft. Ehrismann setzte das Bühnenwerk zwar 1946 mit *Kolumbus kehrt zurück* aktualisierend fort, und 1948 gab er mit dem Band *Der letzte Brief* auch als Erzähler ein vielversprechendes Debüt, aber seine eigentliche Domäne war und blieb dennoch das Gedicht. Unmöglich zu sagen, wie viele er in seinem Leben schon geschrieben hat. Die Bibliographie verzeichnet an die 25 Sammelbände, allein im *Nebelspalter* müssen in 31 Jahren über 1600 erschienen sein, nicht zu reden von den zahlreichen Versen, die er, um leben zu können, für Firmen und Stiftungen fabrizierte. Es grenzt an ein Wunder, dass die ungeheure Quantität seiner Produktion der Frische und genuinen Musikalität seines bänkelsängerischen Instrumentariums keinen Abbruch tat, obwohl er sich stets auf eine unkomplizierte, traditionelle Formensprache beschränkte und den Aussersihler Dialekt seiner Kindheit nur sparsam einsetzte. Auch ist er bei aller zeitweiliger Konjunktur niemals zum harmlosen Idylliker geworden, sondern hat nie aufgehört, das Unrecht beim Namen zu nennen und vor Bedrohungen zu warnen, die niemand wahrhaben will. So gesehen, mag man es bedauern, dass Ehrismann seit einigen Jahren nur noch für Freunde und Bekannte, aber nicht mehr für die Öffentlichkeit schreibt.

Albert Ehrismann (*1908) im Jahre 1929

Zum Glück gibt's Jubiläen, und so wurde Ehrismanns 80. Geburtstag am 20. September 1988 denn auch zum Anlass für zwei späte Neuausgaben genommen. Der Classen-Verlag, Zürich, brachte die 1929 für die *NZZ* geschriebene Erzählung *Der Dritte* erstmals in Buchform heraus, während bei den *Guten Schriften* unter dem Titel *Gegen Ende des 2. Jahrtausends* eine à jour gebrachte Auswahl von Ehrismanns *Postskripten* erschien, ein Buch, das der unermüdliche lyrische Chronist als sein literarisches Vermächtnis verstanden wissen will.

Ehrismanns wichtigste Gedichte sind zugänglich in *Die Gedichte des Pessimisten und Moralisten Albert Ehrismann*, Nebelspalter-Verlag, Rorschach 1972, und *Eine Art Bilanz. Gedichte aus 45 Jahren*, GS-Verlag, Zürich 1973.

Orlando Spreng

Man schrieb 1940, das Vaterland war in höchster Gefahr, und ausgerechnet da zirkulierte unter den Soldaten ein Buch, das sich aus tessinischer Sicht über den militärischen Drill lustig machte, zu befreiendem Lachen reizte und doch nachdenklich stimmte. Es schilderte in einfacher Sprache das RS-Erlebnis des naiven dicken Tessiners Senzapace, den ein Offizier mutwillig einen Härtetest machen lässt, so dass er monatelang im Spital liegt, bis seine Bauernnatur und die Zuneigung von Mutter und Braut den Sieg davontragen und er die Militärerlebnisse auf seiner Alpe wieder vergessen kann. *Rekrut Senzapace* hiess das Buch und war von R. J. Humm ins Deutsche übersetzt worden. Der Autor dieses schweizerischen »Schwejk« aber war ein einfacher PTT-Beamter namens Orlando Spreng.

1908 als Sohn eines Berners und einer Cremoneserin in Sesto Cremonese (I) geboren, hatte es ihn als Pöstler nach Bern verschlagen, als ihm 1939 mit *La recluta Senzapace* das literarische Debüt gelang. Ins Tessin zurückgekehrt, publizierte er, immer im Schalterdienst tätig, vier weitere Bücher, von denen Jakob Bührer zwei ins Deutsche übertrug: *Il reduce* (*Der Heimgekehrte,* 1941/43) und *Gioia* (Novellen, 1941). Unübersetzt blieben die Novellen *Capitan* und *Il sesso forte* von 1940. Als Orlando Spreng am 26. Januar 1950 mit 42 Jahren einer Erbkrankheit erlag, hinterliess er den Roman *Il Lago,* den Guido Calgari 1952 herausbrachte.

Bis 1988, als der Schreibende *Il reduce* auf deutsch neu zugänglich machte, gab es von Orlando Spreng jahrzehntelang keine Bücher mehr zu kaufen, weder italienische noch deutsche, und der Versuch des Tessiner Fernsehens, *Recluta Senzapace* zur Dialektkomödie zu verharmlosen, war die einzige dürftige Erinnerung an diesen Dichter, die man sich zu Beginn der achtziger Jahre noch geleistet hat. Ist es der deutsche Name? Ist es die Beziehung zu Cremona wie sie in *Il reduce* so grossartig aufleuchtet? Oder war es das Chiesa-Syndrom, das die ernstzunehmende Tessiner Literatur ein halbes Jahrhundert lang auf die Produkte eines einzigen Autors reduzierte? Denn ein Tessiner Autor ist Spreng ohne Zweifel gewesen, aber einer, der mittendrin stand zwischen Deutschschweiz und Tessin! Es gibt in *Il Lago,* diesem genuinen Tessiner Roman, eine Passage, die deutlich macht, warum gerade dieses Werk nicht übersetzt wurde. Da nämlich, wo von jenen die Rede ist, »che vengono in vacanza d'oltre Gottardo, coi biglietti blu, e dicono ›schön, schön, quanto costare?‹ «, während die Tessiner ihre Arbeitskraft und ihre Identität verkaufen und noch immer so schön singen dabei . . .

Orlando Spreng
(1908–1950)

Sprengs grossartigstes Werk ist wohl der Cremoneser Roman *Il reduce.* Eine Heimkehrergeschichte, die die innere Verwüstung eines Menschen durch den Krieg – Mussolinis Abessinienkrieg – mit einer Eindringlichkeit und einer bildhaften Kraft zeigt, die ihresgleichen sucht in der Kriegsliteratur der ganzen Epoche. Zudem: kaum ein Schweizer Buch ging je so leicht und geschmackvoll mit dem Thema Liebe und Erotik um wie dieser südländisch-sinnliche, so ganz italienische und so ganz unschweizerische Roman, auf den das Tessin sehr, sehr stolz sein dürfte!

Der Heimgekehrte ist seit 1988 mit einem Nachwort von Charles Linsmayer als Band 2 der Edition »Reprinted by Huber«, Frauenfeld, greifbar.

Erwin Heimann

Paris, seit jeher ein kultureller Anziehungspunkt, hat auf Schweizer Autoren von Bosshart und J. C. Heer über Schaffner, Zollinger und Guido Looser bis hin zu Paul Nizon immer wieder mächtig anregend gewirkt. Keiner aber ist auf eine so direkte und intime Weise an Paris zum Schriftsteller geworden wie der Berner Erwin Heimann. 1932/33 lernte er die Stadt hautnah kennen, aber nicht als Kulturbeflissener, sondern als Mechaniker und arbeitsloser Fremdarbeiter! Um sich Geld zu verschaffen, begann er seine Erfahrungen für Schweizer Zeitungen zu Artikeln zu verarbeiten, ja, als die Kriegerwitwe Monique für ihn eine Rolle zu spielen begann, wagte er sich sogar an einen Roman. Und tatsächlich, Heimann schaffte es! Nach einem Vorabdruck in der *Tagwacht* erschien der Erstling des vierundzwanzigjährigen Arbeiters unter dem Titel *Wir Menschen* 1935 im Berner Feuz-Verlag.

Es ist eine Liebesgeschichte mit unglücklichem Ausgang. Xander, ein junger Arbeiter, verliebt sich in die Pariserin Monique, die wesentlich ältere Witwe eines Weltkriegssoldaten. Nach einer Zeit intimer Gemeinsamkeit lässt Xander die Geliebte sitzen, weil er in der Schweiz wieder Fuss gefasst und eine »gute Partie« gemacht hat. Monique bringt sich um, und Xander, von Schuldgefühlen geplagt, will es ihr nachtun, als die positiven Kräfte in ihm obsiegen und er sich bereit findet, die ideale Liebe einem nüchternen Alltagspragmatismus zu opfern. *Wir Menschen* ist noch kein Meisterwerk, aber der Roman ist als munterer Einstieg eines strebsamen Autodidakten in die Welt der Literatur nach wie vor ein unterhaltsames Lesevergnügen. Obwohl er politisch viel harmloser ist als Heimanns zweites Buch, die romanhafte Darstellung des Zürcher Heizungsmonteurenstreiks von 1931, die unter dem Titel *Hetze* 1937, rechtzeitig zum Abschluss des sogenannten Friedensabkommens, erscheinen sollte, wurde *Wir*

Menschen 1935 in Deutschland verboten und im autoritären Österreich gar als unmoralisch auf den Index gesetzt!

Erwin Heimann (*1909) um 1940

Heimanns Autobiographie *Ein Blick zurück* (1974) bietet heute die Möglichkeit, Dichtung und Wahrheit auseinanderzuhalten. Dabei stellt man fest, dass fast alles wirklich erlebt ist – bis auf den tragischen Schluss. Die Kriegerwitwe Monique nahm natürlich die Untreue des wieder solid gewordenen Schweizers mitnichten so tragisch, dass sie deswegen dem angenehmen Pariser Leben adieu gesagt hätte. Sie empfing den schlaksigen Berner Schriftsteller samt Ehefrau und Kindern auch später und bis zu ihrem Tode immer wieder gerne in ihrem gemütlichen Pariser Domizil. Auch die »Rivalin« aber war in Wirklichkeit nicht einfach eine farblose »gute Partie«, sondern die phantasiebegabte Kinderschriftstellerin Gertrud Heizmann. Und die beiden Schriftsteller führen in ihrem Bilderbuch-»Stöckli« im Berner Oberländer Dorf Heiligenschwendi auch mehr als fünfzig Jahre später noch immer eine Ehe miteinander, die beweist, dass es im Leben auch mal besser herauskommen kann als im Roman.

Wir Menschen ist zuletzt im Viktoria-Verlag, Bern, erschienen.

Charles-François Landry

Weil seine Bücher von einfachen Menschen und elementaren Begebenheiten handeln, lag es nahe, ihn an Ramuz zu messen. Andere wollten ihn, da er die Provence als Schauplatz bevorzugte, unbedingt zum Giono-Epigonen stempeln. Dabei erinnert *Diego,* sein erster erfolgreicher Roman von 1938, mit der Lapidarität seiner Sprache, der Unerbittlichkeit seines Handlungsverlaufs und mit der düsteren Hoffnungslosigkeit seiner Atmosphäre weit eher an Albert Camus und seinen Roman *L'Etranger* von 1942! Der Spanier Diego, Mineur in einem provenzalischen Steinbruch, wird nach der Ankunft eines unheimlichen Rivalen unversehens vom Räderwerk einer kafkaesken Justiz erfasst, entfremdet sich innerhalb weniger Wochen allen gewohnten Realitäten und findet, gleichsam nur noch ein Schatten seiner selbst, bei einem Sprengunfall den Tod.

Charles-François Landry stammte aus dem Neuenburgischen, wuchs aber in Südfrankreich auf und lebte nach abenteuerlichen Wanderjahren seit 1936 unter oftmals kümmerlichen materiellen Bedingungen als freier Schriftsteller am Genfersee. Mit über 80 Buchveröffentlichungen – Romane, Biographien, Gedichte, Essays – und zahlreichen Hörspielen war er einer der produktivsten Autoren der französischen Schweiz und hat insbesondere als Romancier eine Reihe höchst bemerkenswerter Texte geschaffen.

Auf *Diego* liess Landry 1939 *Baragne* (Buschwald) folgen, den Roman eines weltverlorenen südländischen Dorfes, das von der Dürre bedroht ist und nur allmählich Kräfte zum Überleben entwickelt. In eine ganz andere Welt führte 1948 der Roman *Reine:* in die Aussenbezirke einer Industriestadt, wo ein junges Mädchen die sinnliche Gewalt der Liebe kennenlernt und zur Mörderin wird, als der Geliebte sich als Ganove und herzloser Opportunist entpuppt. Stärker noch beeindruckt Landry mit seinen Kindheitsbeschreibungen. So in der zauberhaft poetischen Erzählung *La Devinaize* von 1950, wo man sich in Stimmung und Psychologie immer wieder an Alain-Fourniers *Grand Meaulnes* gemahnt fühlt. Dass er auch aktuelle politische Themen in seine von tiefer, mitempfindender Menschlichkeit geprägte Epik einzubeziehen vermochte, bewies Landry 1947 mit dem Résistance-Roman *Garcia*. Wie so häufig in seinen Werken endet die ebenso spannende wie sinnlich lebendige Erzählung mit dem Tod des Protagonisten: 1940 stirbt Garcia, ein mutiger provenzalischer Maultiertreiber, an Stelle einer verfolgten jungen Frau, die er nur so noch retten kann, als Geisel unter den Kugeln eines deutschen Exekutionskommandos. Obwohl Landry – etwa in seinen einfühlsamen Büchern über den Jura (1957) und die Waadt (1967) – durchaus auch schweizerische Landschaften zu schildern verstand, wurde er wohl nicht zuletzt deswegen zu einem der bedeutendsten modernen Romanciers der Schweiz, weil er sich geographisch nicht an sie gebunden fühlte.

Charles-François Landry (1909–1973) im Jahre 1938

Otto Steiger

The Maltese Falcon, John Hustons düsterer Krimi mit Humphrey Bogart, bildete 1941 den Anfang einer ganzen »Schwarzen Serie« des amerikanischen Films. Auch Frankreich hatte damals seinen »film noir«: Kino, das sich nicht gegen die deutschen Besetzer richtete und dennoch der herrschenden, äusserst deprimierten Stimmung Ausdruck gab. Dem Schweizer Film jener Jahre wies vielleicht einzig Hans Trommers *Romeo und Julia auf dem Dorfe* eine ähnliche Richtung. Dafür gab es in der damaligen Schweizer Literatur – allerdings als untypische Ausnahmeerscheinung – etwas Vergleichbares: eine Art »Schwarzen Roman«! Er stellte zwar den patriotischen Durchhalte-Optimismus nicht in Frage und erwähnte den Krieg, wenn überhaupt, nur ganz beiläufig, brachte aber dennoch die Atmosphäre von Angst und Ratlosigkeit angesichts der äusseren Bedrohung und der inneren Zwangspolitik unverblümt zum Ausdruck. Es verwundert nicht, dass die Büchergilde Gutenberg, die ihr Programm damals gerne durch Wettbewerbe bestimmen liess, dem »Schwarzen Roman« noch am ehesten offenstand. Dort ist denn 1944 auch der Roman, den die poetische Kraft der Verneinung am eindrücklichsten prägte, Lore Bergers *Barmherziger Hügel,* erstmals erschienen. Bereits 1941 aber hatte die Büchergilde zwei Romane prämiert, die unverkennbar den beschriebenen »schwarzen« Charakter trugen: *Sie tun als ob sie lebten* von Otto Steiger und *Wenn die Stadt dunkel wird* von Hermann Schneider (1901–1973).

Steigers Roman behandelt die Lebensgeschichte einer Frau namens Anna Schwander. Sie ist Serviertochter, heiratet einen Polizisten, bekommt ein Kind, erlebt die Karriere ihres ungeliebten Mannes mit, wird Grossmutter, schliesslich Witwe und muss erkennen, dass sie das, was sie ein Leben lang erwartet hat – Glück? Liebe? –, nun auch nicht mehr finden wird. Es ist eine karge, schmucklose Geschichte, die da erzählt wird, aber sie wickelt sich mit derart gnadenloser Konsequenz ab, dass der Leser davon unmittelbar betroffen ist. Jedesmal ist Anna um eine Illusion ärmer, jedesmal baut sie sich aus den Trümmern der alten eine neue, etwas kleinere zusammen, um schliesslich einen faden himmlischen Trost gegen ein nicht mehr lebenswertes Leben einzutauschen. Vor solch deprimierendem Hintergrund wirken dann einzelne helle Szenen – Annas Flirt mit einem jungen Bauern z. B. – wie Schlaglichter auf eine glücklichere, den Menschen dieses Buches und dieser Zeit aber letztlich verschlossene Welt. »Denn es waren«, heisst es einmal, »allgemein schwere Zeiten, und man wusste wirklich nicht, wie das noch kommen sollte, wenn es so weiterging.«

Otto Steiger (*1909)

Ob die Illusionslosigkeit als Autor Steigers damalige Funktion als offizieller Regierungssprecher irgendwie kompensieren musste, bleibe dahingestellt. Jedenfalls stehen auch punkto Gesellschafts- und Sozialkritik Dinge in diesem dichten, gekonnt geschriebenen Buch, die der Autor über Radio Beromünster niemals hätte sagen können!

Seit 1985 bringt der Zürcher eco-Verlag Otto Steigers Werke in Einzelbänden gesamthaft neu heraus.

Jeanne Hersch

Jan Loisy, Francis de Miomandre, Ludovic Masse, Thyde Monnier – lauter Franzosen, aber keinen einzigen Welschen konnten die Juroren des ersten »Prix littéraire de la Guilde du Livre« unter den 347 Konkurrenten guten Gewissens zu Preisträgern küren. Um aber die Ehre der Romandie doch noch zu retten, bedachte man bei der Preisverleihung am 1. August 1941 ein Manuskript mit dem fünften Preis, das die »Guilde« kurz vorher zurückgeschickt hatte und das inzwischen vom Fribourger Verleger Egloff angenommen worden war: *Chaîne et Trame* von Jeanne Hersch, einunddreissig, promovierte Philosophin und Gymnasiallehrerin in Genf.

Als der Roman dann 1942 in Fribourg erschien, trug er den geänderten Titel *Temps alternés* (wechselnde Zeiten). Der Verleger habe bemängelt, so Jeanne Hersch heute, »dass die Leute ›chaîne‹ (Zettel) und ›trame‹ (Schuss) im Sinne von ›Gewebe‹ nicht mehr verständen«. Was wird in *Temps alternés* zu solchem Gewebe verwoben? Der eine Faden ist das eigentlich nur platonische erste Liebeserlebnis einer siebzehnjährigen Schülerin mit einem um vieles älteren Mann, und der zweite Faden ist die Gegenwart derselben jungen Frau ein Jahrzehnt später. Sie ist verheiratet, erwartet ein Kind und bringt für ihren abwesenden Mann jene weit zurückliegende erste Liebesgeschichte zu Papier. Als sie zwanzig war, erinnert sie sich am Ende ihrer Beichte, musste sie bei einer letzten Begegnung mit jenem ersten Geliebten die Unmöglichkeit einer Beziehung einsehen, was sie in schwere Depressionen stürzte. Die Erzählerin schreibt in Tagebuchform und verlässt sich, besonders wo die seelischen Hintergründe aufklingen, virtuos auf leise Andeutungen und Spiegelungen in Natur und Landschaft. Inhaltlich geht alles »vernünftig« aus. Die junge Frau sagt sich vom »Glück der Jugend, das die Welt verzaubert und immer ausserhalb liegt«, los und bekennt sich zum nüchternen, eingeschränkten, aber dauerhaften Glück des Erwachsenseins.

Der Sieg des Verstandes über die gefährliche Irrationalität von Erinnerung und Sehnsucht nach Absolutem hat aus der Poetin eine Philosophin gemacht und Jeanne Herschs Buch damit in Gegensatz gesetzt zu jenem anderen, an das es immer wieder erinnert: zu Lore Bergers *Barmherzigem Hügel*. Auch dieser Roman, der zwei Jahre nach *Temps alternés* ebenfalls einen fünften »Gilden«-Preis errang, stellt ja das erste Liebeserlebnis einer Siebzehnjährigen aus dem Rückblick dar. Aber die Baslerin hat ihn nicht mit dreissig, als auch sie vernünftig geworden wäre, sondern mit zwanzig geschrieben, als jene »unmässige Gier nach einer unmässigen Passion« noch nicht mit Mutterfreuden zu stillen war und nur im Tod Ruhe fand. Merkwürdig nur, dass beide Bücher, die doch jedes für sich und wechselseitig die weibliche Seele so tief ausloten, 35 Jahre brauchten, um – in Neuausgaben und sogar in Übersetzungen! – endlich die gebührende Aufmerksamkeit zu finden.

Jeanne Hersch (*1910)

Deutsch ist *Temps alternés* unter dem Titel *Begegnungen* als Knaur-Taschenbuch Nr. 1312 erhältlich. Lore Bergers *Barmherziger Hügel* liegt als Nr. 396 der Serie Piper vor.
Die Abbildung zeigt Jeanne Hersch in den vierziger Jahren, als ihr einziger Roman *Temps alternés* erschien.

Max Frisch

»Zusammen mit dem ersten Kind, das mich aus dem Arbeitszimmer verdrängte, kam die Erzählung *Bin oder Die Reise nach Peking,* die wir vor der Veröffentlichung noch ein Jahr lang lagerten; und Glück in einem architektonischen Wettbewerb, der einen grossen und schönen Auftrag der Stadt Zürich einbrachte, ermöglichte nun auch das eigene Büro . . .« – So lapidar berichtet Max Frisch 1949 von der Entstehung der Erzählung *Bin* und von der Auftragserteilung für das Freibad Letzigraben (gebaut 1945/49). Und heute? Fünfundvierzig Jahre dazugezählt, und Literatur erscheint dauerhafter als Zement! Zu Beginn der neunziger Jahre ist das »Letzi« ein Bad von anno dazumal, leicht altmodisch bereits und nur allzu deutlich dem Geschmack von 1945 verpflichtet. Das Buch dagegen hat nicht das Leiseste von seiner Frische eingebüsst und wirkt auf heutige Leser genauso zauberhaft poetisch und geheimnisvoll wie auf jene von 1945, als Eduard Korrodi und Emil Staiger ebenso begeistert darauf reagierten wie Hans Mayer.

Es ist dieser Bin ja keine reale Figur, sondern eine Traumgestalt, ein poetisches Wesen, das die Sehnsucht und das bessere Ich des Erzählers Kilian verkörpert; ein Alter ego, das seine Wünsche *lebt* und darum tatsächlich ausführt, was Kilian eigentlich tun möchte, seiner bürgerlichen Bindungen wegen aber unterlässt. Und auch das Peking, zu dem die beiden unterwegs sind, ist nicht ein realer Ort, sondern ein Sinnbild für Seligkeit und Glück. Wäre es erreicht, so würde es seinen Zauber verlieren, und deshalb muss es unerreichbar bleiben, muss die ganze Geschichte, die da erzählt oder eigentlich nur leise angedeutet wird, offen bleiben, offen auch für den mitträumenden, begeisterungsfähigen Leser. Wunderbar übrigens die eingestreuten »Kurzgeschichten«: jene vom nackten Mädchen in der Tonne etwa oder die tiefsinnige vom Selbstmörder, der sich vor dem Wasser geniert. Unvergesslich auch Bins Worte vom Fehlen

Gottes: »Ich glaube fast, es fehlt euch allesamt ein wenig der liebe Gott, nichts weiter. Nirgends aufgehoben, sehnt jeder sich nach der sicheren Achtung von seiten der Menschen – so sehr, dass er alles darüber vergisst, sogar seine natürliche und vorhandene Liebe zu ihnen, das, was ihn allein von seinem dürren Geiz befreite.«

Max Frisch
(*1911)

Bin oder Die Reise nach Peking, dieses duftig-leichte Zeugnis von Frischs glücklicher Frühzeit, kann natürlich nicht in Konkurrenz treten zu späteren gewichtigeren und folgenschwereren Werken wie *Andorra,* den beiden Tagebüchern, *Stiller* oder *Montauk.* Kilian jedenfalls hat nicht unrecht, wenn er zu Bin sagt: »Glücklichsein, das gilt ja nicht als Leistung, die uns Ehre einträgt.« Als das Kleinod eines restlos gelungenen dichterischen Gesellenstücks aber wird *Bin oder Die Reise nach Peking* immer wieder neue Leser zu entzücken vermögen.

Frischs Werke sind bei Suhrkamp, Frankfurt a. M., greifbar, *Bin* als Band 8 der Bibliothek Suhrkamp.
Die Abbildung zeigt Max Frisch um 1945, als seine Erzählung *Bin* erschien.

Fritz Hochwälder

Im Frühling 1940, als man stündlich den Einmarsch der Deutschen erwartete und viele besser situierte Zürcher Richtung Innerschweiz verreist waren, sass in einer Mansarde an der Dufourstrasse 5 ein junger österreichischer Dramatiker und versuchte sein Entsetzen über den erst in Umrissen bekanntgewordenen Holocaust in bühnengerechte Dialoge zu bannen. Noch konnte man kaum glauben, was in Deutschland mit den Juden geschah, und darum endet das biblische Drama *Esther* sozusagen »zweckoptimistisch«: Esther und ihr Vater Mordechai können den König noch im letzten Moment von dem geplanten Massenmord abbringen. Die Judenverfolgungen aber werden weitergehen, müsse man doch, so der König freimütig, »nun einmal wohl oder übel die allgemeine Unzufriedenheit auf den Rücken der Machtlosen ablenken . . .«

Das Stück, das 20 Jahre vor Frischs *Andorra* dem Schicksal der europäischen Juden unseres Jahrhunderts auf ergreifende Weise Ausdruck verlieh, liegt zwar seit 1955 gedruckt vor, ist aber meines Wissens bis heute noch von keiner Bühne aufgeführt worden. Und dies, obschon sein Autor Fritz Hochwälder nach dem Krieg zu einem der bekanntesten und meistgespielten Bühnenautoren aufrückte und mit Stücken wie *Der öffentliche Ankläger* (1948), *Donadieu* (1953), *Die Herberge* (1957) oder *Der Himbeerpflücker* (1965) einen nicht mehr wegzudenkenden literarischen Beitrag an die Diskussion um Schuld und Sühne der nationalsozialistischen Gewaltverbrechen leistete.

Fritz Hochwälder, der 1938 auf abenteuerliche Weise in die Schweiz floh und bis zu seinem Tode am 20. Oktober 1986 unauffällig in Zürich lebte, ist der leider nicht allzu häufige Fall eines Emigranten, der nur Gutes über das Asylland Schweiz zu sagen wusste. Nachdem er die verfängliche Antisemitismus-Problematik verlassen und auf einen exotischen Schauplatz, ein katholisches Thema und einen historischen Zeitraum übergewechselt hatte, durfte der Insasse des Arbeitslagers Gordola 1941 mit fremdenpolizeilicher Erlaubnis sein *Heiliges Experiment* schreiben und konnte dank Freunden wie Werner Johannes Guggenheim und Peter Lotar am 24. März 1943 eine glanzvolle Uraufführung dieses seines Meisterwerks am Städtebundtheater Biel-Solothurn erleben. Die Provinzbühne hatte richtig getippt, denn zehn Jahre später sollte dasselbe Stück, als es in Paris mehr als 400mal gespielt wurde und den Beifall François Mauriacs fand, Hochwälders Weltruhm endgültig begründen.

Fritz Hochwälder
(1911–1986)

Mit seinem ausschliesslich in der Schweiz entstandenen, aber weltweit gespielten dramatischen Lebenswerk ist Fritz Hochwälder ein überzeugender Beweis dafür, wie fruchtbar sich unter Umständen eine grossmütige Asylpolitik auswirken kann. Darüber, dass man sein *Heiliges Experiment,* das ihn in aller Welt berühmt gemacht hatte, am Zürcher Schauspielhaus nie inszenierte, tröstete sich Hochwälder mit wienerischem Charme hinweg. »Man hat es zwar in Zürich, wo ich eine zweite Heimat gefunden habe, nicht aufführen wollen«, meinte er wenige Monate vor seinem Tod. »Dafür bringt es mir immer noch so viel Tantiemen ein, dass ich es meine zweite AHV-Säule nennen kann.«

Hochwälders Werke sind in einer vierbändigen Gesamtausgabe des Styria-Verlags, Graz, greifbar.
Die Abbildung zeigt Fritz Hochwälder im Jahre 1941 als Insasse des Emigrantenlagers Gordola im Tessin.

Hans Walter

»Der Grundsatz, dass recht und richtig sei, was jeder andere auch tue und sage, erhob den unchristlichen Gedanken zum Leitsatz, es sei jeder sich selbst der Nächste ... Mitläufertum – eine Verherrlichung der Sorge um das eigene Ich, das eigene Wohl und das bisschen Habe. Mitläufertum – eine neue Form der verpönten Reisläuferei, mit der kleinen Abweichung, dass der Heutige wissen sollte, er laufe nicht einer Sache, sondern seines Vorteils wegen mit und wälze seine Verantwortung auf die nicht immer ohne Gefahr tragfähige Anonymität ab. Mitläufer, wohin man schaute, stille Teilhaber in einem unter keinen präzisen Begriff zu bringenden Handel – dem Geschäft mit den fragwürdigen Ressourcen des Lebens.«

Dies ist die Quintessenz jenes grossen zweiteiligen Romans, der im Zentrum von Hans Walters literarischem Schaffen steht und sich aus *Güter dieses Lebens* (1953) und *Mitläufer* (1977) zusammensetzt. *Mitläufer* ist auch der Gesamttitel dieser mehrere Generationen umfassenden, bisweilen an die *Buddenbrooks* erinnernden Geschichte eines schweizerischen Handelshauses; ein Titel, der die Stossrichtung von Walters verhaltenem, aber darum nicht weniger radikalem gesellschaftskritischem Engagement sehr präzis anzeigt.

Der Vorstellung, dass wir alle Mitläufer seien und alle miteinander, fein demokratisch organisiert, egoistisch und gedankenlos in den allen gemeinsamen Untergang liefen – dieser auf die moderne Gesellschaft im weitesten Sinne gemünzten Vorstellung entspricht im engeren Sinne auch Hans Walters Ansicht von Kultur und Literatur. Schon mit dem Erstling *Ein Beschwörer seines Nichts* hatte sich der in Biel aufgewachsene, vielgereiste und vielfältig gebildete Solothurner darum 1933 auf eine Linie abseits aller Moden festgelegt, der er bis heute treu geblieben ist. Der Autor selbst tritt bei ihm ganz hinter die

Geschichte zurück, das Erzählte fängt aus sich selbst heraus zu leben an, Spektakuläres und Sensationelles wird vermieden, im »Unbeachteten, Unscheinbaren« soll man, wie Walter es selbst formuliert, »das Wesen dessen erfahren, was über Tag und Stunde hinaus gültig ist«. So sind neben mehreren Romanen im Laufe der Jahre eine Vielzahl kultivierter kurzer Erzählungen entstanden, die in vielen Verlagen verstreut erschienen und von denen es nicht wenige mit dem Besten aufnehmen könnten, was an klassischer Erzählkunst überliefert ist. »Unzeitgemäss« ist Walters Schreiben jedenfalls nicht, höchstens »unmodern« im Sinne des aktuellen Literaturbetriebs. Es sind fein ziselierte literarische Kunstwerke, wehmütig verhaltene, häufig um Sterben und Tod kreisende Geschichten, die in ihrer dunklen Tonart einer Endzeit zugehören, die der Lebensfrohe lieber noch etwas hinausschieben möchte . . .

Hans Walter (*1912) um 1953

Dass er in Vergessenheit geriet, kümmert Hans Walter, der im waadtländischen Buchillon mitten in einem grossen Garten seinem Schreiben und seinen zeichnerischen Fähigkeiten lebt, wenig, ermöglicht ihm doch eine Erbschaft, seit bald vierzig Jahren so viel Sorgfalt an seine Texte zu verwenden, dass die schönsten von ihnen früher oder später in ihrem wahren Wert erkannt werden dürften.

S. Corinna Bille

»Deine Fifon, die das ganze Kloster zum Teufel wünscht«, waren die Briefe unterzeichnet, die Stéphanie Bille, vierzehn, ihrer Mutter schrieb. Nein, das fromme Luzerner Internat war nicht das richtige für die lebensfrohe Tochter des exzentrischen Malers Edmond Bille, und sie benötigte denn auch, nach Sion heimgekehrt, ein ganzes Jahr, um das Internatssyndrom zu überwinden und den Anschluss an die heimische Handelsschule zu finden. Die deutsche Schweiz aber liess sie sich nicht verleiden. Den Entschluss, Dichterin zu werden, fasste sie 1927 in Rotzberg bei Stans, wo die Billes alljährlich die Ferien verbrachten. Und in Zürich, wo sie, statt Deutsch zu büffeln, an ihrem ersten Roman *Föhntage* arbeitete, entdeckte die Achtzehnjährige 1930 das, was ihr nebst der Literatur lebenslang am meisten bedeutete: die Freiheit.

Dass sie nicht zu teuer erkauft war, erwies sich allerdings erst 1944, als S. Corinna Bille, wie sie sich nun nannte, nach vielen Irrwegen und Krisen ihr erstes voll gültiges Buch vorlegen konnte: *Théoda*. Aus der Perspektive eines kleinen Mädchens heraus wird da die Geschichte einer Walliserin erzählt, die sich den traditionellen Normen ihres Dorfes nicht unterwirft und ihre verzehrende Liebesleidenschaft schliesslich an der Seite des heimlichen Geliebten mit dem Tode büsst. Auf *Théoda* folgten Blaise, Achille und Marie-Noëlle, aber das waren keine Bücher, sondern Kinder! Und ihr Vater war jener Schriftsteller, mit dem zusammen Corinna Bille seit 1942 die schönste Liebesgeschichte ihres und seines Lebens nicht schrieb, sondern lebte: Maurice Chappaz. Eine Zeitlang schien es sogar, Corinna Bille habe die Literatur dem Familienleben geopfert, und als sie wieder publizierte, gelang es ihr zermürbend lange nicht, über die Grenzen der Romandie hinaus Echo zu finden. Bis sie 1968 mit *La Fraise noire* quasi den Einzug in Paris schaffte und sie 1975 gar den Erzählerpreis der Académie Goncourt bekam.

Längst schränkte sie ihr Schreiben nicht mehr auf den Walliser Schauplatz ein, und in ihren letzten Werken trat eine Weite und Fülle zutage, wie sie nur wenige Schweizer Autoren kennen. Unverwechselbar aber blieb ihre fraglos emanzipierte, spezifisch frauliche Art des Sehens und Fühlens, aber ebenso ihre Bereitschaft, nicht nur das Ich, sondern auch das Du dichterisch zu gestalten. Einzigartig auch ihre Fähigkeit, hinter den Dingen eine mystische Welt zu erblicken, die dem Dasein, ja selbst dem Tod, seine Schwere nimmt. Zehn Jahre bevor ihr eigener Tod sie 1979 mitten aus der Arbeit riss, hatte sie die Worte formuliert: »Lange Zeit war es die Liebe, auf die ich gewartet habe. Jetzt ist es der Tod . . . Aber vielleicht, o Tod, gibt es Deine Zärtlichkeit wirklich! Dein Friede, sanft bis zuletzt. Vielleicht erschreckst Du nur die Lebenden. Aber die Toten? Was dringt noch zu uns von ihnen? Vielleicht diese Freude in der Luft, wenn es Frühling wird?«

S. Corinna Bille
(1912–1979)

Théoda ist, übersetzt von Elisabeth Dütsch, im Castella-Verlag, Albeuve (FR), greifbar.
Die Abbildung zeigt Corinna Bille im Jahre 1944, als *Théoda* erschien.

Fridolin Tschudi

Zwanzig Jahre lang, von 1945 bis anfangs 1966, brachte die *Weltwoche* auf jeder Titelseite ein Gedicht. Es waren, nach Art von Kästner, Wilhelm Busch und Morgenstern fabriziert, humoristische Reimverse, und es gab für sie kein Tabu und keine undenkbaren Themen. Bankgeheimnis und Transistorenklänge, Schrebergärten und asiatische Grippe, der abendliche Winterwald, die Konversation in der Theaterpause – alles konnte ins Visier dieses unverdrossenen Reimers geraten. Allerdings: in politische Händel mischte er sich nicht, und Namen nannte er gewöhnlich keine.

Die Verse, denen man später im *Nebelspalter* und zuletzt gesammelt in Peter Schifferlis Sanssouci-Bändchen wieder begegnen konnte, stammten von Fridolin Tschudi, einem Glarner Juristen, der sich in Zürich als Cabaret-Texter, Fabrikant von Werbesprüchen, freier Journalist und Verseschmied durchschlug, bis er am 5. Januar 1966 im Alter von erst 53 Jahren einem Herzinfarkt erlag. Zwei Tage später erschien sein letztes Gedicht. Es zeugte von einer gewissen Ratlosigkeit und Resignation, endete aber dennoch trotzig mit der Strophe:

»Ohne jeden Mitarbeiter
schreib ich drum – im Busen keimt es –
als mein eigner Fronknecht weiter:
Ungereimtes und Gereimtes.«

Wie für Friedrich Dürrenmatt, so waren im Grunde auch für Fridolin Tschudi die beginnende Hochkonjunktur und deren Auswüchse gleichzeitig Stoff und Zielscheibe des Dichtens. Nur begnügte sich Tschudi da, wo Dürrenmatt das Verhalten der Zeitgenossen virtuos ins Groteske steigerte, mit einer liebevoll-ironischen, aber immer präzisen Schilderung, die das Gemeinte ganz von selbst als belächelnswert entlarvte. Obwohl er zuweilen durchaus auch Böses über das Land, »wo die Neurosen blühen«, sagen konnte: Fridolin Tschudi warf keine Bomben. Er beobachtete lange und stach unversehens mit haarfeinen Nädelchen zu. Welches aber war das Gegenbild, die Alternative, die der skeptische Poet der Zeit entgegenstellte? Sie entsprach nur zu genau den unpolitischen fünfziger und sechziger Jahren und hiess Heiterkeit, Geniessen und Geniessenlassen. Die existentielle Bedrohung der Kriegsjahre war zwar heil überstanden, aber bereits zeigte sich, dass der Wirtschaftsboom das Leben nur materiell reicher, jedoch nicht lebenswerter machte. Die Verstörung der Zeit formal und inhaltlich in die Dichtung hineinzunehmen – das widersprach Tschudis Naturell. Und so blieb ihm nur, der Vergötzung von Wohlstand und Technik in sorgsam gedrechselten schönen Versen seine leicht altmodisch anmutende anakreontische Idylle entgegenzustellen:

Fridolin Tschudi
(1912–1966)

»Mit Verstand ein Weinlein schlürfen,
froh sein, dass wir leben dürfen,
eine hübsche Jungfer küssen,
nie sich sklavisch ducken müssen ...«

Tschudis Verse sind in mehreren Bänden bei Sanssouci, Zürich, greifbar.

Ruth Blum

Auf dem Emmersberg probten die Schaffhauser Kantonsschülerinnen den Aufstand. Sie trugen freche bunte Mützen und sangen: »Früher boten wir den Mund / Dem Bedrücker – heut' die Stirne. / Neuer Freiheit Morgenstund' / Tagt in jedem Frauenhirne.« – Das war 1932, und die Verfasserin der feministischen Couleurstrophe war niemand anders als die Schriftstellerin Ruth Blum. Allerdings: bis diese Berufsbezeichnung zutraf, hatte die aus ärmlichen Verhältnissen stammende Klettgauerin noch so viel Schweres durchzumachen, dass ihr sensationelles Debüt mit *Blauer Himmel, grüne Erde* 1941 wie ein Wunder anmutet. Dienstmädchen war sie nach dem unfreiwilligen Studienabbruch gewesen, Küchenhilfe in Wirtschaften, Sekretärin eines zwielichtigen Heiratsvermittlers. Und als Edwin Arnet ihr zum Sprung in den Journalismus verhalf, hatte sie eben noch als Putzfrau das Treppenhaus der *NZZ* gereinigt! Was sonst nur im Groschenroman vorkommt, hier schien es wahr zu werden, als die Presse ihren Erstling feierte wie selten ein Buch in jenen Jahren. Aber der Euphorie folgte die Ernüchterung. Man hatte ihren Roman als Heimatkunst eingestuft und liess sie fallen, als diese Mode vorbei war. »Jeder Schriftsteller ist zu bedauern«, schrieb sie 1975, »dessen erstes Buch aussergewöhnlichen Erfolg hat. Alles, was er später schreibt, wird am Erstling gemessen.« Und doch: im Leben der Ruth Blum ereignete sich noch ein zweites Wunder! Nach vielen Misserfolgen und nachdem sie die Schriftstellerei an den Nagel gehängt und doch noch Lehrerin geworden war, gelangen ihr mit *Wie Reif auf dem Lande* (1964), *Die grauen Steine* (1971) und *Die Sichel* (1975) noch einmal Werke, die dem grossartigen Erstling ebenbürtig zur Seite zu stellen sind. Aber auch das hatte sie wieder mit Schwerem erkauft: seit 1961 wusste sie um ihre Krebskrankheit, und die existentielle Not dieser Erfahrung war es, die Ruth Blum zur ganzen Grösse ihrer dichterischen Möglichkeiten reifen liess.

Ruth Blum
(1913–1975) im Jahre 1941

Als sie am 2. August 1975 mit 62 Jahren ihrem Leiden erlag, hinterliess sie 13 Bücher, in die sie ihr ganzes Leben und Leiden hineingelegt hatte: das Glück der frühen Kindheit, die Enttäuschungen der späteren Jugend, das lebenslange vergebliche Ringen um eine beglückende Partnerschaft, die Erfahrung der Krankheit, die kleinen Freuden, die sie all dem mit ihrem unverwüstlichen Humor in der Begegnung mit der Natur und fremden Ländern – Irland vor allem – noch abzutrotzen gewusst hatte. Eine »ländliche Mutter Courage« hat sie ihr Biograph Kurt Bächtold genannt. Und so erscheint sie einem auch in ihren Büchern, in ihren besten sowohl als auch in den weniger gelungenen: eine engagierte, kämpferische, sinnlich lebendige und geistig rege Frau, die mit ihrer bekenntnishaften Schreibweise einen hochmodernen Schriftstellertypus vorweggenommen hat.

Ruth Blums Werk wird vom Verlag Meili, Schaffhausen, vertrieben. *Blauer Himmel, grüne Erde* ist auch in der Ex Libris-Edition »Frühling der Gegenwart«, mit einem Nachwort von Hans Steiner, erschienen.

Maurice Chappaz

Dass der Dichter, sobald er als Prophet auftritt, in seinem Vaterland wenig gilt – dies musste Maurice Chappaz, der bekannteste Dichter des Wallis und einer der bedeutendsten der Schweiz überhaupt, in seinem Verhältnis zur engeren Heimat schmerzlich erfahren. Dabei ist der 1916 geborene schreibende Weinbauer aus Sierre, der zusammen mit seiner Frau S. Corinna Bille (1912–1979) jahrzehntelang das wohl bedeutendste literarische Zweigespann der französisch-schweizerischen Literaturgeschichte gebildet hat, allen Vorbehalten zum Trotz ein Walliser par excellence. Ausgerechnet jenes Buch, mit dem Chappaz sich 1965 den Zorn seiner Landsleute zugezogen hat, ist ja im Grunde genommen nichts anderes als eine Liebeserklärung an das Wallis, wie kein anderer Kanton sie vorzuweisen hat.

Portrait des Valaisans en légende et en vérité heisst das Buch, und es stellte zwar polemisch, aber in Bildern von grosser dichterischer Kraft und Farbigkeit jenes Land von innen heraus dar, das die übrigen Schweizer sonst zumeist nur von aussen, aus touristischer Perspektive, kennen. Vor diesem Buch, das er 1968 im *Match Valais-Judée* mit gesteigerten Intentionen fortführte, hatte Chappaz als vielgelobter Lyriker die sanften Fluren des Wallis besungen – immer so, dass man seine klassische Bildung noch merken konnte. Aber 1965, mit dem *Portrait,* änderte sich dies schlagartig. Chappaz hatte als Arbeiter am gewaltigen Dixence-Kraftwerk mitgearbeitet, und diese Erfahrung veränderte nun Optik und Sehweise radikal. *Merde pour les primevères* heisst ein Kapitel des Buches, und da ist beschrieben, wie sich im ahnungslosen Wanderer, als er blumenpflückend unvermittelt dem gewaltigen Betonriegel gegenübersteht, die Naturfreude in Hass gegen die Technik verwandelt. Chappaz' Buch war aber – mitten in der Technikbegeisterung der EXPO 64! – nicht nur eine Absage an den technischen Fortschritt, es war auch eine Absage an den

Tourismus. ». . . es sind ihrer zu viele«, heisst es irgendwo von den erholungsuchenden Städtern, »sie erschlagen alles, was Pflanze und Tier heisst, ihre unausgesetzten Umarmungen schänden das Land.«

Maurice Chappaz
(* 1916)

Schreibt so jemand, der seine Heimat nicht liebt? Was tut es da, wenn Chappaz die Tradition ebenso wie den Fortschritt verdammt und verflucht, wenn er ein paar Pfarrherren verulkt und ein paar Politiker als korrupt entlarvt? Der Landschaft immerhin, den klotzigen steinernen Riesen über südlich-milden Tälern, zollt Chappaz Respekt, auch der Rebe singt er ihr Lob, und letztlich erscheinen einem auch seine Walliser, gerade in ihrer aus Starrsinn, Frömmigkeit und Tüchtigkeit so wundersam gemischten Eigentümlichkeit, als ganz besonders liebenswürdige Miteidgenossen. Natürlich: auch Chappaz liebt sie, seine à la Rabelais liebevoll überzeichneten Walliser, aber er darf es ihnen nicht sagen, weiss er doch: »Les non d'écrivains doivent être les plus violents.« – »Das Nein des Schriftstellers muss das leidenschaftlichste sein.«

Portrait des Valaisans ist bei den »Cahiers de la Renaissance Vaudoise«, Lausanne, greifbar, die deutsche Übersetzung von Pierre Imhasly in der Edition Moderne, Zürich.
Die Abbildung zeigt Chappaz in seinem Weinberg in der Nähe von Sierre.

Felice Filippini

Bereits während der Herrschaft des Faschismus machte sich, gleichsam als Reaktion gegen dessen imperiale, grosssprecherische Gebärde und den verlogenen Blut-und-Boden-Kult, in der italienischen Literatur eine pessimistische, aber sozial engagierte Spielart des Neorealismus geltend. Autoren wie Elio Vittorini oder Cesare Pavese gestalteten zwar nach wie vor bäuerliche Verhältnisse, aber sie verabscheuten jegliches Pathos und alle Schönfärberei und schulten ihre Sprache an der Modernität eines Joyce oder Hemingway.

1943, im Jahre von Mussolinis Sturz, gelang es auch einem jungen Tessiner, dem damals sechsundzwanzigjährigen Felice Filippini, aus dem Schatten des allgegenwärtigen, im faschistischen Italien hochgeschätzten Francesco Chiesa herauszutreten und mit einem bemerkenswerten Erstlingsroman Anschluss an die neue Tendenz zu finden. Er hiess *Signore dei poveri morti (Herr Gott der armen Seelen)* und stellte unter freier Verarbeitung von Selbsterlebtem das Erwachen eines sensiblen Tessiner Arbeitersohnes zu sich selbst und seiner künstlerischen Berufung dar.

Marcellino, so heisst der Junge, fühlt sich mitschuldig am Unfalltod seines Bruders Dante und leidet entsetzlich unter der dumpfen, ungeläuterten Trauer seiner Eltern. Da nimmt ihn der feinfühlige, nach bürgerlichem Massstab gescheiterte Bildhauer Ombra, der Dantes Grabstein hauen soll, für ein paar Tage zu sich. Dort, in altklugen Gesprächen mit dem Künstler und dessen obskurem Freundeskreis, bei der Begegnung mit Ombras sinnlicher Frau Aurora und im Trubel eines ländlichen Festes, das in eine Hass-Orgie gegen den Künstler und seine Freunde umschlägt, lernt Marcellino das Leiden der Welt zu verstehen und seine eigene Verschuldung als Teil eines grösseren Ganzen zu begreifen.

Hass und Leidenschaft, Lust und Schmerz, Sehnsucht und Resignation liegen dicht beieinander in der Welt dieses Buches, das mit seinem traumhaft-visionären Stil zuweilen an den deutschen Expressionismus erinnert und stärker als Chiesas ästhetisierende Heimatdichtung auch die Abgründe ausleuchtet, die unter dem Klischee von der »Tessiner Sonnenstube« verborgen sind.

Felice Filippini (1917–1988)

Der starke Eindruck, den das Buch sogar noch in Adolf Saagers deutscher Übertragung (Büchergilde, Zürich 1945) hinterlässt, wird nicht zuletzt auch von den Federzeichnungen mitbestimmt, die Filippini ihm beigegeben hat. Weit davon entfernt, den Text bloss zu illustrieren, liefern diese dunklen Bilder einen ebenbürtigen Beitrag an ein künstlerisch-literarisches Gesamtkunstwerk von seltener Homogenität und Eindringlichkeit.

Felice Filippini, der am 10. September 1988 in Muzzano mit 71 Jahren einem Krebsleiden erlag, hat neben seiner vielfach prämierten Arbeit als bildender Künstler seit 1943 auch ein reichhaltiges, alle Formen umfassendes literarisches Œuvre geschaffen, das, wie etwa das 700seitige Roman-Epos *Ragno di sera* (wörtlich: Abendspinne) von 1950, für die Leser der deutschen Schweiz noch immer zu entdecken bleibt.

Die Abbildung zeigt Felice Filippini im Jahre 1943, als sein erster Roman *Signore dei poveri morti* erschien.

Lore Berger

»Ich fürchte mich vor beidem, vor dem Leben wie vor dem Tode... Für beides bin ich nicht stark genug, für die Unruhe nicht und für die Stille nicht. Und doch ist nach der harten Zeit voll Leid eine furchtbare Gier nach Freude in mir, eine Ungeduld, ein unstillbarer Durst. Es müsste jetzt ein Paradies geben, einen goldenen Tag voll sprudelnd blauer Wasser und weiter, sanfter Hügel – ein Land, wo ich mich freuen könnte. Es müsste ein Lied geben, das so schön wäre, dass seine Melodie die Tränen trocknete. Es müsste einen Menschen geben, in dessen Gegenwart man Ausgestandenes vergässe. Oh, ich möchte immer in jenem Land leben, jenes Lied singen, bei jenem Menschen meine Zeit verbringen. Aber die Tage sind so grau und haben wenig Schönheit zu geben.«

Der Roman, dem diese Zeilen entstammen, heisst *Der barmherzige Hügel* und lag 1943 der Jury des Büchergilde-Wettbewerbs zur Prüfung vor. Aber die Juroren taxierten das Manuskript, das wie kein zweites den offiziellen Durchhalte-Optimismus Lügen strafte und der unterschwelligen Stimmung der Hoffnungslosigkeit in Form einer tragisch endenden, dicht in die Zeitumstände verwobenen Liebesgeschichte eine schwache, aber poetisch eindringliche Stimme verlieh, als »morbid« und »zu persönlich«. Das Buch wäre nie gedruckt worden, hätte die Autorin, die einundzwanzigjährige Basler Studentin Lore Berger, ihrer Einsendung nicht ein unüberhörbares Signal hinterhergesandt: Am 14. August 1943 liess sie sich auf dem Basler Bruderholz, dem »barmherzigen Hügel« ihres Romans, von der Höhe des Wasserturms herab in den Tod fallen! Esther, die Protagonistin des Buches, hatte sich diesen Tod intensiv ausgemalt, und eine andere Romanfigur, Bea, hatte Lore Berger genau auf diese Weise sterben lassen. Dichtung und Wahrheit verknüpften sich so zu einem unauflösbaren Ganzen, wie es in jenem fernen

Zeitalter des verlogenen Pathos allein schon durch seine Kompromisslosigkeit beeindrucken musste.

Dem konnten sich auch die Wettbewerbs-Juroren nicht entziehen. In voller Kenntnis des erschütternden Tatbestands befanden sie nun zwar das Buch noch immer nicht für preiswürdig, immerhin aber für publikationsreif. So erschien es 1944 in der »Gildenbibliothek der Schweizer Autoren«, errang einen Achtungserfolg und geriet bald wieder in Vergessenheit, bis es 40 Jahre später als Reprint einen überraschenden Durchbruch erlebte. Viele, vor allem auch junge Leser fanden darin nun plötzlich die eigenen Gefühle und Nöte gespiegelt. Von Beat Kuert wurde es 1982 unter dem Titel *Die Zeit ist böse* für den Film entdeckt, ein Genfer bzw. Turiner Verlag liessen es ins Französische und ins Italienische übersetzen. In Frankreich vor allem zog die Presse sofort die Parallele zu Fritz Zorns *Mars* von 1977, ein Vergleich, der weniger die Bücher als die biographischen Hintergründe meinte und der fast notgedrungen in die Frage ausmündete, ob man im Wohlstandsland Schweiz wohl jung sterben müsse, um das Lesepublikum mehr als nur oberflächlich für ein Buch begeistern zu können . . .

Lore Berger
(1921–1943)

Der barmherzige Hügel ist als Taschenbuch Nr. 396 der Serie Piper greifbar. Die französische Übersetzung erschien bei Zoé, Genf, die italienische bei »Il quadrante«, Turin.
Die Abbildung zeigt Lore Berger kurz vor ihrem Tod im Jahre 1943.

Friedrich Dürrenmatt

Gibt es überhaupt noch jemanden, der Dürrenmatts *Besuch der alten Dame* noch nie gesehen hat? Wer erinnert sich nicht lebhaft an die Ankunft der Milliardärin auf dem Bahnhof von Güllen, an die von ihr angekündigte spektakuläre Konjunkturspritze mit der sensationellen Mordklausel, an die Begegnung der mondänen Claire mit Ill, dem Geliebten von einst, der sie im Elend sitzenliess und nun mit dem Tod dafür büssen soll? Unvergesslich auch das pseudodemokratische Gemeindetribunal, das im Namen der Gerechtigkeit einen Menschen nichts anderem als der nackten Profitgier zum Opfer bringt. Längst gehört *Der Besuch* heute weltweit zu den meistgespielten Stücken, Hollywood hat ihn mit Ingrid Bergmann und Anthony Quinn verfilmt, Gottfried von Einem benützte ihn als Opernlibretto, und nicht zuletzt verlernten ganze Generationen von Gymnasiasten aller Länder über diesem Stück ein paar Schulstunden lang das Gähnen.

Als Klassiker zur Welt gekommen ist Dürrenmatts *Besuch* allerdings nicht. Als das Stück am 29.1.1956 im Zürcher Schauspielhaus mit Therese Giehse und Gustav Knuth in den Hauptrollen von Oskar Wälterlin aus der Taufe gehoben wurde, spendeten vor allem die ausländischen Kritiker einhelliges Lob. Die Schweizer aber reagierten mit Ausnahme von Elisabeth Brock zurückhaltend bis sauer. Die *NZZ* zählte genüsslich die »Anleihen aus der Weltdramatik« zusammen und fand, der »entfesselte Berner« ermüde Hörer und Zuschauer »namentlich im letzten Akt«. Der *Bund* brachte einen totalen Verriss, und Jakob Bührer sah sich im *Volksrecht* mit den katholischen *Neuen Zürcher Nachrichten* darin einig, dass dem Stück das Positive fehle. Nicht verkannt wurde allerdings der gesellschaftskritische Ansatz dieses »höchst unbequemen Stückes« *(NZZ)*. Für den *NZN*-Kritiker klang der Beifall des Publikums denn auch so, »als habe ein Frechling an viele wunde Stellen gerührt«.

Eine solche wunde Stelle muss Dürrenmatt auch bei den Verantwortlichen der »Pro Helvetia« getroffen haben, die das bereits vereinbarte Gastspiel des Zürcher Schauspielhauses beim Pariser Theaterfestival 1956 durch die Verweigerung der Subventionierung verhinderten, weil sie eine Pariser Aufführung des *Besuchs* als »nicht im Sinne schweizerischer Kulturpropaganda stehend« betrachteten. Als die Gelder von privater Seite doch noch zusammengetrommelt werden konnten, war es zu spät. Paris sah in jenem Sommer den *Besuch der alten Dame* nicht, dafür aber hat ihn seither die ganze Welt gesehen, und längst könnte sich die Schweiz keine wirksamere »Kulturpropaganda« mehr denken als eben diesen jahrzehntelangen Bühnenhit. Warum aber taten sich die Schweizer, als er noch kein bestandener »Klassiker« war, so schwer mit dem *Besuch der alten Dame?* Doch wohl deshalb, weil die tiefste, für das Musterland der Demokratie schmerzliche Wahrheit dieser Parabel bedeutet, dass ein demokratischer Entscheid, von lauter Egoisten zu eigenem Nutzen gefällt, gleichzeitig höchst demokratisch und höchst unmoralisch sein kann.

Friedrich Dürrenmatt (*1921)

Der Besuch der alten Dame ist als Diogenes-detebe 20835 erhältlich. Die Abbildung zeigt Dürrenmatt im Jahre 1956, als sein Stück *Der Besuch der alten Dame* uraufgeführt wurde.

Kurt Marti

»Ich sagte schon immer, da stimmt was nicht, da stimmt doch bestimmt was nicht, mal arbeitet er, ein andermal wieder nicht...« – Es ist eine alte Frau, die so zu erzählen beginnt, harmlos, plauderselig, naiv. Sie berichtet von einem »Schelm«, mit dem ihre Tochter ein Verhältnis hat: ein arbeitsloser Gelegenheitsarbeiter, der auch schon mal »sass« und der für das ältliche Mädchen Frieda in der Enge des Dorfes dennoch der letzte und einzige in Frage kommende Partner ist. Sie sagt dies nicht wörtlich, die alte Frau, aber all dies wird aus ihrem Monolog heraus fühlbar. Vier Buchseiten lang erzählt sie in ungebrochener Rollenprosa, dann kennt der Leser zwei, nein drei Schicksale so gut, als hätte er einen dicken Roman gelesen. Dieses meisterhafte Stück Kurzprosa leitet einen dünnen Band mit 22 weiteren, ebenso knappen und eindringlichen Geschichten ein: Texte, die enthüllen, ohne zu verletzen, Texte, die Liebloses liebevoll darstellen, Texte, die einen ganz neuen, sachlich-unpathetischen Ton in die vielfältig belastete Gattung der schweizerischen Dorfgeschichte einbringen oder vielmehr einbrachten. Denn das Bändchen erschien bereits zu Beginn der sechziger Jahre im Verlag Sigbert Mohn, Gütersloh, und nannte sich schlicht *Dorfgeschichten 1960*. Vier Jahre vor Bichsels *Milchmanngeschichten* hätte das Buch eigentlich der Schweizer Kurzprosa im deutschen Sprachgebiet zu neuem Rang und Ansehen verhelfen müssen. Aber damals, 1960, war für einen dritten grossen Schweizer Namen neben Frisch und Dürrenmatt in Deutschland wohl gerade noch kein Platz frei – oder dann kamen diese *Dorfgeschichten* eben doch zu unscheinbar, zu unspektakulär daher, als dass sie Staub hätten aufwirbeln können.

Mit den *Dorfgeschichten 1960* ist der damals neununddreissigjährige Pfarrer und Lyriker Kurt Marti erstmals als Erzähler aufgetreten. Er hat damit der Schweizer Prosa kurz mal eine neue Richtung gewiesen, dann überliess er es den anderen, den Weg zum Erfolg weiter auszutreten. Er selbst wandte sich der Erprobung weiterer neuer Möglichkeiten zu. So löste er mit *Rosa Loui* 1967 eine neue Welle von Dialektdichtung aus, so machte er mit seinen *Leichenreden* 1969 die Predigt und mit *Abratzky oder Die kleine Blockhütte* 1971 das Lexikon zu literarisch tragfähigen Formen, so gab er dem politischen Tagebuch mit *Zum Beispiel Bern 1972* oder *Ruhe und Ordnung* (1984) neue starke Impulse, so wird er wohl auch in Zukunft jeweils genau mit *der* literarischen Form operieren, die er für die angemessenste hält. Und es würde nicht verwundern, wenn die gewählte Form sich auch in weiteren Fällen als so gültig und beständig erwiese wie jene der *Dorfgeschichten 1960,* die nun bald drei Jahrzehnte unverstaubt überdauert hat.

Kurt Marti
(*1921) im Jahre 1960

Die *Dorfgeschichten* sind als Luchterhand-Taschenbuch 487 greifbar.

Alfred A. Häsler

Hätte man Literatur nicht nach ästhetischen Gesichtspunkten, sondern nach ihrer moralischen und aufklärerischen Wirkung zu beurteilen, so müsste ein Buch in den Mittelpunkt der Schweizer Literaturgeschichte seit 1945 gerückt werden, das von der professionellen Kritik, wenn nicht ignoriert, so doch voreilig in die Sparte »populäres Sachbuch« abgeschoben wird, obwohl es das Geschichtsbewusstsein der heute lebenden Schweizer wie kein zweites geprägt und beeinflusst hat: *Das Boot ist voll* von Alfred A. Häsler.

Im Auftrag des Ex Libris-Leiters Franz Lamprecht und für eine von *Tat*-Chefredaktor Erwin Jaeckle zum Abdruck angenommene Serie arbeitete Häsler 1966 das triste Kapitel der schweizerischen Asylpolitik 1933–1945 mit bis dahin einzigartiger Gründlichkeit und Gewissenhaftigkeit auf. Er förderte dabei eine Vielzahl bisher unbekannter Dokumente zutage, verstand es aber auch, das Material aus einem stets spürbaren persönlichen Engagement heraus so darzustellen, dass der Leser, in Spannung versetzt wie bei einem guten Krimi, erst nach und nach merkt, wie sehr ihn der schlicht gestaltete Bericht zu erschüttern vermag. So konnte es geschehen, dass ein bitterernstes, auf Vergangenheitsbewältigung abzielendes Geschichtsbuch unversehens zum Bestseller wurde. Über 50 000 Exemplare wurden verkauft, Übersetzungen verbreiteten das Buch in alle Welt, sein Titel ist in vielen Sprachen zum festen Begriff geworden, Markus Imhoofs Film-Adaption errang in Hollywood gar einen Oscar. Und was nicht minder spektakulär ist: die Recherchen des Autodidakten Häsler konnten durch die zünftige Geschichtswissenschaft nicht entkräftet werden, sondern wurden Punkt für Punkt bestätigt und erhärtet!

Dass *Das Boot ist voll* keineswegs von bloss mehr historischem Interesse ist, haben die jüngsten Diskussionen über das Asylrecht deutlich gemacht. Und wie zu erwarten, steht sein Verfasser auch diesmal wieder voll und ganz auf der Seite der Bedrohten und Bedrängten. Wie denn *Das Boot ist voll* ja nicht einfach eine günstige Konjunktur genutzt hat, sondern das jahrzehntelange humanitäre Engagement Häslers gleichsam krönte. Mit achtzehn schon hatte er in der *Nation* 1939 seinen Abscheu über die Nazi-Verbrechen kundgetan, und während des Krieges nutzte der junge Typograph und Journalist jede Möglichkeit, um auf die Not der Verfolgten hinzuweisen. Wirklich Gehör verschaffen konnte er sich aber erst, als auch der kalte Krieg vorbei war und er sich als souveräner Interviewer einen Namen gemacht hatte. Denn sein Geheimnis ist wohl, dass er zuhören kann und dass er, wie seine pietistischen Vorfahren die Bibel, die Zeichen der Zeit wörtlich nimmt. Und was er einmal für richtig erkannt hat, das muss er, mag es noch so unbequem sein, auch aussprechen: in klar fasslicher Sprache, mit glaubwürdiger Überzeugungskraft, sachlich-nüchtern, aber niemals ohne menschliche Wärme.

Alfred A. Häsler (*1921)

Das Boot ist voll ist u. a. als Diogenes-detebe 21699 erhältlich.

Erika Burkart

Sie könne es, schrieb Erika Burkart 1975 in ihrem Prosabuch *Rufweite,* »oft kaum ertragen, jemanden auch nur einen Blumenstengel knicken zu sehen«. Wie überlebt ein Mensch von solcher Sensibilität und Verletzbarkeit das mittlere Drittel des 20. Jahrhunderts mit all seinen Zerstörungen äusserer und innerlicher Art? Wie verkraftet er den Krieg und die Atombombe, den Triumph des Betons über das Gras, das langsame Verkümmern der Wälder?

Erika Burkart überlebt, indem sie der Zerstörung ihre Verletzbarkeit offenhält und die rauhe, durch zunehmende Gefährdung und rücksichtsloses Zweckdenken geprägte Realität in gleichsam homöopathischer Dosierung in die Welt ihrer Dichtung hineindringen lässt. So konnten sich allmählich Abwehrkräfte dagegen bilden, und so traten neben jene Verse und Texte, die das landschaftliche und seelische Refugium des alten Hauses auf der Moräne lyrisch verklärten, immer häufiger auch solche, die in erschütternden Bildern der Trauer und Resignation, ja bisweilen auch dem Zorn über die fortschreitende Zerstörung Ausdruck verliehen:

»Legende. Die Strasse ans Ende
ist eingesargt in Asphalt,
und Laurins Garten verlegt
an den unzugänglichen Himmel
über Betonbergen und Schutt.«

Ganz aber ist die Hoffnung nicht aus ihren Gedichten verdrängt. Noch gibt es da den Vogel, das Schaf, den Wind, den Traum und vor allem: das Kind! Seit dem Roman *Moräne* (1970) bildet die Kindheit im Werk der Dichterin zweifellos jenes Motiv, dem die Bedrohung am wenigsten anhaben konnte. War es zunächst die wiedererinnerte eigene Kindheit gewesen, die mit ihrer Verzauberung nachgewirkt hatte, so vermittelte im 1985 vorgelegten Roman *Die Spiele der*

Erkenntnis das Nachdenken über die Kindheit des Knaben Manuel unversehens die beglückende Begegnung mit einem andern, ganz jungen Menschen. Aber nicht nur auf das Erzählte, auch auf die Sprache, die Erika Burkart wie viele moderne Autoren unentwegt hinterfragt, scheint die Beschäftigung mit dem Phänomen Kindheit eine wohltuende, befruchtende Wirkung auszuüben. *Kinder,* eines der Gedichte aus dem Lyrikband *Sternbild des Kindes* (1984), endet jedenfalls wie folgt:

Erika Burkart
(*1922) im Jahre 1965

»Viele werden früh
mit dem Wort entzweit.
Ich erleuchte mich, sie liebend,
mit Unendlichkeit.«

Wer *Sternbild des Kindes* und *Die Spiele der Erkenntnis* aufmerksam studiert und auch noch den 1988 erschienenen Gedichtband *Schweigeminute* hinzunimmt, kann dieser poetischen Selbstanalyse nur beipflichten. Und wüsste jemand nicht, dass die Aargauer Dichterin in 36 Jahren nicht weniger als 15 Lyrikbände und vier Romane publiziert hat und sich im sechsten Lebensjahrzehnt befindet, dann könnten die Frische und Spontaneität des Denkens, die Leuchtkraft der Bilder und die scheue Sinnlichkeit der ganzen Atmosphäre ihn leicht zur Annahme verleiten, die drei Bücher müssten von einem ganz jungen Mädchen geschrieben worden sein.

Erika Burkarts Werke sind bei Artemis, Zürich, greifbar.

Alexander Xaver Gwerder

Am Tag, als er zu seinem letzten WK einrücken sollte, schied Alexander Xaver Gwerder, neunundzwanzig, in Arles freiwillig aus dem Leben: aus Protest gegen die verhasste Militärpflicht und weil er für seine engagierte Dichtung in der helvetischen Enge keine Zukunft sah. Soweit die interpretierende Legende. Die unbeschönigte Wahrheit aber ist: weil seine Frau, die Mutter seiner zwei Kinder, die Scheidung verweigerte, brachte Gwerder in der einer Gelbsucht folgenden Depression seine Freundin Salomé, eine neunzehnjährige Baslerin, dazu, mit ihm nach Arles auszureissen, um in der Stadt van Goghs gemeinsam zu sterben. »Wir probierten es zuerst mit Morphium«, erzählt Gwerders Freundin 35 Jahre später, »aber es wurde uns nur übel davon. Deshalb schnitten wir uns die Handgelenke durch.« Als der Freund das Bewusstsein verlor, rannte Salomé hilfeschreiend in die Hotelküche und konnte so noch gerettet werden. Das Trauma jedoch, das jener 14. September 1952 in ihr hinterliess, hat sie bis heute nicht überwinden können.

Gwerder, ein genuines Maler- und Dichtertalent, arbeitete in Zürich als Offset-Kopist, empfand aber die berufliche und überhaupt seine ganze Lebenssituation als ausweglose Sackgasse. Unfähig, offen zu rebellieren, legte er die ganze Frustration und Empörung in seine Gedichte hinein – Verse, die eher durch ihre Expressivität und aufrührerische Kraft denn durch Formvollendung überzeugen, die aber mit der Radikalität ihres Denkens wuchtig aus der biederen Schweizer Nachkriegslyrik herausragen. Während die Gedichte, seit Erwin Jaeckle sie 1949 zu publizieren begann, da und dort gedruckt wurden und 1951 auch ein Sammelband, *Blauer Eisenhut,* erschien, reagierten die Redaktoren auf Gwerders weit aggressivere Prosatexte überängstlich. Stein des Anstosses war meist Gwerders Antimilitarismus, dessen nervöse Heftigkeit wohl in einem unbewältigten

Schuldkomplex wurzelte, war er doch bis zum bitteren, als persönliches Desaster empfundenen Ende ein Bewunderer von Hitlers hybridem Machtrausch gewesen.

Alexander Xaver Gwerder (1923–1952)

Im »ruinösen Alltag« der Nachkriegsrestauration fand Gwerder sich nie wirklich zurecht. Einzig in der Liebe sah er noch etwas, was »für Augenblicke Linderung bringt von Bestien und Bürokraten, von Tölpeln und Generälen«. Als ihm auch dieser Trost schal wurde, hielt er Ausschau nach einer Traumgefährtin, an deren Seite er die endgültige Flucht aus der Bürgerlichkeit wagen wollte und die er schliesslich in der jungen Baslerin fand, die seine Vorliebe für den todessüchtigen van Gogh teilte. *Ein Tag in Selba* beschreibt, wie er diesem Mädchen begegnete und wie er mit ihm in Basel vor van Goghs Bildern stand. Die Erzählung, die seine letzte sein sollte, endet im Manuskript mit den im Druck später eliminierten Worten: »Wie das weitergeht, kann ich nicht mehr aufschreiben; es wird getan.«

Gwerders Werke sind im Arche-Verlag, Zürich, erschienen. Der Limmat-Verlag, Zürich, bereitet für 1990 eine Neuausgabe vor.

Gertrud Wilker

»Obgleich ich persönliche Hoffnungen aufgab, hoffe ich für meine Wörter. Dass sie strahlensicher seien und das, was vor der Betontüre zerstört wird, überdauern.« Die Frau, die sich solches notiert, gehört zu den 300 Menschen, die in einem Berner Bunker als einzige für wenige Wochen einen Atomkrieg überlebt haben. In einer Flaschenpost will sie der Nachwelt überliefern, was sie »durch Wörter wieder zu beleben« vermag. Sie schreibt bis zum bitteren Ende weiter, obschon sie sich einen Moment lang mit dem Gedanken trägt, ein leeres Blatt in die Flasche zu stecken: »Damit sie sich für uns nicht noch schämen müssten!«

So spektakulär die Erzählsituation anmutet – für Gertrud Wilker, die sie sich unter dem Titel *Flaschenpost* im Prosaband *Winterdorf* 1977 ausgedacht hat, war es quasi der schriftstellerische Alltag! Von allem Anfang an hatte nämlich der Sinn ihres Schreibens darin bestanden, »Wörter mit Leben vollaufen zu lassen« und damit dem Tod zu trotzen. 1970 schon, in der Titelgeschichte des Bandes *Einen Vater aus Wörtern machen,* bat sie den Leser, nachdem sie ein virtuoses Porträt ihres Vaters skizziert hatte, er möge ihm »die Chance gönnen, seinen Tod wenigstens auf diesem Papier zu überleben«. Zehn Jahre später, selbst bereits vom Tod gezeichnet, schrieb sie einzig darum einen 300seitigen Roman, um einer vom Leben benachteiligten Verstorbenen ein *Nachleben* – so der Titel des Buches – zu ermöglichen.

Als Gertrud Wilker 1984 mit 60 Jahren starb, lagen elf Bücher von ihr vor: vier Romane, fünf Bände mit kürzerer Prosa, zwei mit Gedichten. Nichts Bestsellerträchtiges, aber ein Werk insgesamt, dessen Ernsthaftigkeit und künstlerische Qualität ihr ein Nachleben als eine der bedeutendsten Schweizer Autorinnen unseres Jahrhunderts sichern müssten.

Gertrud Wilker hat ja keineswegs bloss Totenklagen verfasst, ganz im Gegenteil! Gerade ihr überstarkes Todesbewusstsein machte sie zu einer kompromisslosen Zeitkritikerin und zwang sie immer wieder, hinter den Fassaden von Konvention und Zivilisation nach einem wirklich lebenswerten Leben zu suchen. So stellte sie in den Romanen *Wolfsschatten* (1966) und *Altläger* (1971) schon mitten in der Hochkonjunktur den technischen Fortschrittsglauben und den Mythos vom uferlosen Wachstum radikal in Frage.

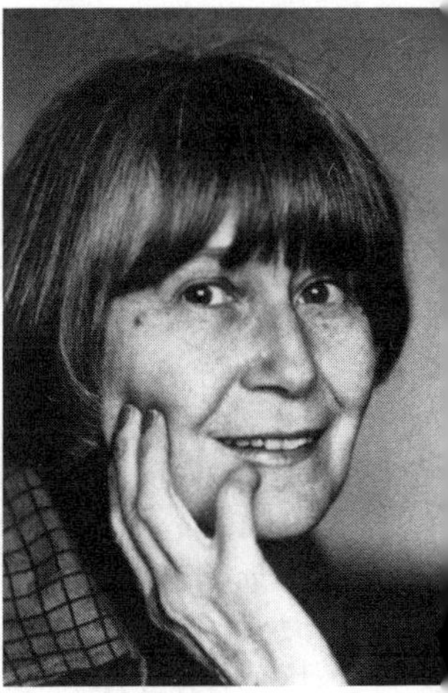

Gertrud Wilker (1924–1984) um 1975

In *Collages USA* zeigte sie 1968 mit ernüchternden Bildern auf, dass auch der vielbewunderte American way of life nicht zur Glückseligkeit führen könne. Und 1979, in *Blick auf meinesgleichen,* brachte sie 28mal ein ungelebtes Frauenleben aufs Tapet – Anklage und Forderung auf Abhilfe in einem. Literarische Höhepunkte ihres Schaffens sind fraglos die Bände *Winterdorf* und *Einen Vater aus Wörtern machen.* Am beglückendsten aber dürfte auch für die Nachgeborenen noch immer die Lektüre des schmalen Romans *Jota* von 1973 bleiben, wo Gertrud Wilker in der Figur des ungebärdigen Mädchens J. A. ihre Utopie vom lebenswerten Leben in wundervoll poetischer Weise Gestalt werden liess.

Gertrud Wilkers Werke sind zum Teil noch bei Huber, Frauenfeld, greifbar. Dort erscheint 1990, herausgegeben von Beatrice Eichmann-Leutenegger und Charles Linsmayer, als Band 6 von »Reprinted by Huber« auch ein Gertrud-Wilker-Lesebuch.

Robert E. Konrad

Im Septemberheft 1945 publizierte die Zeitschrift *DU* eine Erzählung mit dem seltsamen Titel *Reiten, Liebe, Abschied, Reiten ...* Ein ausserordentlich dichtes, poetisches Stück Prosa, das auf engstem Raum zwei Liebesbegegnungen skizziert, die beide etwas mit Pferden zu tun haben: mit den Karussellpferdchen der Kinderzeit, als die Liebe erst ein Spiel war, und mit den Reitpferden eines deutschen Gutshofes, Jahre später, als alles ernst gilt und die Liebe den Schmelz der Unschuld verloren hat. Robert E. Konrad nannte sich der Verfasser. Er war eben erst neunzehn geworden, arbeitete als Handlanger in einer Zürcher Fabrik und hatte bereits unsäglich Schweres hinter sich. Sohn eines Schweizers und einer deutschen Mutter, die er mit drei Jahren durch den Tod verlor, hatte er sich weder mit der helvetischen Enge noch mit dem vorgezeichneten Lebensweg abfinden können, bis er mit sechzehn überstürzt nach München abgehauen war, wo er studieren und Künstler werden wollte. 1944, als ihm dämmerte, worauf er sich da eingelassen hatte, war er krank und resigniert nach Zürich zurückgekommen und musste fortan zufrieden sein, wenn er dableiben und sein Leben fristen durfte. Ausgerechnet in jenem Jahre 1944 aber waren die 28 *Lieder für U.* entstanden, die den Achtzehnjährigen als glänzend begabten Lyriker ausweisen, gleichzeitig jedoch erkennen lassen, wie verbissen er sich vor der bedrohlichen Gegenwart in die intakte Welt einer an grossen Vorbildern geschulten Dichtung zu flüchten versuchte.

Zwischen 1945 und 1947 schrieb er neben der Fabrikarbeit an der Tessiner Erzählung *Tandaradei*, seinem umfangreichsten Prosatext, der sich stellenweise fast zum Roman ausweitet und doch immer wieder den Lyriker verrät. Anfang 1949 gab Konrad seine Stelle auf und zog mit seinem kleinen Buben und seiner jungen Frau, die als Sekretärin verdienen half, in ein Maleratelier nach Zürich-Witikon hinauf.

Dort entstanden in den folgenden zwei Jahren über 70 Ölgemälde: eigenartige, manchmal an Munch, dann wieder an Rousseau erinnernde Bilder, in denen er der Angst und der Verzweiflung offener Ausdruck gab als in den literarischen Versuchen. Beide Bereiche vereinte er schliesslich in der grossformatigen Kunstzeitschrift *Essence,* die er ab Dezember 1949 als sein eigener Verleger, Redaktor und Drucker produzierte und die es auf nur gerade acht Nummern bringen sollte.

Robert E. Konrad
(1926–1951)

»Halten Sie aus! Ich glaube, Sie sind zu etwas berufen«, schrieb ihm Hermann Hesse aus dem Tessin. Aber genau dort, im Land seiner unstillbaren Sehnsucht, fand Robert E. Konrad bereits am 8. August 1951 mit 26 Jahren bei einer Überschwemmung den Tod. Was zurückblieb, ist ein quantitativ bescheidenes, qualitativ aber durchaus schon bemerkenswertes künstlerisches und literarisches Werk. Albert Bettex, der es 1961 in einem Band des Arche-Verlags dokumentierte, urteilt jedenfalls nicht zu Unrecht, dass hier »eine in ungewöhnlich gültigen Gleichnissen niedergelegte Selbstaussage eines hochbegabten jungen Mannes« vorliege, »der einsam seinem künstlerischen Auftrag diente, als Europa am Ende des Zweiten Weltkriegs weithin in Trümmern lag . . .«

Die Abbildung zeigt Robert E. Konrad kurz vor seinem Tod im Frühjahr 1951.

Walter Matthias Diggelmann

»Ich will in erster Linie aufrütteln, den Lesern die Fragen so drastisch vor Augen führen, dass sie nicht daran vorbei können, ohne eine Antwort zu suchen.« – Das ist, zitiert nach einem Brief von 1963, unverkennbar Walter Matthias Diggelmann, und der Satz umschreibt sehr genau jenes unerbittliche menschliche und politische Engagement, das dieser Autor in seinen Büchern mit eingängiger Sprache und pfiffiger Regie vorzutragen wusste. Am aufrüttelndsten in *Die Hinterlassenschaft* von 1965, der ersten ungeschminkten literarischen Darstellung der Schweizer Flüchtlingspolitik im Zweiten Weltkrieg. All das, was man später bei Bonjour, Häsler und anderen zu diesem Thema lesen konnte, ging nur noch quantitativ, nicht aber in der Brisanz der Fakten und Erkenntnisse über Diggelmanns Collage hinaus. Zudem war es ihm gelungen, das Dokumentarische lesbar in eine spannende Geschichte einzubauen: Ein junger Mann erfährt aus der schriftlichen Hinterlassenschaft des vermeintlichen Vaters seine wahre, nämlich jüdische Herkunft und muss zur Kenntnis nehmen, dass seine Eltern von der Schweizer Fremdenpolizei den NS-Häschern ausgeliefert wurden.

Dass Diggelmanns Buch 1965 nicht zu einer landesweiten Diskussion der Asylpolitik während des Krieges führte, hat diverse Gründe. Zum einen war man noch nicht willens, die ungewohnte Form der dokumentarischen Collage ernst zu nehmen. Zum andern aber hatte Diggelmann gleich auch noch ein zweites heisses Eisen angefasst und ungeniert mit dem ersten verknüpft: das sogenannte »Thalwiler Pogrom«, d. h. die Angriffe und Tätlichkeiten, denen der kommunistische Kunsthistoriker Konrad Farner und seine Familie während des Ungarnaufstandes von 1956 ausgesetzt waren. Die These, dass die Antisemiten von gestern die Kommunistenhasser von heute seien, war aber entschieden zu starker Tabak für die Schweiz von 1965. Das Buch, das nach

Rückweisung durch Benziger bei Piper in München erschienen war, führte zu einem Skandal, der im Berner Auftrittsverbot für Diggelmann vom 22. Oktober 1965 gipfelte und letztlich die bedeutsame informative Leistung des Buches gegenstandslos machte. Als dann 1967 noch ruchbar wurde, dass Diggelmann für die DDR-Ausgabe ideologische Konzessionen gemacht hatte, da war er für die politische Öffentlichkeit der Schweiz als kritischer Autor erledigt. »Wer sich so verhält«, triumphierte damals der *Beobachter,* »hat kein Recht, sich als ›engagierten Schriftsteller‹ zu bezeichnen.«

W. M. Diggelmann
(1927–1979)

Und ein Vierteljahrhundert danach? Ich meine, dass das Buch bei all seiner unverstellten Parteilichkeit auch heute noch eben darum zu erschüttern und nachdenklich zu stimmen vermag, weil hier ein Schriftsteller ohne Rücksicht auf die Folgen drauflosgeschrieben hat, als ihn angesichts gewisser Vorkommnisse der jüngsten Schweizer Geschichte das Entsetzen packte.

Die Hinterlassenschaft ist, kommentiert von Bernhard Wenger, im Limmat-Verlag, Zürich, greifbar.
Die Abbildung zeigt Walter Matthias Diggelmann zur Zeit seines literarischen Debüts, im Jahre 1955.

Walter Vogt

»Der Autor gibt in seinen Anmerkungen zu, dass ihn die Medizin enttäuscht habe. Als Arzt hat er offenbar den Beruf verfehlt. Verständlich, wenn man sich in solcher Lage das innere Chaos vom Leibe schreibt. Weshalb aber erst noch öffentlich andere damit bemühen?« So reagierte die *Schweizerische Ärztezeitung* 1966 auf Walter Vogts Bühnenstück *Höhenluft,* und der Zorn der Fachkollegen wurde nicht geringer, als gleichen Jahres sein bei Diogenes erschienener Roman *Wüthrich* von der Berner Literaturkommission eine Auszeichnung zugesprochen erhielt. Einen Autor wie Vogt, der die ärztliche Autorität als Anmassung denunzierte, konnte die *Ärztezeitung* jedenfalls nicht zu den »Verfechtern eines gesund-schweizerischen, fundiert historischen, bodenständigen, aber trotzdem hochaktuellen Schrifttums« zählen.

Wüthrich, dieses präzise Selbstgespräch eines sterbenden Arztes, ist zweifellos einer der beklemmendsten, provozierendsten, erschütterndsten Texte der neueren Schweizer Literatur. In der Vorahnung des eigenen Todes lässt Professor Wüthrich bei seiner letzten Chefarztvisite im Berner Inselspital die Maske fallen und stellt die Krankengeschichten ebenso wie diejenigen der damit befassten Ärzte in grausiger, von allen beschönigenden Zutaten befreiter, jedoch mit Sarkasmus gewürzter Offenheit dar. Der »heilende Gott« kann den Patienten zuletzt so wenig helfen, dass es besser ist, mit ihnen über Hühnerzucht zu plaudern, statt sie mit Medikamenten vollzustopfen oder an ihnen herumzusäbeln. Das Buch endet mit dem markerschütternden »N-E-E-E-I-N!!« des ohnmächtig werdenden Professors – gleichsam mit seiner Absage an die seelenlose Welt der modernen Klinik, die er viele Jahre lang zynisch beherrscht hat und die ihn nun selbst in den Griff bekommt.

Walter Vogt hat auch später niemals nachgelassen, Autorität – nicht nur ärztliche! – zu bezweifeln und hinter Machtstrukturen nach Spuren von Menschlichem zu suchen. *Melancholie* (1969) und *Schizogorsk* (1977) – zwei Romane, die wie *Wüthrich* das Klischee von den »behäbigen Bernern« Lügen strafen – bedienen sich dazu virtuos der Mittel und Möglichkeiten des Kriminalromans, während *Der Wiesbadener Kongress* (1974) die zum Selbstzweck verkommene medizinische Forschung ad absurdum führt.

Walter Vogt (1927–1988)

In seinen letzten Lebensjahren ist Vogts Groteske hintergründiger, weniger laut geworden, sein Urteil gelassener, sein Stil subtiler. Was nicht heissen will, dass er sich in so privat anmutenden, ganz der Seelenkunde verschriebenen Werken wie *Vergessen und Erinnern* (1980), *Altern* (1981) oder im erstaunlichen emanzipatorischen Versteckspiel *Maskenzwang* von 1985 etwa wieder zum gläubigen Jünger Äskulaps gewandelt hätte! Das Aids-Stück *Die Betroffenen,* das vom Zürcher Neumarkt-Theater wenige Tage nach seinem Tod uraufgeführt wurde, bestätigte 1988 noch einmal, wie sehr die Heilkunst ebenso wie deren permanente Infragestellung bis zuletzt Thema seines Denkens, Fühlens und Schreibens geblieben war. Dass die Medizin jedoch mindestens soviel von Vogts Büchern profitieren könnte wie diese von ihr – um dies herauszutüfteln, wird man wohl eines Tages einen wissenschaftlichen Kongress einberufen ...

Vogts Werke sind teils bei Arche, teils bei Benziger erschienen.

Otto F. Walter

Die Gattung Roman war eben wieder einmal für tot erklärt worden, als 1959 *Der Stumme* von Otto F. Walter erschien und von der Kritik begeistert als Beweis des Gegenteils begrüsst wurde. »Tröstlich, dass solches heute geschrieben werden konnte«, frohlockte *Der Monat* und attestierte dem Buch: »Es ist ein als Dichtung herrlich gelungener Roman, nicht die Romanfassung irgendeiner Dogmatik.« Auch die *NZZ* sprach von einer »Leistung«, die sich »in ihrer Echtheit selber trägt«, und stellte das Buch demonstrativ dem modischen »Anti-Roman« gegenüber. So war es nur folgerichtig, dass *Der Stumme* bald einmal zum Klassiker der Moderne aufrückte, zu einem jener Bücher, die verfilmt, in Kreuzworträtseln buchstabiert und als Schullektüre benutzt werden.

Ganz im Gegensatz zu diesem berühmten Erstling, aber auch zu den ab 1972 erschienenen, stärker politisch ambitionierten Büchern *Die ersten Unruhen, Die Verwilderung, Wie wird Beton zu Gras?, Das Staunen der Schlafwandler am Ende der Nacht* und der grossangelegten, alles Bisherige überspannenden *Zeit des Fasans,* fand Walters zweiter, 1962 publizierter Roman, *Herr Tourel,* eine merklich kühlere Aufnahme und verschwand bald wieder aus dem Gespräch. Und fragt man sich aus der Distanz von bald drei Jahrzehnten, woran dies gelegen haben könnte, so stösst man auf einen überraschenden Befund. Walters zweites Buch wurde offenbar nicht deshalb als Enttäuschung empfunden, weil es das Niveau des *Stummen* nicht wieder erreichte, sondern, im Gegenteil, weil es den Erstling an Virtuosität der Komposition, Radikalität der Gedankenführung und Modernität der Sprache bei weitem überflügelte! Wie ganz selten seit dem Expressionismus war es hier einem Autor gelungen, Inhalt und Form eines Romans restlos zur Deckung zu bringen. Anders als im *Stummen,* wo die Unstimmigkeit der Welt durch die Stimmigkeit des literarischen Kunstwerks und der klassisch-korrekten Sprache gleichsam aufgehoben wird, ist hier die innere Verstörung eines Menschen bis in die Sprache hinein fassbar. Orthographie und Syntax verlieren ihre Verlässlichkeit, das Erzähler-Ich ist vielfach gebrochen und lässt als Negativ-Figur keine Identifikation mehr zu. Auch auf den Bericht als solchen ist kein Verlass mehr, und der Leser selbst muss es übernehmen, durch das Dickicht von Lüge und Verstellung hindurch zur Wahrheit vorzustossen. Kaspar Tourel, vielleicht ein Bruder des »Stummen«, besitzt zwar die Gabe der Rede, aber er will den Leser nicht aufklären, sondern in die Irre führen. Und er verschleiert seine Geschichte so lange und so redselig, dass der Leser schliesslich seine Schuld am Tode zweier Menschen für erwiesen hält.

Otto F. Walter (*1928) im Jahre 1962

So modern das Buch anmutet, langweilig ist es bei aller erforderlichen Lesekonzentration keineswegs. Und wenn sich im zweiten Drittel die einzelnen Fakten wie in einem Puzzle langsam zu einer erschütternden Geschichte verdichten, so gerät man als Leser in eine Spannung hinein, wie sie ein linear erzählter, konventioneller Roman nur sehr selten zu erzeugen vermag.

Otto F. Walters Werke erscheinen im Rowohlt-Verlag, Hamburg.

Jörg Steiner

»Ohne voreilige Schlüsse ziehen zu wollen, dürfen wir feststellen, dass unsere Schweiz heil aus dem schrecklichen Kriegsgeschehen hervorgegangen ist. Die innere Ordnung eines Landes wird in Friedenszeiten und ohne Druck von aussen schwieriger aufrechtzuerhalten sein. Wehren wir den Anfängen!« – Diese Sätze finden sich, als Aussage irgendwelcher »offizieller Stellen« einfach so in den Raum gepflanzt, in jenem Buch, das die schweizerische Alltagswirklichkeit zwischen 1943 und 1950, zwischen Anbauschlacht und kaltem Krieg, bisher wohl am eindrücklichsten literarisch gestaltet hat: in Jörg Steiners Roman *Ein Messer für den ehrlichen Finder* von 1966. Gerade weil Steiner keine voreiligen Zusammenhänge herstellt, weil er als Erzähler ganz hinter das Geschehen zurücktritt und eine Vielzahl von Figuren zu einer Vielzahl von Themen zu Worte kommen lässt, entsteht ein Zeitmosaik, das in seiner Unmittelbarkeit und Ungeschminktheit glaubwürdig und authentisch wirkt.

Dicht hineingewoben in dieses Zeitgemälde ist die Jugendgeschichte des Bieler Gymnasiasten und Anstaltszöglings José Claude Ledermann, genannt Schose. Dem Leser von Steiners Roman-Erstling *Strafarbeit* (1962) ist der Fall des jugendlichen Straftäters in Umrissen bereits bekannt: Er hat einen Klassenkameraden wegen eines Fahrraddiebstahls erstochen und verbüsst seine Strafe in der Schwererziehbaren-Anstalt Brandmoos – in einer Institution, die Steiner seit seiner Zeit als junger Anstaltslehrer intensiv vertraut ist. Im Gegensatz zu seinem besten Freund Benninger, der Hauptgestalt von *Strafarbeit,* versucht Schose aber nie, aus der Anstalt zu entkommen. Er fügt sich dem Zwangssystem widerstandslos ein, und er ordnet sich, als er entlassen ist, in verschiedenen subalternen Rollen, zuletzt als Magaziner der Berner Kunsthalle, auch draussen problemlos, aber rein passiv in die Gesellschaft ein. Er lehnt es sogar ab, von der ihm gebotenen Möglichkeit eines Neuanfangs in Amerika Gebrauch zu machen. Aus der Anstalt entlassen, hatte er sein Stellmesser, die Tatwaffe, weggeworfen. Den »ehrlichen Finder« wollte er warnen: »Sei vorsichtig, ehrlicher Finder! Keiner ist da und zeigt dir, wie man die Klinge stellt.«

Jörg Steiner (*1930) um 1966

Dem illusionslosen, lethargischen Schluss dieses Romans, welcher dem Korrekturfaktor Strafanstalt ja nur im sarkastischen Sinn einen Erfolg attestiert und letztlich wohl symbolisieren soll, dass der Mensch die unüberwindbaren Mauern unsichtbar in sich selbst mit herumtrage – dieser deprimierenden Quintessenz könnte man Steiners in jeder Hinsicht meisterlichen Roman *Das Netz zerreissen* von 1982 gegenüberstellen, wo die Brandmoos-Thematik, wie so oft in seinem Werk, wiederaufgenommen wird. Es findet sich da eine Erkenntnis, die auch José Ledermann so hätte formulieren können: »Wer sich wehrt, zappelt im Netz.« Schon der nächste Satz aber zeigt, dass 16 Jahre danach zur Resignation nun auch wieder die Möglichkeit eines Aufbruchs oder aktiven Handelns hinzugekommen ist. Er lautet: »Und dann, eines Tages, hast du auf einmal die Kraft, das Netz zu zerreissen.«

Ein Messer für den ehrlichen Finder ist heute als Suhrkamp-Taschenbuch 583 greifbar.

Adolf Muschg

Es gibt Schriftsteller, für die ist der Weg zur Meisterschaft mit verunglückten Experimenten gepflastert, und es gibt andere, die treten gleich mit ihrem ersten Buch als virtuose Könner vor den Leser. Adolf Muschg, 1934 in Zollikon geboren, gelang mit *Im Sommer des Hasen* im Herbst 1965 zweifellos ein Debüt der letzteren Art. Der Roman, den der Deutsch-Lektor der Tokyo International Christian University da geschrieben hatte, kündigte nicht nur einen neuen Schweizer Autor an, mit dem in Zukunft zu rechnen sein würde. *Im Sommer des Hasen* sprengte auch mit einem Mal die Grenzen, die der scheinbar unverzichtbare helvetische Schauplatz der Schweizer Literatur bis anhin gesetzt hatte.

Für eine Jubiläumsschrift lässt der in Japan engagierte Inauen-Konzern sechs Schweizer Autoren vor Ort einen Beitrag über das fernöstliche Land und ihre Erfahrungen damit schreiben. PR-Chef Bischof, der die Stipendiaten in Japan aufsucht, verbindet mit der Aktion noch einen anderen Zweck: Er wird den geeignetsten unter den sechs Autoren als seinen Nachfolger vorschlagen – dass er Pius Gsell, den einzigen, der keinen Bericht abliefert, dafür wählt, bildet eine heimliche Pointe des Romans. Bischofs Erfahrungen mit den Schriftstellern und – indirekt nacherzählt – deren Berichte über Japan sind eingebaut in einen persönlichen Bericht, den der PR-Mann einige Zeit später in einer Schweizer Dorfbeiz niederschreibt und der an Konzernleiter Manuel Inauen gerichtet ist.

So komplex die formale Anlage erscheint, so lokker-virtuos ist sie gehandhabt. Und in der vielfachen Brechung der Erzählperspektive ist es Muschg nicht nur gelungen, Hintergründiges über Japan, aber auch über die Schweiz, auszusagen, sondern die perspektivische Distanz ermöglichte es ihm auch, eine Fülle einprägsamer Geschichten zu erzählen. Am unvergesslichsten wohl ist die Geschichte der hoffnungslosen Liebe, die den Schweizer Wilfried Buser mit der japanischen Theologiestudentin Yoko verbindet. Diese feinsinnige Love-Story, die das Trennende und das Verbindende der zwei Kulturen auf intimstem Raum sinnlich fassbar macht, ist allein schon ein Grund, dieses Buch immer wieder zu lesen.

Adolf Muschg (*1934) um 1972

Dass auch Muschg selbst nach wie vor zu seinem Erstling steht, wird nicht zuletzt in *Das Licht und der Schlüssel,* seinem 1986 erschienenen, in Holland angesiedelten Vampir-Roman erkennbar. Er fügt dort nämlich dieses Werk mit *Albissers Grund* (1974) und *Im Sommer des Hasen* nachträglich zu einer Art Trilogie zusammen, indem er die drei Protagonisten Bischof, Zerutt und Samstag zu Teilhabern einer einzigen erzählerischen Identität erklärt. Aber noch an einen dritten Muschg-Titel fühlt man sich beim Wiederlesen seines Erstlings erinnert: an das viel zuwenig beachtete China-Buch *Bayun* von 1980. Damit nämlich lieferte Muschg 15 Jahre nach dem erstaunlichen Debüt von 1965 einen weiteren überzeugenden Beleg dafür, wie gut ein unschweizerischer Schauplatz der Schweizer Literatur bekommen kann.

Im Sommer des Hasen ist als Suhrkamp-Taschenbuch 263 sowie in der Ex Libris-Reihe »Zeitspuren« erhältlich.

Gertrud Leutenegger

»Lass alles liegen und komm. Wenn wir jetzt nicht aufbrechen, um das selbst zu sehen, was schon unsere Kindheit als gewaltiger Schatten ins Zwielicht zog, so tragen wir ein Stück Blindheit in die nächste Zeit.« So schreibt, die blauen Seen des Engadins vor Augen, eine junge Frau ihrem Jugendgeliebten ins aufgewühlte, protestbewegte Berlin der frühen siebziger Jahre. Und Fabrizio kommt tatsächlich und verbringt mit seiner Freundin zusammen eine Nacht vor dem gewaltigen Symbol eines mumifizierten Walfisches, der nach einer Ausstellungstour durch ganz Europa am Bahnhof von Schwyz seiner endgültigen Vernichtung harrt. Die beiden denken über ihre gemeinsame Kindheit nach, über ihre gefährdete Liebe und über all die Hoffnungen und Utopien ihrer Generation. Obwohl das Ziel noch nicht sichtbar ist – eines wollen sie auf jeden Fall: »Anfangen zu leben! Als stünden wir am Vorabend einer sich verwandelnden Zeit.«

Man schrieb das Jahr 1977, als *Ninive* erschien, jener geheimnisvolle, bildgesättigte Roman, mit dem Gertrud Leutenegger souverän den Beweis erbrachte, dass ihr gefeierter Erstling *Vorabend* 1975 weit mehr als bloss ein einmaliger Zufallstreffer gewesen war. Und zählt man ihre seither erschienenen Bücher hinzu – die Prosabände *Gouverneur, Komm ins Schiff, Kontinent* und die mit *Ninive* wieder so vielfach korrespondierende *Meduse;* das dramatische Poem *Lebewohl, gute Reise,* den Gedichtband *Wie in Salomons Garten* sowie die Textsammlung *Das verlorene Monument* –, so steht man vor dem geschlossenen Ganzen einer dichterischen Welt, die unverwechselbar eigenständige Züge besitzt: eine fast traumwandlerische Sicherheit im Umgang mit der Sprache, eine wundervoll lebendige Intensität des Fühlens und Denkens sowie eine auf dem freien Spiel der Assoziationen beruhende schöpferisch-eigenwillige Bildhaftigkeit, in welcher Innen und Aussen, Wirklichkeit und Phantasie, Vergangenheit und Gegenwart wie selbstverständlich miteinander verschmelzen.

Jene neue Zeit aber, an deren Vorabend die *Ninive*-Protagonisten hoffnungsvoll zu stehen glaubten, hat sich eher zum Schlimmeren als zum Besseren gewendet. Eine Erfahrung, von welcher Gertrud Leuteneggers neuere Bücher, obwohl auch in ihnen das Politische noch immer in Poesie umschlägt, schmerzlich geprägt sind. Schreibt sie sich aber, wie gewisse Kritiker vermuten, tatsächlich von Buch zu Buch immer weiter in ihre Einsamkeit und Fremdheit hinein? Ich meine, nicht sie und ihre Art, die Welt in Bilder zu bannen, sind anders geworden, sondern wir, die Leser. Verführt durch eine auf Spannung und Sensation ausgehende Buchproduktion, finden wir in der Hektik der heutigen Zeit immer weniger die Kraft, uns auf eine Dichtung wie diejenige Gertrud Leuteneggers einzulassen. Dazu müssten wir nämlich Ruhe, Konzentration und die Bereitschaft mitbringen, uns abseits der ausgetretenen Pfade einem anderen, freieren Denken und einem neuen, ungewohnten Anblick der Wirklichkeit auszusetzen.

Gertrud Leutenegger (*1948) im Jahre 1985

Ninive ist als Suhrkamp-Taschenbuch 685 greifbar.

Namensverzeichnis

Ackermann, Walter
250
Alain-Fournier,
eigtl. Henri-Alban Fournier
176, 275
Alker, Ernst
165
Altwegg, Wilhelm
119
Amiel, Henri-Frédéric
24, 147
Amiet, Cuno
206
Anneler, Hedwig
168
Anneler, Karl
168
Ariost, Ludovico
68
Arnet, Edwin
240, 290
Arx, Cäsar von
214
Arx, Gertrud von
215
Bab, Julius
152
Bach, Johann Sebastian
264
Bachofen, Johann Jakob
20, 80
Bachofen-Merian, Valeria
20
Bächtold, Albert
188
Bächtold, Kurt
189, 291
Bakunin, Michail A.
82
Ball-Hennings, Emmy
227
Bänninger, Otto Charles
22
Barth, Karl
252
Beckett, Samuel
156
Beidler, Franz
215
Bendel, Berthe
226
Bendemann, Eduard von
78
Bender, Bella
162
Benjamin, Walter
104 f.
Berger, Lore
177, 276, 279, **296**
Bergmann, Ingrid
298
Beringer, Johannes
256
Berlioz, Hector
128
Bernoulli, Carl Albrecht
21, **66**
Bettex, Albert
311
Bianconi, Piero
77
Bichsel, Peter
300
Bille, Edmond
286
Bille, S. Corinna
286, 292
Bindschedler, Ida
38, 248
Binswanger, Ludwig
195
Bissegger, Marga
88
Bitzius, Albert
18
Blum, Ruth
290
Böcklin, Arnold
40, 56 f.
Bodmer, Johann Jakob
12
Bodmer, Martin
118
Bogart, Humphrey
276
Bögli, Lina
48

Bohnenblust, Gottfried
40, 119
Bonjour, Edgar
312
Bonzanigo, Elena
77, **230**
Bosshart, Jakob
54, 272
Boulter, Simone
155
Bovet, André
213
Bovet, Ernest
72, **74,** 90
Brecht, Bertolt
152, 252f.
Breitinger, Johann Jakob
12
Bringolf, Hans Ormund
94
Briod-Eimann, Berthe
220
Brock, Elisabeth
298
Brodbeck, Ellen
36
Brontë, Schwestern
147
Brupbacher, Fritz
82
Budry, Paul
94
Bührer, Jakob
138, 216, 254, 270, 298
Burckhardt, Carl Jacob
149
Burckhardt, Elisabeth
20
Burkart, Erika
304
Busch, Wilhelm
288
Busse, Carl
58
Calgari, Guido
77, 270
Camenzind, Josef Maria
254
Campanella, Tommaso
114
Camus, Albert
274
Carossa, Hans
150
Cendrars, Blaise
64, 94f., **162,** 214, 220
Chappaz, Maurice
286, **292**
Chiesa, Francesco
76, 231, 271, 294f.
Chopin, Frédéric
128
Cingria, Charles-Albert
31, **142**
Clarac, Claude
266
Claudius, Matthias
198
Clerc, Charly
149
Cocteau, Jean
142
Cuno, Julia
88
Danioth, Heinrich
137, **228**
Dante Alighieri
161
Derleth, Ludwig
150
Dessewffy, Ilona Gräfin
155
Diebold, Bernhard
152
Diggelmann, Walther Matthias
312
Döblin, Alfred
234
Droste-Hülshoff, Annette von
84
Dürrenmatt, Friedrich
188, 199, 288, **298,** 300
Eckstein, Friedrich
80
Eckstein-Diener, Bertha
80
Egli, Armin
142
Ehrenstein, Albert
156

Ehrismann, Albert
210, **268**
Eichendorff, Joseph von
105
Einem, Gottfried von
298
Eppelbaum, Vera
144
Ermatinger, Emil
118, 148, 208
Escher, Alfred
44
Escher, Hermann
56
Etter, Philipp
119, 240
Fabre, Jean-Henri
224 f.
Faesi, Robert
40, 90, 119, 186
Falke, Konrad
72, 86, 90, **120**
Fallersleben, Hoffmann von
116
Fankhauser, Alfred
137, **186**
Farner, Caroline
42
Farner, Konrad
252, 312
Favre, Louis
62
Favre, Marie
25
Federer, Heinrich
32, **58,** 62, 212, 255, 262
Fehr, Karl
262
Filippini, Felice
77, **294**
Finsler, Georg
108
Fisch, Erna
251
Fischer, Samuel
100
Flach, Jakob
204
Franco Bahamonde, Francisco
130
Fränkel, Jonas
98, **118**
Freud, Sigmund
36
Freuler, Kaspar
166
Frey, Adolf
34, **40,** 92
Frey-Beger, Lina
41
Freyre, Gilberto
163
Friedli, Emanuel
70
Frisch, Max
140, 177, 199, 207, 211, 215, **280,** 282, 300
Früh, Kurt
268
Ganz, Hans
176
George, Stefan
198
Gerter, Elisabeth
216
Gfeller, Simon
70, 99, 152
Giehse, Therese
266, 298
Ginsberg, Ernst
193
Giono, Jean
274
Gladès, André
64
Glauser, Friedrich
202, 208, **226,** 254
Goebbels, Joseph
164
Goethe, Johann Wolfgang
14, 78, 107, 154, 246, 256
Golay, Paul
242
Goncourt, Edmond und Jules
64
Gotthelf, Jeremias
18

Graber, Rudolf
238
Graeser, Wolfgang
264
Graf, Abraham
85
Gretler, Heinrich
206
Greyerz, Otto von
34, 67, 70 f., 92, 137, 187, 202
Gubler, Eduard
178
Guggenheim, Kurt
202, 210, **224**
Guggenheim, Werner Johannes
212, **218,** 283
Guggenheim-Grünberg, Florence
117
Guisan, Henri
261
Gwerder, Alexander Xaver
306
Hafner, Karl
118
Hahn, Otto
223
Haller, Paul
132, 137
Haemmerli-Marti, Sophie
68, 92
Hamsun, Knut
198
Haringer, Jakob
234
Häsler, Alfred A.
302, 312
Hasler, Eveline
167
Haufler, Max
206
Haug, Eduard
32
Hauptmann, Gerhart
136
Heer, Jakob Christoph
52, 180, 272
Heimann, Erwin
272
Heine, Heinrich
84
Heizmann, Gertrud
273
Helbling, Carl
119
Held, Kurt
232
Hemingway, Ernest
294
Henckell, Karl
68, 85
Herm, Heinrich
134
Hersch, Jeanne
278
Herzl, Theodor
116
Hesse, Hermann
34, 58, 86 f., **100,** 102, 104, 156, 176, 188, 208, 232, 234, 311
Hiltbrunner, Hermann
198
Hitler, Adolf
47, 57, 121, 124, 165, 228, 244
Hochwälder, Fritz
219, **282**
Hodler, Ferdinand
40, 96 ff., 161, 206
Hoegner, Wilhelm
165
Hofer-Houriet, Cécile
190
Hofer, Charles
190
Hofer, Cuno
154
Hofmannsthal, Hugo von
24, 125
Hohl, Ludwig
87, 89, **256**
Hölderlin, Friedrich
176
Hoppeler, Paolo
230
Horwitz, Kurt
193
Huch, Ricarda
56
Huch, Richard
57

Huggenberger, Alfred
62
Humm, Rudolf Jakob
87, 172, 188, **208,** 260, 264 f., 270
Huston, John
276
Ilg, Paul
90
Imhoof, Markus
302
Inglin, Meinrad
196
Isabella, Königin von Spanien
61
Jaeckle, Erwin
153, 302, 306
Jenatsch, Jürg
161
Jenni, Adolfo
77
Jenny-Fehr, Heinrich
166
Jens, Ina
122
Jentzsch, Bernd
198
Jerome, Jerome Klapka
238
Joyce, James
294
Jung, Carl Gustav
36, 133
Jünger, Ernst
128
Kafka, Franz
156
Kaiser, Georg
152
Kaiser, Isabelle
60
Kalser, Erwin
193
Kamm, Adèle
50
Karl der Grosse
164
Kästner, Erich
288
Keller, Gottfried
22, 28, 32, 35, 40 f., 46, 100, 118, 125, 154
Kemp, Friedhelm
143
Kerr, Alfred
152
Kesser, Hermann
126
Keyserling, Eduard Graf von
128
Kilchner, Ernst
66
Kipling, Rudyard
196
Kirchner, Ernst Ludwig
55
Kläber, Kurt
232
Klages, Ludwig
21
Kleinmann, Helena
162
Klepper, Jochen
238
Knittel, John
192
Knuth, Gustav
298
Koelsch, Adolf
112
Koller, Rudolf
40
Konrad, Robert E.
310
Kopp, Josef Vital
262
Körner, Theodor
116
Korrodi, Eduard
34, 40, 86, 148, 280
Körv, Helmi
83
Kübler, Arnold
184
Kuert, Beat
297
Kuhn, Rudolf
222

Kym, Hedwig
43
Lamprecht, Franz
302
Landry, Charles-François
274
Langhoff, Wolfgang
193, **244**
Las Cases, Emmanuel
15
Lauber, Cécile
158
Le Corbusier
220
Legras, Henri
135
Lejeune, Robert
124
Lemaître, Jules
106
Lenin, Wladimir Iljitsch
252
Lenz, Hermann
246
Lenz, Max Werner
238
Lessing, Gotthold Ephraim
219
Leutenegger, Gertrud
322
Leuthold, Heinrich
29
Lexow-Breck, Elsa
203
Liechti, Urs
164
Lienert, Meinrad
62, 92
Lindtberg, Leopold
214
Liszt, Franz
128
Loisy, Jan
278
Loos, Cécile Ines
140
Looser, Guido
194, 272
Loosli, Carl Albert
70 f., **98**
Lotar, Peter
283
Lubitsch, Ernst
91
Ludendorff, Erich
51
Ludwig II., König von Bayern
128
Lukács, Georg
252
Luxemburg, Rosa
130
Maillart, Ella
248
Malraux, André
162
Mann, Erika
266
Mann, Klaus
266 f.
Mann, Thomas
86, 120, 176, 266
Mansfield, Katherine
131
Mao Tse-Tung
16, 252
Marfori
61
Marti, Fritz
34
Marti, Hugo
192, **202**
Marti, Kurt
300
Martin du Gard, Roger
266
Marton, Jenö
258
Marx, Karl
252
Masse, Ludovic
278
Matt, Annemarie von
263
Mauriac, François
283
Mayer, Hans
280
Maync, Harry
118

McCullers, Carson
266
Mercier, Fanny
24
Meyer, Conrad Ferdinand
26, 40 f., 46, 61, 125, 218, 250
Milan, Emil
40
Minder, Albert
110
Miomandre, Francis de
278
Moeschlin, Felix
55, 90, 119, 154
Monakow, Constantin von
109
Monnier, Thyde
278
Morgenstern, Christian
104, 288
Morgenthaler, Hans
133, **180**
Mörike, Eduard
187, 246
Mörikofer, Johann Kaspar
13
Morton, William T.
112
Morus, Thomas
114
Motta, Guiseppe
51, 86
Mozart, Wolfgang Amadeus
228
Mühlestein, Hans
34, **160,** 210
Mulford, Prentice
80
Munch, Edvard
311
Muschg, Adolf
320
Musil, Robert
124
Mussolini, Benito
192, 228, 271, 294
Naef, Karl
119, 156
Napoleon Bonaparte
14 f.
Necker, Jacques
14
Nietzsche, Friedrich
24, 42 f., 46, 67, 128
Nizon, Paul
272
Nussberger, Max
118
Ofaire, Cilette
154, **190,** 220
Oprecht, Emil
169, 216
Ott, Arnold
32, 34 f., 214 f.
Overbeck, Franz Camille
42, 66
Parker, Erwin
193
Pavese, Cesare
294
Pestalozzi, Johann Heinrich
12
Petrowna, Lydia
83
Pfander, Gertrud
84
Pitigrilli, eigtl. Dino Segre
174
Polgar, Alfred
152
Pourtalès, Guy de
128
Poznanska, Féla
162
Pulver, Max
174, 266
Python, Georges
213
Quinn, Anthony
298
Rabelais, François
293
Ragaz, Leonhard
50, 66, **72,** 74, 79, 170
Rambert, Eugène
30
Ramuz, Charles-Ferdinand
64, **106,** 143, 218, 242, 274
Raygrodsky, Paulette
83

Reinhart, Josef
92
Reiser, Berta
171
Remarques, Erich Maria
128
Renfer, Germaine
236
Renfer, Werner
236
Ribi, Hilde
153
Rieser, Ferdinand
245
Rilke, Rainer Maria
125, 150, 175, 198, 220, 243
Ringier, Martha
226
Rivaz, Alice
242
Rod, Edouard
64 f.
Rodriguez, Aurora
160
Rodriguez, Hildegart
160
Rodt, Constance von
27
Rolland, Romain
50
Rosenbaum-Ducommun, Aline
172
Rosenberg, Alfred
164
Rothmund, Heinrich
101
Rougemont, Denis de
260
Rousseau, Henri
311
Rousseau, Jean-Jacques
10, 13
Ruh, Max
123
Rusch, Johann Baptist
206
Saager, Adolf
295
Saint-Hélier, Monique
220
Salis-Marschlins, Meta von
42
Sand, George
131
Sandoz-Buergi, Lies
125
Sarbach, Hugo
256
Sartre, Jean-Paul
156
Sauser, Friedrich Ludwig
162
Savary, Léon
212
Schaffner, Emilie
88
Schaffner, Jakob
47, **88,** 272
Schérer, Edmond
24
Schifferli, Peter
288
Schiller, Friedrich
14, 136 f., 214, 244
Schlesinger, Gertrud
135
Schmid, Karl
101
Schmid, Marguerite
181
Schmidhauser, Julius
240
Schneider, Hansjörg
139
Schneider, Hermann
276
Schoeck, Paul
136
Schölly, Karl
246
Schopenhauer, Arthur
68
Schwarzenbach, Annemarie
87, 248 f., **266**
Schwob, Lucien
221
Seelig, Carl
72, 103, 153, 156
Seippel, Paul
31, **50,** 72, 74

Shakespeare, William
32, 161, 214
Siegfried, Walther
46
Siemsen, Anna
130
Siemsen, August
130
Sir Galahad
80
Spitteler, Carl
31, 34, **36,** 41, 50, 52, 60 f., 68 f., 74, 90, 98, 119 f.
Spreng, Orlando
77, **270**
Spyri, Johanna
28, 30, 52, 122, 131
Stäbli, Adolf
47
Staël, Germaine de
14
Staiger, Emil
86, 280
Stalin, Iossif
161
Stamm, Karl
178
Stämpfli, Jakob
110
Stauffer-Bern, Karl
44
Steffen, Albert
148
Steiger, Otto
276
Steiner, Jörg
318
Steiner, Rudolf
148
Steiner, Sigfrit
206
Stifter, Adalbert
239, 241
Storm, Theodor
259
Strasser, Charlot
34, **144**
Strindberg, August
255
Susman, Adolph
78
Susman, Margarete
78
Suter, Johann August
94, 162
Tasso, Torquato
68
Tavel, Rudolf von
70, 99
Teilhard de Chardin, M.-J.
263
Tetzner, Lisa
232 f.
Thoma, Hans
68
Tobler-Hattemer, Netta
38
Toller, Ernst
152
Tolstoi, Leo Graf
24
Traz, Robert de
146
Trommer, Hans
276
Tschudi, Fridolin
288
Tucholsky, Kurt
130
Turel, Adrien
87, **182**
Turel-Welti, Lucie
182
Ulbricht, Walter
245
Ullmann, Regina
150
Ulrich, Klemens
252
Uttinger, Lisette
92
Valangin, Aline
172
Valentin, Karl
105
van Gogh, Vincent
306 f.
Varnhagen, Rahel
116

Vesper, Will
118
Vetsch, Jakob
114
Vieweg, Eduard
118
Vinet, Alexandre
16, 31
Vittorini, Elio
294
Vogel, Wladimir
172
Vogt, Walter
314
Vollenweider, Walter
130
Vollenweider-Siemsen, Anna
130
Vuille, Nancy Marie
64
Vuilleumier, John F.
200
Wagner, Cosima
47
Wagner, Richard
81, 128, 144
Walser, Robert
34, **104,** 148, 176
Walter, Hans
284
Walter, Otto F.
316
Wälterlin, Oskar
298
Walzer, Pierre-Olivier
237
Waser, Maria
34, **108,** 138
Waser, Otto
109
Wedekind, Frank
68
Weimar, Silvia
211
Weldler, Norbert
116f.
Weldler-Steinberg, Augusta
116
Welti, Albert
40, 206
Welti, Albert Jakob
206
Welti, Emil
44
Welti-Escher, Lydia
44f.
Welti-Hug, Eva
206, 224
Werkmeister-Cadisch, Claudia
122
Widmann, Josef Viktor
28, 32, **34,** 38, 40, 56f., 144, 148
Wiegand, Carl Friedrich
96
Wiese, Ursula von
219
Wilker, Gertrud
308
Wille, Ulrich
50f., 90, 266
Winteler, Jost
68
Wirz, Otto
102
Wirz, Wolf
103
Witz, Friedrich
227
Witz, Konrad
129
Witzig, Hans
179
Wolfensberger, William
170
Wolfskehl, Karl
150
Zahn, Ernst
34, 60, **62,** 88, 180
Zola, Emile
64
Zollinger, Albin
87, 153, 193, **210,** 268, 272
Zoppi, Giuseppe
77
Zorn, Fritz
177, 297
Zwingli, Huldrych
215

Zu den Abbildungen

Die meisten Porträtphotos stammen aus dem Bildarchiv des Verfassers und wurden ihm für verschiedenste editorische und publizistische Projekte von den Abgebildeten selbst, von deren Familienmitgliedern, Nachkommen oder von jenen Bibliotheken und Archiven zur Verfügung gestellt, die den jeweiligen Nachlass aufbewahren. Namentlich zu Dank verpflichtet sind Verfasser und Verlag den folgenden Leihgebern: Dr. Martin Steinmann, Universitätsbibliothek Basel (Bachofen); Prof. Bernard Gagnebin, Genf (Amiel); Johanna-Spyri-Archiv, Zürich (Johanna Spyri, Ida Bindschedler); Artemis-Verlag, Zürich (Spitteler, Erika Burkart); Huber-Verlag, Frauenfeld (Lina Bögli, C. F. Wiegand, C. F. Ramuz, Annemarie Schwarzenbach); Dr. Claude Seippel †, Zürich (P. Seippel); Zentralbibliothek Zürich (J. Bosshart, B. Diebold); Heinrich-Federer-Archiv, Sachseln (H. Federer); Gertrud Zahn, Zürich (E. Zahn); Maryse Schmidt-Surdez, Bibliothèque universitaire de Neuchâtel (Nancy M. Vuille, Cilette Ofaire); Dr. Daniel Bovet, Lausanne (E. Bovet); S.-Fischer-Verlag, Frankfurt a. M. (Sir Galahad, Th. Mann); Dr. Karl Lang, Sozialarchiv, Zürich (F. Brupbacher); Prof. Karl Fehr, Frauenfeld (Gertrud Pfander); Sylvia Schaffner, Genf (J. Schaffner); Kaspar Ilg, Hallau (P. Ilg); Schweizerische Landesbibliothek, Bern (E. Rambert, J. Reinhart, H. Hesse, Blaise Cendrars, C. A. Loosli, Ch. Strasser, K. Freuler, Hedwig Anneler, Cécile Lauber, A. Turel, J. F. Vuilleumier, Monique Saint-Hélier, Elena Bonzanigo); Suhrkamp-Verlag, Zürich (R. Walser, M. Frisch); Burger-Archiv Burgdorf (A. Minder), Kathy Zollinger, Gockhausen (A. Koelsch); Salomo Fränkel, Hünibach (J. Fränkel); Kulturgemeinschaft Thusis (Ina Jens); Rowohlt-Verlag, Hamburg (R. Musil); Staatsarchiv des Kantons Aargau, Aarau (P. Haller); Kantonsbibliothek Schwyz (P. Schoeck); Emmy Bührer, Verscio (J. Bührer); Leonardo Loos, Basel (C. I. Loos); Cécile de Traz, Genf (R. de Traz); Anita Mühlestein, Zürich (H. Mühlestein); Hanspeter Manz, Ascona (Aline Valangin); Johannes Pulver, Bern (M. Pulver); Thomas Ganz, Zürich (H. Ganz); Eva Utz-Fankhauser, Bern (A. Fankhauser); Kurt Marti, Bern (H. Morgenthaler); Kurt Ritzmann, Wilchingen (A. Bächtold, Ruth Blum); Elsa Marti, Bern (H. Marti); Ambrosius Humm, Wädenswil (J. Flach, R. J. Humm); Hilde Ribi-Brunner, Zürich (A. Zollinger); Gustav Huonker, Zürich (Elisabeth Gerter); Ursula von Wiese, Zürich (W. J. Guggenheim); Heinrich Danioth-Ring, Altdorf (H. Danioth); Prof. Pierre-Olivier Walzer, Bern (C.-A. Cingria, W. Renfer); Michel Moret, Editions de l'Aire, Lausanne (Alice Rivaz); Schauspielhaus Zürich (W. Langhoff, F. Dürrenmatt); Ruth Vögtlin, Zürich (K. Farner); Hanny Fries, Zürich (L. Hohl); Albert Ehrismann, Zürich (J. Marton); Rina Spreng, Lugano (O. Spreng); Maurice Chappaz, Sierre (S. Corinna Bille); Louis-Edgar Berger, Basel (Lore Berger); Dr. Klara Obermüller, Zürich (W. M. Diggelmann); Lic. phil. Beatrice Eichmann-Leutenegger, Muri (Gertrud Leutenegger). Ihre eigenen Porträts stellten im übrigen in verdankenswerter Weise zur Verfügung bzw. erteilten die Erlaubnis zum Abdruck eines vorgefundenen Bildes: Ella Maillart, Genf; Albert Ehrismann, Zürich; Erwin Heimann, Heiligenschwendi; Jeanne Hersch, Genf; Fritz Hochwälder †, Zürich; Hans Walter, Buchillon; Maurice Chappaz, Sierre; Felice Filippini †, Muzzano; Kurt Marti, Bern; Alfred A. Häsler, Zürich; Walter Vogt †, Bern; Otto F. Walter, Solothurn; Jörg Steiner, Biel; Adolf Muschg, Kilchberg.

Charles Linsmayer
wurde 1945 in Kilchberg geboren, studierte in Zürich und Berlin Literaturwissenschaft und promovierte über Hans Henny Jahnn. Zunächst Gymnasiallehrer, entfaltete er ab 1977 eine vielseitige Tätigkeit als Journalist, Literaturhistoriker bzw. -herausgeber und spezialisierte sich dabei immer deutlicher auf die Kultur- und Literaturgeschichte der Schweiz. 1979–1983 gab er im Ex Libris-Verlag, Zürich, die 30bändige, insgesamt 177 Deutschschweizer Autoren umfassende Edition »Frühling der Gegenwart« heraus. Bei Arche und in der Edition kürz edierte er u. a. Glauser, Federer, Lore Berger, Cécile Ines Loos. Seit 1987 macht er unter dem Label »Reprinted by Huber« Werke von Annemarie Schwarzenbach, Orlando Spreng, Cilette Ofaire, Kurt Guggenheim, Robert de Traz neu zugänglich. 1989/90 betreut er für den Suhrkamp-Verlag, Frankfurt, das »Weisse Programm Schweiz«. Insbesondere für seine »Literarischen Kalenderblätter« erhielt Linsmayer, der im Auftrag des Schweizerischen Nationalfonds an einer Literaturgeschichte arbeitet, 1987 den »Preis des Schweizer Buchhandels«.